حقوق سیاسی زنان

مطالعه‌ای تطبیقی
اسناد بین‌الملل و اسلام

Form Publications | نشر فرم

حقوق سیاسی زنان

مطالعه‌ای تطبیقی
اسناد بین‌الملل و اسلام

سید حجت‌الله ضیاء
ستون‌نویس و روزنامه‌نگار

حقوق سیاسی زنان

مطالعه‌ای تطبیقی اسناد بین‌الملل و اسلام

سید حجت‌الله ضیاء

ویرایش: زهرا زاهدی

مدیر نشر: حمیده میرزاد

صفحه‌آرایی و طرح جلد: وحید عباسی

چاپ: اول - ۱۴۰۳، نروژ

شمارگان: نامحدود

شابک: ۹۷۸-۸۲-۹۴۱۰۶-۰۷-۳

Form Publications | نشر فرم

Women's Political Rights

A Comparative Study

International Instruments and Islam

Syed Hujjatullah Zia

Journalist & Columnist

Editor: Zahra Zahedi

Page layout and cover design: Wahid Abasi

First edition : 2025,Norway

Number of prints: Unlimited

ISBN: 978-82-94106-07-3

www.formbook.org

info@formbook.org

تقدیم

به قربانیان و بازماندگان حادثه خونبار اخیر آموزشگاه کاج؛ به آن دسته از زنان شجاع افغانستان که برای احقاق حقوق سیاسی و اجتماعی‌شان مبارزه می‌کنند؛

به مادر گرامی‌ام و خواهر ارجمندم راضیه حسینی که رنج‌ها و سختی‌های فراوانی را به‌خاطر من تحمل کردند و با سپاس از هم‌دلی عزیزانم هدا و مریم.

تقریظ

نـزاع سـنت و مدرنیتـه در افغانسـتان بیش یک قـرن ریشـه دارد. ایـن نـزاع بـر سـر حقـوق زنـان از زمـان امان‌الله خـان شـدت بیشـتر یافت؛ او نخسـت کوشـید وضعیـت حقـوق زنـان را سروسـامان دهـد؛ تعـدد زوجـات و ازدواج زیـر سـن را ممنـوع سـاخت و تحصیـل دختـران را رایـج کـرد. ایـن اصلاحـات مـورد اعتـراض رهبـران قشـر سـنتی جامعـه قـرار گرفـت. در لویـه جرگـه ۱۳۰۳ پغمـان، ایـن تعـارض بیـش از پیـش انعـکاس یافـت و ثبـت تاریـخ شـد. بـا سـقوط حکومـت شـاهی امانـی کشـتی اصلاحـات وی نیـز بـه گل نشسـت. در طـول صـد سـال گذشـته ایـن نـزاع همـراه بـا فـراز و نشـیب‌هایی بوده‌اسـت. جدی‌تریـن اصلاحـات بعـد از روی کارآمـدن نظـام جمهـوری اسـلامی بعـد از سـال ۲۰۰۱، در عرصـه حقـوق زنـان مطـرح گردیـد. ایـن اصلاحـات بـر خـلاف اصلاحـات امانـی کـه بـر حقـوق خصوصـی زنـان متمرکـز بـود، بـر حقـوق زنـان در عرصـه عمومـی

تأکید بیشتر داشت. در قانون اساسی سال ۱۳۸۲ برای حضور زنان در عرصه عمومی و فعالیت‌های اجتماعی امتیاز خاص پیش‌بینی شد که تبعیض مثبت نامیده می‌شود. تبعیض مثبت برای زنان جهت زدودن محرومیت تاریخی و انزوای طولانی زنان لازم دانسته شد. بعد از بیست سال با سقوط نظام جمهوری و بازگشت مجدد امارت اسلامی طالبان در سال ۲۰۲۱، این اصلاحات نیز با شکست مواجه گردید و زنان از عرصه عمومی حذف و بار دیگر به کنج خانه‌ها رانده شدند.

به این ترتیب برای چندمین بار است که اصلاحات در عرصه حقوق زنان به فرجام نیک نمی‌رسد. این شکست بیش از همه در ساختار اجتماعی و قبیله‌ای افغانستان ریشه دارد. بیش از ۷۰ درصد مردم ساکن دهات‌اند و بیشتر مردم از نعمت تحصیل و آموزش محروم‌اند. این وضعیت سبب تقویت سنت‌های خانوادگی و فرهنگ قبیله‌ای در جامعه شده است. بی‌سوادی، اقتصاد روستایی و ساختار اجتماعی مردسالارانه سبب تحکیم و بازتولید سنت‌های ریشه‌دار و بخشی از هویت مردم ساده‌دل روستایی شده است. هرگاه اصلاحاتی مطرح شده‌است، مردم به سبب دل‌بستگی به سنت‌های دیرپا که بخشی از هویت آن‌ها شده است، آن اصلاحات را تهدیدی برای سنت و بیگانه با هویت خویش یافته‌اند و در برابر آن مقاومت کرده‌اند. در جنگ‌های قدرت نیز همواره با جریان‌هایی همراه گشته‌اند که همسویی بیشتری با سنت‌ها نشان داده و علیه اصلاحات موضع گرفته‌اند.

از سوی دیگر، دین مقدس اسلام سهم بزرگی در شکل دادن سنت‌ها و آداب اجتماعی در افغانستان دارد. ۹۹ درصد مردم مسلمان

هستند و همیشه برای حفظ دین اسلام تلاش کرده‌اند. آمیختگی اسلام با سنت قبیله‌ای چنان است که تشخیص احکام اسلامی را از سنت‌های قبیله‌ای برای مردم دشوار کرده است؛ آن‌ها چه بسا سنت‌های قبیله‌ای و روستایی را با احکام اسلام یکی می‌پندارند. این امر سبب آن شده است که مردم برای حفظ سنت‌های خود از ظرفیت و آموزه‌های اسلامی بهره ببرند و استفاده از مفاهیم تکفیر و جهاد در برابر اصلاح‌گران از این دست است. در یک قرن گذشته مردم برای حفظ سنت‌ها تحت عنوان جهاد جنگیده‌اند و کسانی را که با اصلاحات هم‌نوایی نشان داده‌اند را کافر دانسته و کشته‌اند. این گونه دین اسلام به‌عنوان ابزاری به حفظ سنت‌های اجتماعی و قدرت‌های سیاسی تبدیل شده است. از سوی دیگر سنت‌گرایان علاقه‌مندند که سنت تصلب بر هنجارها را بر اسلام هم تحمیل و تطبیق نماید. احکام اسلام را نیز مانند سنت‌ها غیرقابل انعطاف ترسیم نمایند، تغییر و اجتهاد را در احکام دینی یکسره نفی کنند.

مسلمانان در مواجهه با دنیای جدید و ارزش‌های آن رویکرد یکسان ندارند. برخی با تصلب بر گذشته، احکام و باورهای دینی را غیرقابل تغییر می‌دانند که گذر زمان بر آن تأثیری ندارد؛ اما برخی باور دارند که مسلمانان برای سازگاری و زیست در فضای جدید ناگزیر از بازخوانی احکام و باورهای دینی خویش‌اند. به باور این دسته، بسیاری از ابعاد زندگی انسان تحت تأثیر گذشت زمان و پدیدهٔ «جهانی‌شدن» و توسعهٔ تکنالوژی تغییر کرده است، احکام دین و فقه نیز براساس شرایط جدید و متناسب با زمان فهم و بازبینی شود. اجتهاد در فقه به‌خاطر سازگاری دین با مقتضیات زمان در اسلام

تعبیه شده است.

دنیای جدید حقوق‌محور است، بر خلاف دین که تکلیف‌مدار است. معیارهای این نظام مدرن، حقوق بشر و حقوق شهروندی است. این وضعیت مسلمانان را در قبال دنیای جدید سردرگم کرده است. برخی وضعیت جدید را برآمده از تمدن غرب پنداشته و سر ستیز با آن گرفته‌اند و برخی هم از سر ناامیدی به ارزش‌های دینی پشت کرده و ارزش‌های نوین را به‌عنوان شیوه زندگی پذیرفته‌اند. دستهٔ سوم که روشنفکر دینی نامیده می‌شوند، تلاش می‌کنند که بین دین با ارزش‌های جدید آشتی دهند و ارزش‌های مدنی را با احکام و باورهای دینی سازگار سازند و این مهم را از طریق بازاندیشی دینی و فهم جدید از دین و اجتهاد در اصول فقه و احکام به‌دست آورند. به باور آن‌ها استفاده نکردن از ظرفیت اجتهاد سبب ناکارآمدی اسلام و پس‌ماندگی دین و مذهب از زمان گشته است. ناکارآمدی نظام دینی در اسلام سبب دوگانگی و ریاکاری کشورهای اسلامی در مواجهه با ارزش‌های جدید و حقوق بشر و حقوق زنان شده است. حاکمان کشورهای اسلامی در مجامع بین‌المللی برای کسب وجهه از معاهدات حقوق بشری حمایت نموده و آن‌را امضا می‌نمایند. اما در هماهنگ کردن جامعه خود با آن معاهدات ناکام می‌گردند و در نتیجه آنچه گزارش می‌شود با آنچه می‌گذرد، بسیار متفاوت است.

جوانان مسلمان بیش از همه در این برزخ فکری گرفتارند و بسیاری از آن‌ها کمر بسته‌اند تا برای حل معضل تعارض اسلام با ارزش‌های نوین راه حلی جست‌وجو کنند. برخی از آن‌ها از جمله نویسنده کتاب حاضر به رویکرد نواندیشانه از دین روی آورده‌اند و بین فهم قرآنی

و دینی از حقوق زن و فهم فقهی از حقوق زن مرز گذاشته‌اند. به باور آنان حقوق زن را باید از منظر قرآن و دین بازشناخت آنچه تاکنون معمول بوده، فهم فقهی بوده است. فقه هم دانشی است که براساس فهم و تفسیر از متون اصلی دین شکل گرفته و در بستر زمان تکامل یافته و همواره از مکان و زمان متأثر بوده است. براین اساس فقه دانش بشری است و لزوماً حکم خدا نبوده و فاقد تقدس و جاودانگی است. بنابراین فقه هم مانند هر دانش بشری دیگر در حال تکامل و تغییرپذیری است.

نویسندهٔ جوان این کتاب با تمام توان کوشیده است، راه خویش را از معرکه‌آرای سنت‌گرایان و اصلاح‌گران باز یابد که هم سرمایهٔ دین را از کف نداده باشد و هم با ارزش‌های دنیای جدید بیگانه نباشد و از برزخ فکری و هویتی، که بسیاری از جوانان مسلمان گرفتار آنند، رهایی یابد که ماندن در آن سخت و طاقت‌فرساست. این تلاش فکری که در افغانستان سابقهٔ طولانی ندارد، در نوع خود مبارک و میمون است.

هم‌چنان شجاعت علمی نویسنده در خور ستایش است؛ وقتی می‌نویسد: «نگارنده این سطور معتقد است که چند پیش‌فهم عام و مشترک میان اکثر فقیهان، به‌ویژه فقیهان سنتی در تفسیر متون دینی وجود دارد که قرائت غالب را در مورد حقوق سیاسی زنان شکل می‌دهد و سیمای فقهی زن مبتنی براین پیش‌فرض‌ها می‌باشد». او تلاش کرده است با امانت‌داری علمی و روایت درست، اندیشه‌ها و دیدگاه‌های جدید و سنتی مطرح در زبان فارسی در زمینه حقوق سیاسی زنان را بفهمد و به خواننده انتقال دهد. این تحقیق ممکن

است سخن نوی در باب حقوق سیاسی زنان نداشته باشد؛ اما سعی می‌کند با طرح موضوع حقوق سیاسی زنان پیکربندی را در ادبیات حقوقی افغانستان ارائه دهد که محققان دیگر توجه چندانی به آن نداشته‌اند؛ تا بتواند افق‌های نوی را برای جوانان جویای معرفت و تشنه آگاهی بگشاید و با قلم روان و به زبان ساده به خوانندگان ارائه دهد. تلاش محقق محترم برای توسعه دانش و غنای ادبیات حقوقی و نیز کوشش در بهبود حقوق سیاسی زنان در شرایط کنونی، که افغانستان با فقر اقتصادی و فرهنگی و بحران سیاسی و اجتماعی مواجه است و بسیاری از محققان دست از قلم کشیده و ذوق اندیشدن را از دست داده‌اند، شایستهٔ تقدیر و تکریم است. برای ایشان آرزوی توفیق بیشتر و نگارش آثار علمی بهتر داریم.

دکتر عبدالله شفایی
۳۰ قوس ۱۴۰۱ برابر با ۲۰ دسامبر ۲۰۲۲
دانشگاه تورین ایتالیا

پیش‌گفتار

حقوق و آزادی‌های سیاسی زنان که بعد از جدال‌های فکری دوران رنسانس در مغرب زمین در ادبیات سیاسی و حقوقی به یک گفتمان تبدیل شد و بعد از جنگ جهانی دوم در قالب اعلامیه‌ها، میثاق‌ها، کنوانسیون‌ها و معاهدات بین‌الملل حقوق بشری تدوین یافت، افق‌های جدید فکری را در مورد زنان و حقوق آنان گشود. هرچند در سده‌های اخیرکتاب‌ها و مقاله‌های زیادی درباره حقوق زنان نگاشته شده و تلاش‌ها در این راستا ثمربخش بوده است، اما جایگاه زنان در ساختار سیاسی اسلام و چگونگی حضور آنان در فضای عمومی هنوز به‌عنوان یکی از مباحث مناقشه‌برانگیز در تفکر دینی مطرح بوده و «هزار بادهٔ ناخورده در رگِ تاک است».

اثر حاضر، که در واقع پایان‌نامهٔ نگارنده در رشته حقوق بین‌الملل است و در سال ۱۴۰۰ در دانشکده حقوق دانشگاه خاتم‌النبیین موفقانه دفاع شد، حقوق و آزادی‌های سیاسی زنان را از بُعد حقوقی و دینی مورد بحث قرار می‌دهد. اگر یافته‌های این تحقیق برای کسی

ناخوشایند باشد، نگارنده سوء نیت نداشته است و انتظار دارد باب بحث و گفت‌وگوی سازنده در این حوزه باز شود تا زمینه برای برداشت‌های واقعی، متعادل و سازگار با عدالت و عقلانیت عصر جدید هموار شود و گرایش‌های افراطی و تفریطی در مورد زنان و حقوق آنان در جامعه کاهش یابد. از آن‌جاکه ممکن است اثر حاضر با کاستی‌ها و نارسایی‌هایی همراه باشد، نقد اصلاحی و رهنمایی‌های خوانندگان فرهیخته نگارنده را در مراحل بعدی یاری خواهد کرد.

در اینجا لازم می‌دانم از تمام استادان گرانقدرم در دانشگاه خاتم‌النبیین که خوشه‌هایی از خرمن علم و دانایی‌شان را کریمانه به من بخشیدند، از استاد رهنما دکتر سیدیعقوب عارفی، از استاد مشاور دکتر محمدعیسی فهیمی و از رئیس دانشگاه، دکتر سیدعبدالقیوم سجادی، که لطف‌های فراوانی به من داشتند، صمیمانه قدردانی کنم. هم‌چنان، از مسؤول کتابخانه دانشگاه آقای مرتضی مطهری بابت همکاری در تهیهٔ منابع، آقای دکتر عبدالله شفایی که با وجود مصروفیت زیاد تقریظ براین کتاب نوشت، خانم زهرا زاهدی که ویرایش این اثر را بر عهده گرفتند، استاد فرزانه‌ام جناب مختار حسین حیدری که به‌صورت عالمانه و دلسوزانه مشوره‌های مفیدی ارائه کرد، کارمندان و مدیر مسوول انتشارات فرم خانم حمیده میرزاد که در چاپ کتاب همکاری کردند و خانواده گرامی‌ام که همواره حامی و مشوق من بوده‌اند، سپاسگزارم.

سید حجت‌الله ضیاء
کابل، دشت برچی، زمستان ۱۴۰۱

سخن آغازین

مباحث حقوق زنان ریشه‌های عمیق و طولانی در تاریخ جوامع بشری دارد، اما امروز آن‌چه به‌عنوان حقوق سیاسی زنان با گستره جهانی شناخته می‌شود، حقوق و آزادی‌هایی است که در برخی از اسناد بین‌الملل حقوق بشری دسته‌بندی و گنجانده شده است. طرح جداگانه حقوق سیاسی زنان در چارچوب گفتمان حقوق بشر و احکام اسلامی حکایت از حداقل دو بُعدی بودن حقوق زنان دارد که حقوق‌دانان و اندیشمندان دینی را به خود درگیر کرده است. از یک‌سو هنجارهای بین‌المللی حقوق سیاسی زنان ادعای متواضعانه دارد که همانا تضمین حق‌ها و آزادی‌های سیاسی برابر و فارغ از تبعیض جنسیتی برای همه انسان‌ها است، اما از سوی دیگر سنت‌های دینی و فرهنگی را به چالش می‌کشد. اگر ابعاد این موضوع روشن نشود، می‌تواند برداشت‌های ناصواب را در پی داشته

باشد.

مباحث نظری حقوق سیاسی زنان از جایگاه مهم و خاصی برخوردار است، به‌ویژه برای مردم افغانستان که حقوق زنان در طول تاریخ در نظام‌های سیاسی مختلف به‌صورت جدی مطرح و دارای فراز و نشیب‌های فراوانی بوده است. از آن‌جا که باورهای سنتی و رسوم قبیله‌ای نقش مهمی در تعیین ارزش‌ها و رفتارهای اجتماعی حاکم بر جامعه افغانستان دارد، هرگونه اصلاحات در مورد حقوق سیاسی زنان به‌نحوی مورد اعتراض و مخالفت قرار گرفته و با بن‌بست مواجه شده است. برای مثال، اصلاحات امان‌الله خان در نیمه اول قرن بیستم و تصویب قانون اساسی، که در آن زنان و مردان از حقوق و آزادی‌های مساوی برخوردار بودند، با برداشت‌های دینی شریعت‌مدار و آداب و رسوم جامعه سنتی افغانستان سازگاری نداشته و با مخالفت شدید رهبران مذهبی و قبیله‌ای مواجه شد. اما باید توجه داشت که گام‌های نیز در راستای ترویج ارزش‌های جدید حقوق اساسی زنان در برهه‌های از تاریخ برداشته شد، چنان‌که در نیمه دوم قرن بیستم و ده سال آخر سلطنت ظاهر شاه که به «دهه دموکراسی» و «دهه قانون اساسی» مشهور است، زنان و مردان از حقوق و آزادی‌های سیاسی برابر بهره‌مند شدند و هیچ تبعیض و امتیاز میان آنان در قانون اساسی وجود نداشت و برای اولین‌بار چند زن به پارلمان و مجلس سنا راه یافتند و یک زن سمت وزارت صحت را به عهده گرفت. در قانون اساسی دوره داوود خان نیز احترام به منشور ملل متحد و اعلامیه جهانی حقوق بشر و حذف هرگونه تبعیض تصریح شده بود. به همین صورت، فرمان شماره هفت اولین رئیس‌جمهور

کمونیست، نورمحمد ترکی، در مورد برابری حقوق زن و مرد مطابق اعلامیهٔ جهانی حقوق بشر بود. باری، بعد از یک عقب‌گرد و نقض جدی حقوق سیاسی و اجتماعی زنان در جریان جنگ‌های داخلی، در دو دهه اول هزاره سوم و بعد از توافق‌نامه بُن، گفتمان حقوق سیاسی زنان دوباره مطرح شد و در سال ۱۳۸۲ شمسی قانون اساسی جدید، با تأثیرپذیری از قانون اساسی حکومت ظاهرشاه، به تصویب رسید که در آن بر برابری حقوقی و عدم تبعیض جنسیتی تأکید شد و زنان به‌صورت گسترده در تمام مناصب مهم دولتی حضور یافتند؛ اما این روندِ پرشتاب اصلاحات نیز بعد از دو دهه دچار شکست شد و زنان با برگشت طالبان از حوزهٔ اجتماع و سیاست به حاشیه رانده شدند. برای مثال، حق تعلیم و تحصیل و حق کار از زنان سلب شد و براساس فرمان جدید ملا هبت‌الله، رهبر طالبان، که در دهم اسد ۱۴۰۳ در جریدهٔ رسمی وزارت عدلیه به نشر رسید، صدای زنان «عورت» تلقی شده و از آنان خواسته شد که در حضور مردان از خواندن نعت و تلاوت قرآن اجتناب کنند و بدن و صورت خودرا از مردان نامحرم و زنان کافر بپوشانند. به‌هرحال، پیش‌داوری‌های منفی و درکِ نادرست از اصول و ارزش‌های حقوق بشری، برداشت‌های سنتی، فرهنگ قبیله‌ای مردسالار و رویکردهای رادیکال به هنجارهای جهانی حقوق زنان از مهم‌ترین موانع نهادینه‌سازی حقوق اساسی زنان در افغانستان است. به‌صورت کلی، مردم افغانستان نتوانستند خود را از قید ذهنیت‌ها و پیش‌فهم‌های قبیله‌ای و ادبیات کلیشه‌ای در مورد زنان و حقوق آنان برهانند و باورهای دینی خود را با ارزش‌ها و رویه‌های جهانی حقوق اساسی زنان سازگاری دهند.

در چنین فضایی، نیاز جدی به طرح قرائت‌های جدید و اصلاح‌گرایانه در مقابل قرائت رسمی از کتاب و سنت احساس می‌شود و هدف از نگارش این کتاب تطبیق مبانی دینی با اصول و ارزش‌های جهانی حقوق بشر و حقوق زنان است. بر خلاف مخالفت سنت‌گرایان دینی با بهره‌مندی زنان و مردان از حقوق سیاسی برابر، نگرش غالب حقوق بشری ماهیت برابری‌طلبانه دارد و اسناد عام و خاص بین‌المللی، به‌ویژه «کنوانسیون حقوق سیاسی زنان» و «کنوانسیون رفع هرگونه تبعیض علیه زنان» حقوق سیاسی افراد را در پیوند با حیثیت و کرامت انسانی صرف‌نظر از وابستگی‌های دینی، نژادی، جنسی و همانند آن‌ها مطرح نموده‌اند و نظریه‌پردازان و نواندیشان دینی، حقوق زنان را در چارچوب حقوق انسانی تحلیل کرده‌اند. مفروض ما این است که احکام اسلامی ذاتاً با اصول بین‌المللی حقوق سیاسی زنان تعارض ندارد؛ زیرا تدوین اعلامیه‌ها و معاهده‌های بین‌الملل حقوق بشری با استقبال عمومی کشورهای مسلمان مواجه شد و هیچ کشور اسلامی، به شمول عربستان سعودی، هنگام تصویبِ اعلامیه جهانی حقوق بشر، رأی منفی نداد. بنابراین، از آن‌جا که نه جریان غالب حقوق بشری و سیاسی زنان و نه قرائت‌های نواندیشانهٔ فقهی و دینی با سنت‌گرایانِ طرفدار تبعیض همراهی کرده است، بریدن از پیش‌فرض‌های فرهنگ سنتی . قبیله‌ای و ایجاد سازگاری میان احکام دینی و ارزش‌های بین‌المللی حقوق زنان از نیازهای جدی جهان معاصر است و این اثر می‌تواند در این راستا نقش مؤثری داشته باشد.

از کتاب حاضر نباید انتظار نظریه‌پردازی یا ارائه کشف جدید

در مورد حقوق سیاسی زنان داشت؛ اما نگارنده در ظرف یک سال به‌صورت پی‌گیر تلاش کرده است تا با بررسی آثار علمی مختلف، نظریه‌های فیلسوفان و متفکران، دیدگاه‌های نواندیشان دینی و آرای فقهی عالمان مسلمان را در مورد حقوق سیاسی زنان در قالب منبع منسجمی تهیه کرده و تحلیل هدفمند از آن‌ها ارائه نماید. این اثر می‌تواند در شناخت عمیق مبانی و اصول حقوق سیاسی زنان و ارزیابی بی‌طرفانه هنجارهای بین‌المللی حقوق زنان و کاهش برداشت‌های ناصواب مؤثر باشد. هم‌چنان، این اثر تقابل و تعامل میان گزاره‌های دینی و اصول جهانی حقوق زنان را بیان نموده و در پایان راهکارهایی برای رفع تعارض میان آن‌ها ارائه کرده است تا همهٔ زنان، به‌ویژه زنان افغانستان، بتوانند بدون تبعیض جنسیتی و به‌صورت برابر با مردان و با رعایت احکام دینی و ارزش‌های اخلاقی از تمام حقوق و آزادی‌های سیاسی بهره‌مند شوند. این کتاب شامل پنج فصل است:

فصل اول: مفاهیم و کلیات؛
فصل دوم: مبانی و منابع حقوق سیاسی زنان؛
فصل سوم: حقوق سیاسی زنان در اسناد بین‌الملل؛
فصل چهارم: حقوق سیاسی زنان در اسلام؛
فصل پنجم: اسلام و هنجارهای بین‌المللی حقوق سیاسی زنان.

فصل اول

مفاهیم و کلیات

سؤال از جایگاه زن در ساختار سیاسی کشورهای اسلامی و نظام بین‌الملل حقوق بشر و یا از برابری حقوق و آزادی‌های سیاسی زن و مرد، برخاسته از موقعیت تازه‌ای است که انسان‌ها در جهان معاصر یافته‌اند و درک جدیدی است که افراد از انسان، تاریخ و طبیعت پیدا کرده‌اند. جهان پیشین جهانِ تکلیف‌مدار بود و انسان‌ها به‌محض آگاهی از خویشتن، از تکالیف و مسؤولیت خود سؤال می‌کردند، اما جهان جدید حق‌مدار است و آن سؤال کهن بعد از تولد انسان مدرن جای خود را به این پرسش داده است که ما از چه حقوق و آزادی‌هایی برخورداریم. برای یافتن پاسخ به این دسته از سؤال‌ها، لازم است نخست در این فصل مفاهیم مهم و کلیدی تعریف شود. این فصل دارای دو گفتار است؛ گفتار اول به تعریف واژه‌های کلیدی

و گفتار دوم به پیشینه حق داشتن و حقوق سیاسی زنان می‌پردازد.

گفتار اول: مفهوم شناسی

مفاهیم نقش مهم در رساندن نیت و مراد گوینده و نویسنده به مخاطب دارد. خوانندگان تنها از طریق مفاهیم می‌توانند مراد نویسنده را بهتر درک نمایند. به همین ملاحظه در این گفتار مفاهیم کلیدی تشریح و تحلیل خواهند شد که عبارتند از: حق، تکلیف، حقوق، سیاست، حقوق سیاسی، اسناد بین‌الملل و اسلام.

۱. حق

واژه حق به تناسب موضوع و گستره خود با برداشت‌ها و تعریف‌های متفاوت همراه است و نوعی ثبوت تکوینی و اعتباری در تعریف حق لحاظ شده است. تفکیک بین دو معنای متفاوت از حق بسیار مهم است:

اول، «حق بودن»: در این معنا واژهٔ حق، صفت بوده و معادلِ راست، درست و صحیح است که در مقابل باطل و نادرست قرار می‌گیرد. واژه حق در این کاربرد معمولاً با فعل «بودن» استفاده می‌شود و معادل انگلیسی آن «To be right» است و در اخلاق و علوم دینی کاربرد دارد.

واژهٔ حق، گاهی به‌عنوان معادل راستی، درستی، حقیقت و عدالت نیز به کار می‌رود. در این معنا حق صفت نیست؛ بلکه اسم است و در مقابل بطلان و باطل به‌معنای اسمی آن قرار دارد که معادل

انگلیسی آن «Rightness» و «Truth» است (حیدری، ۱۳۹۹: ۲۳).

دوم، «حق داشتن»: گاهی حق به‌معنای استحقاق، سلطه، اختیار و امتیاز است که در مقابل تکلیف قرار می‌گیرد و با فعل «داشتن» استفاده می‌شود، معادل انگلیسی آن «To have right» است و در اخلاق، فلسفه، حقوق و سیاست کاربرد دارد. در این معنا، حق گستره بسیار وسیعی می‌یابد که شامل اختیار رد و قبول، اختیار عمل و خودداری از عمل است. حق به‌معنای دوم که موضوع گزاره‌های حقوق سیاسی زنان قرار می‌گیرد، یک مفهوم نسبی است که با وجود سه طرف معنا پیدا می‌کند: متعلق (موضوع) حق، صاحب حق و کسی که باید این حق را رعایت کند (طرف مقابل و مکلف). به‌عنوان مثال وقتی گفته می‌شود: «زن حق رأی دارد»، رأی دادن متعلق و موضوع حق است، زن صاحب حق است و دولت مکلف است تا به‌حق رأی زن احترام بگذارد. بنابراین، حق را می‌توان این‌گونه تعریف کرد: «حق عبارت است از سلطه، اختیار، امتیاز و توانایی که در جامعه معیّنی برای یک انسان در برابر انسان‌های دیگر، یا برای یک انسان در برابر اشیا به رسمیت شناخته می‌شود» (قربان‌نیا، ۱۳۹۹: ۳۳). یا می‌توان گفت: «حق امری اعتباری است، که به‌موجب آن صاحب حق شایستگی بهره‌وری از امری و اختصاص آن را به خود یافته و بر دیگران نیز رعایت آن لازم است» (میرموسوی و حقیقت، ۱۳۹۱: ۱۲۹). وجود هر حق تکلیفی برای دیگران مشخص می‌کند و از پذیرش هر تکلیف، حق برای افراد به‌دست می‌آید.

۲. تعهد / تکلیف

طوری که بیان شد، مفهوم «حق داشتن» در گزاره‌های مختلفِ حق‌مدار، معانی متفاوت دارد و با داشتن سه طرف معنا پیدا می‌کند. یعنی علاوه بر موضوع حق و صاحب حق، طرف سومی هم وجود دارد که مکلف است تا به‌حق مورد نظر احترام بگذارد. هوفلد[1] حق را به چهار دسته تقسیم می‌کند: حق ادعا، حق آزادی، حق قدرت و حق مصونیت. از میان این دسته چهارگانه، صرفاً حق ادعا که حق به‌معنای مضیق یا خاص است با تکلیف طرف مقابل همراه است. یکی از نویسندگان نیز در این مورد بیان می‌دارد: «حق در معنای مضیق آن همانا حقِ ادعاست که لازمه آن وظیفه یا تعهد دیگری است. حقوق بشر معاصر نظامی هنجاری است که متضمن حقوق افراد در برابر دولت است. کارکرد اصلی این نظام هنجاری محدود کردن قدرت دولت در برابر افراد است. بنابراین، می‌توان ادعا کرد که حق‌های بشر در ارتباط با دولت‌ها، ماهیتاً از نوع حق ادعاها هستند و دولت‌ها متعهد به تضمین این حق‌ها برای افرادند. البته این بدان معنا نیست که حقوق بشر در روابط بین افراد مطرح نمی‌شود. با وجود این، فضای غالب در گفتمان حقوق بشر، فضای تضمین حقوق افراد در برابر دولت است؛ فضایی که دولت را متعهد به تضمین حق‌ها می‌داند. به همین دلیل گفتمان حاکم بر اسناد بین‌المللی حقوق بشر در رابطه با دولت‌ها، تعهدمدار و نسبت به افراد، حق‌محور است» (قاری سیدفاطمی، ۱۳۹۸: ۴۱). در برخی

1- Wesley Newcomb Hohfeld

نظام‌های حقوقی بر جنبه تکلیف و در برخی دیگر بر حق بیشتر توجه می‌شود. اسلام غالباً حقوق را به زبان تکلیف بیان می‌کند. زبان تکلیف در اسناد بین‌المللی نیز در قالب امر و نهی مانند «هرکس باید...» یا «هیچ‌کس نباید...» مشاهده می‌شود.

۳. حقوق

تعریف دقیق از حقوق مانند دیگر شاخه‌های علوم اجتماعی کار آسانی نیست. دیدگاه‌ها و مکتب‌های فلسفی و اجتماعی از یک‌طرف، پیچیدگی و گسترش پیوندهای حقوقی از طرف دیگر به این دشواری افزوده است. بنابراین، برای واژه حقوق تعریف‌های گوناگون ارائه شده است که به‌ترتیب بیان خواهد شد:

اول، حقوق مجموعه از حق‌هایی است که از سوی یک مقام صلاحیت‌دار برای فرد یا افرادی وضع شده‌است. حقوق در این کاربرد جمع حق است، به‌معنای استحقاق، امتیاز و بهره، که در زبان انگلیسی با واژه «Right» بیان می‌شود. حق به اعتبار این معنا با تعریف حقوق بشر «Human right» نزدیک است.

دوم، حقوق مفهوم نزدیک به قانون دارد و به‌معنای مجموعه قواعد الزام‌آور حاکم بر جامعه و روابط اجتماعی است. این مفهوم حقوق را می‌توان این‌گونه تعریف کرد: «مجموعه‌ای از قواعد الزام‌آور و کلی است که، به‌منظور ایجاد نظم و استقرار عدالت، بر زندگی اجتماعی انسان حکومت می‌کند و اجرای آن از طرف دولت تضمین می‌شود» (کاتوزیان، ۱۳۹۵: ج ۱/ ۵۰۱). در این معنا، حقوق به‌معنای مفرد به

کار رفته است و گویا مجموعه مقررات حاکم بر جامعه یک واحد اعتباری در نظر گرفته شده است و مترادف واژه «Law» در انگلیسی و «قانون» در عربی است. برای مثال، حقوق بین‌الملل به انگلیسی «International Law» و به عربی «قانون الدولی» ترجمه می‌شود. این تعریف، مهم‌ترین ویژگی‌های قاعده حقوقی را بیان کرده است که عبارتند از: الزامی بودن، ضمانت اجرایی داشتن، و کلی و عمومی بودنِ قاعده.

سوم، گاهی مقصود از واژه حقوق، علم حقوق است، یعنی رشته‌ای علمی که در کنار سایر رشته‌ها مطرح است و به تحلیل قواعد حقوقی و سیر تحول آن می‌پردازد. حقوق در این معنا نیز مترادف کلمه «Law» به انگلیسی است.

چهارم، حقوق به‌معنای دستمزد است. واژه حقوق در این معنا همیشه به‌صورت جمع به کار می‌رود و در زبان انگلیسی مترادف «Salary» است.

۴. سیاست (آیین شهریاری)

واژه «سیاست» که در ادبیات سیاسی و حقوقی امروز استفاده می‌شود، اختصار شده تعبیر «سیاست مُدُن» است و با افزودن واژه «مُدُن» که ترجمه واژه لاتینی «Politics» است، مفید معناست. در زبان یونانی «Polis» به‌معنای شهر است و «Politics» یعنی آنچه به آیین شهریاری و شهرداری مربوط می‌شود و مسلمانان در ترجمه آثار یونانیان به عربی آن را به «سیاست مُدُن» ترجمه کرده‌اند. بنابراین

مناسب‌ترین معادل برای آن در زبان فارسی «آیین شهریاری» است. معنای دقیق شهریار «حاکم» است، کسی که شهر را (شهر نه در مقابل «دِه» بلکه به‌منزله جامعه انسانی) اداره و مدیریت می‌کند. پس منظور از سیاست، سیاستِ مُدُن است که تدبیر مملکت باشد، نه تأدیب و استبداد. تدبیر مملکت نیز شامل همه مسائل کشوری یا اجتماع انسانی می‌شود؛ از جمله مسأله مدیریت سیاسی؛ لذا پایه‌هایی اصلی شناخت سیاست سه چیز است: اول، شناختن شهر (مدینه) یا جامعه‌ای که بر آن حکومت می‌شود. دوم، شناخت ماهیتِ قدرت؛ زیرا هر تدبیر و اداره‌ای از جنس قدرت‌ورزی است. سوم، مشروعیت که از ریشه شرع و ترجمه واژه انگلیسی «Legitimacy» است؛ اما واژه «حقانیت» یا «اعتبار» معادل مناسب‌تری برای آن به نظر می‌رسد (سروش، ۱۳۷۹: ۱۲۷-۱۲۶). به‌صورت کلی استفاده از واژه «سیاست» یک تعبیر ناقص است و تعبیر کامل آن «سیاستِ مُدُن» است که مفهوم سیاست و مدینه را هر دو با خود دارد.

جان لاک[1]، فیلسوف سیاسی انگلیسی، جامعه سیاسی را به حیث مترادف جامعه مدنی به کار می‌برد و جامعه مدنی را مساوی با جامعه قانون‌مند می‌داند.

ابن خلدون سیاست را از جمله علوم طبیعی (عقلی) می‌داند و این‌گونه تعریف می‌کند: «سیاست تدبیر منزل یا شهر به آیین اخلاق و خرد است تا جمهور مردم را به راهی سوق دهد که به حفظ و بقای نوع منتهی شود» (محسن، ۱۳۷۳: ۲۹۱).

---

1. John Locke

۵. حقوق سیاسی

اصطلاح حقوق سیاسی در فارسی ترجمه «Political Rights» از زبان انگلیسی است. حقوق جمع عربی حق است و این واژه چنان که بیان شد، در زبان فارسی به‌عنوان ترجمه «Law» انگلیسی و «قانون» عربی به کار رفته است؛ پس بهتر بود به‌جای حقوق در ترجمه «Rights» واژه «حق‌ها» استفاده می‌شد که هم جمع فارسی است و هم با حقوق به‌معنای مجموعه‌ای قواعد و مقررات اشتباه گرفته نمی‌شد. بنابراین، می‌توان گفت که در زبان فارسی «حق‌های سیاسی» ترجمه رساتر است، اما از آن‌جا که بعد از گذشت چندین دهه این تعبیر در اکثر منابع فارسی به کار رفته است، ناچار باید از اصطلاح حقوق سیاسی استفاده کرد. پس حقوق که در ترکیب حقوق سیاسی به کار رفته، جمع حق (به‌معنای امتیاز، اختیار و بهره) است و حقوق سیاسی به‌معنای مجموعه‌ای امتیازات و اختیاراتی است که شخص برای شرکت در قوای عمومی و سازمان‌های دولتی، تصدی مشاغل عمومی و ابراز آزادانه اندیشه و افکار در مجامع از آن بهره‌مند می‌شود.

یکی از نویسندگان در تعریف حقوق سیاسی گفته است که حقوق سیاسی برابری کامل میان زن و مرد در کاندیدا شدن، انتخاب کردن و توظیف در کلیه مناصب دولتی است (حنانی، ۱۳۸۶: ۵۱).

براساس تعریف دیگر: «حقوق سیاسی، بخشی از حقوق بشر است که به حقوق انسان‌ها در حوزه سیاست می‌پردازد و اموری از قبیل حق تعیین سرنوشت و مقدرات سیاسی و حق آزادی‌های سیاسی را شامل می‌شود» (کدیور، ۱۳۷۷).

حقوق سیاسی دارای دو شاخص مهم است: «حقوق انتخاباتی» و «حضور در مدیریت سیاسی» (ملک‌زاده، ۱۳۹۴: ۴۱۵)؛ یعنی از یک‌نظر در حق انتخاب کردن و انتخاب شدن تجلی می‌یابد و از نظر دیگر، در تصدی مناصب عمومی. حقوق سیاسی افراد در ارتباط آن‌ها با حاکمیت و ارزیابی عملکرد قدرت سیاسی موجود به رسمیت شناخته می‌شود. وجه مشترک همه انواع حقوق، به رسمیت شناختن «حق حیات سیاسی» است. حقوق سیاسی زمینه را برای شهروندان فراهم می‌سازد تا در سرنوشت سیاسی خود و اداره امور دولت به‌صورت مستقیم یا غیرمستقیم شرکت کنند.

امروزه سخن از نسل‌ها یا مقوله‌های سه‌گانه[1] حقوق بشری است. منظور از نسل اول حقوق بشر حق‌ها و آزادی‌های سیاسی و مدنی است که در اعلامیه جهانی حقوق بشر و اسناد بین‌المللی متعدد گنجانده شده و براساس آن، زنان و مردان می‌توانند در شرایط مساوی و فارغ از تبعیض جنسیتی از حق انتخاب کردن، انتخاب شدن و عضویت در مؤسسات ایجادشده از طریق انتخابات عمومی و اشتغال به مناصب سیاسی برخوردار باشند. نسل اول حقوق بشر که منتج از نخستین شعار انقلاب فرانسه؛ یعنی آزادی است، حقوق بنیادینی؛ چون: حق حیات، آزادی بیان، آزادی عقیده، آزادی اجتماعات و

۱-. کارل واساک (Karel Vasak) که برای چندین سال رئیس انستیتوت بین‌المللی حقوق بشر در استراسبورگ بود، برای اولین بار اصطلاح نسل‌های حقوق بشر را در طرح پیشنهادی‌اش به مجلهٔ یونسکو در سال ۱۹۷۷ به کار برد. براساس اصول سه‌گانهٔ فرانسوی که شعار مردم در انقلاب کبیر فرانسه بود؛ یعنی آزادی، برابری و برادری، او سه نسل حقوق بشر را پیشنهاد می‌کند: نسل اول حقوق بشر یا حقوق مدنی و سیاسی برمحور آزادی می‌چرخد. این حقوق اساساً حقوق افراد در برابر دولت‌ها است. نسل دوم حقوق بشر یا حقوق اقتصادی، اجتماعی و فرهنگی بر محور شعار برابری انقلاب فرانسه می‌چرخد. نسل سوم حقوق بشر حقوق همبستگی است که تا هنوز در اسناد الزام‌آوری جهانی گنجانده نشده است.

حق مشارکت در امور سیاسی را در بر می‌گیرد. برخورداری از نسل اول حقوق بشر مستلزم عدم دخالت قدرت عمومی در بهره‌مندی از آن‌ها است. در ضمن دولت مکلف به حمایت و پاسداری از آن حق‌ها در برخورد با ناقضان است و مداخله دولت صرفاً در جهت تضمین حق‌های مدنی و سیاسی جواز دارد. به تعبیر یکی از نویسندگان، حق‌های نسل اول نوعاً بر عدم مداخله دولت و سایر افراد تأکید دارند، نسل دوم حقوق بشر مستلزم مداخله و حمایت دولت‌ها است. از همین جهت این تفکیک از نظر اخلاقی مهم است. نسل سوم حقوق بشر ماهیت جمع‌گرایانه دارد و شامل حق‌های؛ هم‌چون: حق بر محیط زیست سالم، حق بر صلح و یا حق بر توسعه می‌شود (قاری سیدفاطمی، ۱۳۹۸: ۴۹).

هنری شو[1] حق‌های نسل اول حقوق بشر را حق‌های منفی و حق‌های نسل دوم را حق‌های مثبت نامیده است. اندیشه مبنایی چنین تفکیکی این است که حق‌های دسته اول با خودداری از انجام عملی و حق‌های دسته دوم با انجام عملی محقق خواهند شد. در واقع حق‌های نسل اول ادعاهایی‌اند که دولت‌ها باید در برابر آن پاسخ‌گو باشند. دولت‌ها صرفاً مکلف به عدم مداخله در حقوق و آزادی‌های سیاسی نیستند، بلکه تضمین حمایتی آن‌ها از لازمه این حقوق است. به‌صورت خلاصه، حقوق سیاسی از یک‌سو حق‌های منفی‌اند که لازمه آن عدم مداخله دولت‌ها است و از سوی دیگر حق‌های مثبت‌اند که تضمین آن‌ها مستلزم مداخله ایجابی دولت‌ها است (قاری سیدفاطمی، ۱۳۹۸: ۵۰-۴۹).

1- . Henry Shue

۶. اسناد بین‌الملل حقوق بشر

به‌طور کلی به هرگونه مصوبه مکتوب رسمی دولت‌ها که در قالب سندی تنظیم می‌شود و در آن اهداف و مقاصد دولت‌ها در ارتباط با اصول و هنجارهای حقوق بشری مورد تأکید قرار می‌گیرند سند حقوق بشری اطلاق می‌شود. اسناد بین‌المللی که دایره گستردگی آن‌ها تمام جهان است؛ مانند: اعلامیه جهانی حقوق بشر یا میثاق بین‌المللی حقوق مدنی و سیاسی به آن‌ها اسناد بین‌المللی یا جهانی (International/global Instruments) گفته می‌شود. اسناد بین‌المللی را می‌توان یکی از مهم‌ترین منابع حقوق سیاسی زنان دانست که در راستای به رسمیت شناختن حقوق و آزادی‌های اساسی آنان تدوین و تصویب شده‌اند.

اسناد بین‌الملل حقوق بشری را بر مبنای گستره شمول و پوشش حمایتی نسبت به انسان‌ها می‌توان به اسناد بین‌المللی عام و خاص دسته‌بندی کرد. هریک از این دو دسته اسناد از حیث ماهیت سندی، گاهی به‌صورت سند الزام‌آور و تحت عناوینی؛ چون: کنوانسیون، میثاق، معاهده، منشور یا پروتکل تنظیم می‌شود و گاهی هم به‌صورت سند غیرالزام‌آور تحت عنوان اعلامیه‌ها تدوین و تصویب می‌شود.

۷. اسلام

اسلام از جمله ادیان ابراهیمی و مجموعه‌ای از تعالیم و آموزه‌هایی است که خداوند توسط محمد بن عبدالله در قرن هفتم میلادی به انسان‌ها ابلاغ کرده و مهم‌ترین منبع آن را کتاب و سنت تشکیل می‌دهند.

طبق تعریف دیگر، اسلام مجموعه تعالیم و دستوراتی است که به حضرت محمد در سرزمین عربستان وحی شده است و در قالب منابع و متون دینی در دسترس پیروان او قرار گرفته است (میرموسوی و حقیقت، ۱۳۹۱: ۱۲۵).

گفتار دوم: پیشینه حق داشتن و حقوق سیاسی زنان

برای درک درست ماهیت حقوق سیاسی زنان، باید ریشه‌های تاریخی و فرهنگی آن را بررسی کرد. از آن‌جا که «حق داشتن» یک عنصر محوری در گفتمان معاصر حقوق سیاسی زنان است، ابتدا خاستگاه و پیشینه تاریخی این مفهوم مورد بحث قرار خواهد گرفت.

۱. پیشینه تاریخی «حق داشتن»

حق به مفهوم حق عینی (حق بودن) که در مقابل باطل قرار دارد، همیشه در حوزه اندیشه‌ها و ارزش‌های دینی- اخلاقی وجود داشته است؛ اما در مورد پیشینه حق شخصی یا ذهنی (حق داشتن) در مقابل تکلیف، دیدگاه‌های مختلف وجود دارد. برای دستیابی به درک بهتر اندیشه حقوق سیاسی زنان، باید ریشه‌های پیدایش و مراحل تکامل این اندیشه را در سنت فکری غرب جست‌وجو کرد.

۱-۱. مفهوم حق داشتن در دوران باستان

برخی به این باورند که «حق داشتن» ریشه در اندیشه قانون

طبیعی دارد و این مفهوم را می‌توان به‌صورت ضمنی در فرهنگ‌های باستانی پیدا کرد (فریمن، ۱۳۸۷: ۲۰). دوران باستان در کنار قرون وسطی و عصر مدرن، یکی از سه دوره اصلی است که تاریخ اروپا در آن شکل گرفته است. در این بخش، مفهوم حق داشتن در هریک از این دوره‌ها صرفاً اشاره می‌شود.

۱-۱-۱. یونان باستان

در این مورد که مردم یونان باستان از مفهوم حق داشتن درکی داشتند یا خیر، دو نوع باور وجود دارد: یک باور براین است که مردم و اندیشمندان یونان افراد را در مقابل دولت صاحب حق نمی‌دانستند؛ زیرا آنان معتقد بودند که افراد بخش‌های فرعی یک اجتماع هستند. بنابراین طرح مفهوم حق داشتن و حقوق فردی در دوران یونان باستان ممکن نبوده است. باور دیگر این است که با بررسی کردن آثار ارسطو، به‌عنوان یکی از مهم‌ترین دانشمندان این دوره، می‌توان به این نتیجه دست‌یافت که این اندیشمند دارای تصوری از حق داشتن بوده و می‌توانسته این تصور را بیان کند. در آثار او تعابیری وجود دارد که می‌شود به‌درستی به‌حق ترجمه کرد. برای مثال، منظور ارسطو از استفاده کلمه «dikaion» ادعای عادلانه است که امروزه به‌حق ترجمه می‌شود. (Miller,۱۹۹۵: ۵۵)

۲-۱-۱. روم باستان

نظام حقوقی روم توسط رواقیان بنا نهاده شده و به‌تدریج شکل

گرفت و این تحولات حقوقی بیش از یک‌هزار سال دوام داشت. باور براین است که رومی‌ها نیز تصوری از حق داشتن نداشته‌اند. ضمن تفاوت گذاشتن میان حق بودن و حق داشتن، مورخ فرانسوی مایکل ویلی براین نظر است که رومی‌ها تصوری از حق داشتن و استحقاق شخصی نداشته‌اند و واژه «jus» که در آثار رومی استفاده شده‌است، به‌حق عینی یا همان حق بودن اشاره دارد. طبق دیدگاه او، مردم روم با مفهوم حق داشتن ناآشنا بوده و نتوانسته‌اند آن را بیان کنند؛ اما در مقابل این نظر می‌توان استدلال کرد که منظور مردم روم از عدالت، دادن حق به صاحبش بوده است. آنان عدالت را به «دادن حق به هرکس» تعریف می‌کردند. پس می‌توان گفت مفهوم عدالت، متضمن اندیشه حقوق فردی است (فریمن، ۱۳۸۷: ۲۲).

۲-۱. مفهوم حق داشتن در قرون وسطی

در سده‌های اول قرون وسطی (از قرن ۶ تا ۱۱) تحولی در مورد مفهوم حق به وجود نیامد و مردم مانند دوره روم باستان با مفهوم حق داشتن آشنا بودند؛ اما استفاده از این واژه فراگیر نبود. در چهار قرن اخیر این دوره (از قرن ۱۲ تا ۱۵) حق بودن جایش را به‌حق داشتن داد و استفاده گسترده از استحقاق شخصی (حق داشتن) آغاز شد. به باور یکی از اندیشمندان، ساکنان اروپا از اوایل قرن دوازدهم هم تصوری روشن از حق داشتن و حقوق فردی داشتند و هم آن را به زبان خود بیان می‌کردند. (Tierney, ۱۹۸۹: ۶۳۰)

۲. پیشینه تاریخی حقوق سیاسی زنان

این اندیشه که زنان در طول تاریخ در حوزه سیاسی و رهبری دینی جامعه جایگاهی فروتر از مردان داشته‌اند و وجود تبعیض جنسیتی و نابرابری‌های تاریخی به نفی حقوق سیاسی زنان انجامیده‌است، واقعیت غیرقابل‌انکار است. چنین واقعیت‌های غیرقابل‌قبول، جنبش‌های اجتماعی را در بین زنان پدید آورد و گفتمان حقوق سیاسی زنان را میان حقوق‌دانان و روشنفکران دینی به‌دنبال داشت که در صدد از بین بردن تبعیض جنسیتی و کاستن از سیطره غیرقابل‌قبول مردان بر زنان در حوزه سیاسی بوده است. حقوق سیاسی زنان که امروزه به عنوان یک گفتمان مسلط در جهان تبدیل شده‌است، به یکبارگی به وجود نیامده‌است. اندیشه‌های حقوق سیاسی زنان هرچند با تأثیرپذیری از حوادث چند قرن اخیر اروپا تبدیل به یک نظریه منسجم و سپس در قالب اسناد بین‌الملل حقوق بشری به‌عنوان اصول هنجاری جهانی گنجانده شده و مورد تصویب دولت‌ها قرار گرفته‌اند، ریشه‌های آن را می‌توان در سنت‌های مختلف پیدا کرد.

۱-۲. مفهوم حقوق سیاسی زنان در دوران باستان

همان‌طورکه حقوق سیاسی زنان از جمله نسل اول حقوق بشر است و نمی‌توان آن را خارج از اسناد بین‌المللی حقوق بشر مطالعه کرد، شکل‌گیری و رشد تدریجی اندیشه این حقوق نیز با ریشه‌های تاریخی-فرهنگی حقوق طبیعی یا حقوق بشر پیوند دارد و پا به‌پای هم‌دیگر توسعه‌یافته‌اند. برای دریافت تصویر روشن از سیر تحول

مفهوم حقوق سیاسی زنان، نخست باید خاستگاه اجتماعی و بستر تاریخی آن را بررسی کرد. تاریخ نشان‌می‌دهد که فرهنگ زورمداری یک فرهنگ غالب در تاریخ کهن بشریت بوده که براساس آن افراد قوی در جایگاه برتر و انسان‌های ضعیف در درجه پایین‌تر قرار می‌گرفتند و حتی اندیشمندان، نظام طبقاتی و بردگی را تأیید می‌کردند؛ اما با آن هم گاهی سرشت آزادی‌خواهانه و عدالت‌طلب برخی از افراد و پادشاهان رعیت‌پرور زمینه را برای حق طلبی فراهم کرد.

۱-۱-۲. یونان باستان

به نظر می‌رسد که سنگ بنای دموکراسی هرچند به‌معنای محدود آن در جامعه سیاسی یا دولت-شهرهای یونان قدیم گذاشته شد و اندیشه‌های فلسفی در مورد دموکراسی از طرف اندیشمندانی؛ چون: سقراط، افلاطون و ارسطو مطرح شد که زمینه را برای بهره‌مندی حقوق سیاسی هموار ساخت. آتن نیرومندترین دولت-شهر دموکراتیک در یونان بود و دموکراسی یونانی، تجربه‌ای سیاسی بود که در فاصله سال‌های ۵۰۸ تا ۳۳۸ ق. م. رخ نمود. در دموکراسی یونان باستان، طبقه‌ای از انسان‌ها دارای حقوق خاصی همچون حق رأی، حق مالکیت، حق قضاوت و حق آزادی بیان بود و در تعیین سرنوشت خود شرکت میکرد که به آن «شهروند» اطلاق می‌شد. ارسطو معتقد بود که انسان طبعاً حیوان سیاسی است که در دولت-شهر زندگی می‌کند و به حیث شهروند در تصمیم‌گیری‌های سیاسی جامعه و اِعمال قدرت مشارکت دارد و نیازمند زیستن در اجتماعی است که

بتواند آنجا در مورد امور عمومی آزادانه سخن بگوید.

هرچند یونان باستان پیشتاز دموکراسی حداقلی میان افراد آزاد است؛ اما حقوق سیاسی در آن به دسته محدودی از توانگران اختصاص داشت و زنان، بردگان و بیگانگان، شهروند آتنی شمرده نمی‌شدند. بنابراین، پذیرفتن حقوق برابر برای همه ناعادلانه تلق می‌شد (میرموسوی و حقیقت، ۱۳۹۱: ۲۸). اندیشه برتری افراد آزاد بر برده، مرد بر زن و اشراف بر توده مردم یک سنت مسلط و مورد تأیید اندیشمندان آن عصر بود. برای مثال، ارسطو و توماس آکویناس به بردگی ذاتی برخی از انسان‌ها اعتقاد داشتند. اشرافیت، مرد بودن، داشتن تبار آزاد و سواد خواندن و نوشتن از جمله امتیازات شهروندی و شرایطی بود که براساس آن، افراد واجد حق رأی دادن و مشارکت در امور سیاسی شناخته می‌شدند. باور به برتری جنسیتی و این عقیده که برخی از انسان‌ها برده متولد می‌شوند، زمینه را برای طرح حقوق و آزادی‌های سیاسی زنان به کلی از بین می‌برد و سخن از حقوق سیاسی زنان در یونان باستان را ناممکن می‌نمود؛ اما یکی از نویسندگان به این نکته اشاره می‌کند که افلاطون زنان را مورد توجه قرار داده و معتقد بود که آنان باید مانند مردان تربیت شوند و در اداره امور و حتی جنگ شرکت کنند (کاپلستون، ۱۳۷۵: ۲۶۴).

۲-۱-۲. روم باستان

در روم باستان تجربه دموکراسی در قالب حکومت جمهوری نمود یافت. در روم نیز مانند یونان باستان تصوری از حقوق سیاسی میان اندیشمندان و مردم وجود داشت و اندیشمندان رومی به حقوق فردی و قانون طبیعی باور داشتند، اما نمی‌توان اثبات کرد که آنان درکی از حقوق طبیعی داشتند و به مجموعه‌ای از حق‌های سیاسی برای همه انسان‌ها معتقد بودند. هرچند در امپراطوری روم شأن شهروندی شامل همه مردم می‌شد و به سرزمین‌های مغلوب نیز توسعه یافت، در عین حال مفهوم شهروندی در این برهه از تاریخ بیشتر به معنای برخورداری از امنیت قانونی بود تا به‌معنای شرکت فعال در امور عمومی جامعه (بشیریه، ۱۳۸۲: ۲۶۶). به نظر می‌رسد که در جامعه طبقاتی روم نیز مانند یونان باستان صرفاً مردانِ آزاد حق رأی‌دهی و تصدی مناصب عمومی را داشتند. برده‌داری در روم به‌صورت گسترده پذیرفته شده بود و یکی از سرگرمی‌هایی که رواج داشت جنگ گلادیاتورها بود. با این حال اندیشمندانی؛ مانند: سیسرون، خطیب معروف رومی، با ابراز اندیشه متفاوت، زمینه را برای بهره‌مندی بیشتر زنان از آزادی و مشارکت سیاسی فراهم کرد. از نظر او، قانون طبیعی برای همه افراد یکسان است و مهم‌ترین وظیفه دولت یکسان‌سازی افراد در برابر قانون است. هر تعریفی که از انسان کنیم بر همه صادق خواهد بود. پس عدم اختلاف ذاتی میان انسان‌ها دلالت بر اصل یگانگی و جهانی بودن جامعه بشری می‌کند (میرموسوی و حقیقت، ۱۳۹۱: ۳۳-۳۲).

۲-۲. مفهوم حقوق سیاسی زنان در قرون وسطی و عصر جدید

این بخش سیر تحول مفهوم حقوق سیاسی زنان را از دوره سده‌های میانه تا زمان حاضر و صورت‌بندی این حقوق را به‌شکل منسجم در اسناد حقوق بشری بسیار مختصر بررسی خواهد کرد.

۱-۲-۲. قرون وسطی

در آغاز سده‌های میانه جامعه اروپا از نظام تولیدی مبتنی بر برده‌داری به نظام تولیدی مبتنی بر ارباب-رعیتی یا فیودالیته عبور کرد و حقوق فردی نیز مطرح شد؛ اما تا اواخر این قرون، حقوق فردی به افراد، مقامات و طبقه‌های اجتماعی خاص تعلق می‌گرفت. هرچند صدور منشور کبیر توسط پادشاه انگلستان نقطه عطف تاریخی در این دوران است؛ اما هدف از تدوین این سند کنترل نامحدود قدرت پادشاه به‌وسیله قانون و رفع برخی از بی‌عدالتی‌ها بود. این سند بر حقوق فردی «مردان آزاد»؛ یعنی اقلیتی از مردان متعلق به طبقه اشراف و روحانیت تأکید می‌کرد و اکثریت مردم عادی شامل عوام، زنان و بردگان مشمول این منشور نمی‌شدند. در واقع می‌توان گفت که منشورکبیر یک سند حقوقی در حمایت از مشروطه‌خواهی و تأیید برخی از مصادیق حقوق فردی و سیاسی طبقه اشراف انگلستان بود و به حقوق سیاسی زنان و یا تبعیض جنسیتی هیچ توجهی نداشت (حیدری، ۱۳۹۹: ۶۴-۶۳). در این دوره هزارساله، دین مسیحیت گسترش یافته و در ساختار سیاسی و اجتماعی نفوذ چشم‌گیری پیدا کرد. هرچند مسیحیت به‌دنبال ترویج برابری بود؛ اما

در این نظام صرفاً برابری مذهبی وجود داشت؛ زیرا به گفته ژان‌ژاک روسو[1]، فیلسوف فرانسوی عصر روشنگری، «با ظهور مسیحیت، نظام مذهبی از نظام سیاسی جدا شد و دولت یکپارچگی خود را از دست داد» (روسو، ۱۳۸۵: ۴۹۰-۴۸۹). پس نظام طبقاتی در عرصه سیاسی از بین نرفت و فرد به‌عنوان عضوی از یک طبقه تلق می‌شد، کلیسا بر زندگی فردی و اجتماعی افراد برتری دینی داشت و فرمانروایان به حیث برگزیدگان خدا معرفی می‌شدند، تفتیش عقاید به‌شدت جاری بود و آزادی بیان وجود نداشت (نوری، ۱۳۹۴: ۱۸-۱۷؛ هاشمی، ۱۳۹۷: ۱۲۲). می‌توان نتیجه گرفت که حقوق سیاسی در قرون وسطی شناخته‌شده و به‌صورت گسترده مورد استفاده قرار می‌گرفته‌است، اما محدود به طبقه خاصی می‌شد و زنان را در بر نمی‌گرفت.

۲-۲-۲. عصر جدید

بعد از سده‌های میانه، عصر رنسانس آغاز شد و وحدت مذهبی در برخورد با نهضت «اصلاح دینی» دچار شکست گردید. قدرت معنوی پاپ و امپراتور زوال یافت، جنبش‌های متعدد فکری و فرهنگی شکل گرفت و تمدن کنونی غرب در تحولات این دوره به وجود آمد. از این قرن به‌بعد تحولات سیاسی، اجتماعی و اقتصادی بسیار مهم در اروپا اتفاق افتاد که زمینه‌های فکری و اجتماعی لازم را برای طرح حقوق سیاسی زنان آماده ساختند. ظهور نهضت اصلاح دینی، انقلاب باشکوه انگلستان، استقلال آمریکا و انقلاب‌کبیر فرانسه از مهم‌ترین

1-. Jean-Jacques Rousseau

رویدادهای تاریخی و عامل بسترساز حقوق بشری و سیاسی زنان در عصر جدید است. رنسانس یا نوزایی، که یک نهضت علمی و فرهنگی بود بیشتر بر توانایی انسان در حوزه‌های مختلف تأکید می‌کرد و تحولات عمیق فکری، سیاسی و اجتماعی را که به‌دنبال داشت، زمینه‌ساز طرح گسترده حقوق فردی و حقوق طبیعی شد. در این عصر، عالمی و آدمی از نو ساخته شد و انسان جدیدی در اندیشه‌های انسان‌شناسان و فیلسوفان متولد شد که دارای ارزش بالذات است. گرایش‌های فکری این عصر و رشد اندیشه خردگرایی منجر به نقطه عطف در تاریخ عقلانی غرب شد که عبارت است از برتری انسان بر همه چیز و تقدم حق بر تکلیف؛ یعنی انسان بیش از آن‌که مکلف باشد مُحِق است و مفهوم حق و محق بودن انسان در تمدن‌های کلاسیک جهان، و جهان‌بینی دینی به‌هیچ‌وجه به این فربهی و قوت وجود نداشت. یکی از اندیشمندان معتقد است که اولین‌بار این موضوع در غرب مطرح شد که انسان مقدم بر همه‌چیز و مستحق حقوق بنیادین فردی هست و این حق به مطالبه‌ای نهادینه تبدیل شد که قدرت عمومی باید این حقوق را رعایت کند (فورسیث، ۱۳۹۸: ۷۷). در تفاوت میان دوران باستان و عصر جدید، حقوق در دوران باستان مخصوص شهروندان بود و زنان، بردگان و خارجی‌ها شهروند به‌شمار نمی‌آمدند.

در جریان نهضت اصلاح دینی، آزادی وجدان در اروپا به یک مسأله سیاسی محوری تبدیل شد و اندیشه فلسفی روشنگری ادعا کرد که هر فرد از حقوق طبیعی زندگی، آزادی و مالکیت بهره‌مند است و دولت مکلف به حمایت از این حقوق از طریق حاکمیت قانون است

(اسماگادی، ۱۳۹۴: ۳).

سکولار شدن فرهنگ و جامعه نیز یکی از پیامدهای عقلانیت دوران مدرن است. به گفته یکی از نویسندگان: «نارسایی مفاهیم دینی کلیسا موجب گردید با رشد علم، ایمان مذهبی با فرسایش مواجه شود و دیدگاه‌های شریعت در امور دنیوی مورد سؤال قرار گیرد و حوزه دخالت و قلمرو انتظارات دین منحصر به امور فردی و اخروی شود. حتی نزد کسانی که حقّانیت دین را قبول داشتند، تأویل دین و متون دینی براساس عقل، امر طبیعی بود» (میرموسوی و حقیقت، ۱۳۹۱: ۱۰۶). هم‌چنان برخی با تکیه براین‌که امکان برداشت‌های مختلف از دین و تناقض بین برداشت‌ها در مورد قضایای دینی وجود دارد، داوری عقل را اثبات می‌کردند. بدیهی است که با وجود برداشت‌های گوناگون و متناقض از متون دینی، نمی‌توان انتظار داشت نسخه‌های متعدد شریعت مانند مذاهب شیعه و سنی و در مسیحیت شاخه‌های ارتدوکس، کاتولیک و پروتستانت حقوق سیاسی و بشری زنان را تبیین و به‌صورت یک‌دست تأیید کنند.

باری، انقلاب باشکوه انگلستان[1] که در سال ۱۶۸۹ اتفاق افتاد، نیز دستاوردهایی در حوزه حقوق سیاسی داشت. برای مثال بعد از پیروزی انقلاب، اعلامیه حقوق[2] و منشور حقوق[3] تدوین و تصویب شد که دربرگیرنده برخی از حقوق مدنی و سیاسی مردم بود و براساس آن‌ها سلطنت مطلقه به سلطنت مشروطه تبدیل شد.

در قرن هجدهم، آمریکا برای استقلال‌طلبی و رهایی از استعمار

1-. Glorious revolution.

2-. Declaration of Rights.

3-. Bill of Rights.

بریتانیا به مبارزه آغاز کرد و اسناد صادرشده در جریان انقلاب و اعلامیه استقلال آمریکا[1] بیانگر اندیشه جان لاک است جملات «ما این حقایق را بدیهی می‌دانیم که همه انسان‌ها برابر خلق‌شده‌اند و آفریدگار آن‌ها به ایشان حقوق طبیعی جدایی‌ناپذیری اعطاء کرده است؛ از جمله حق زندگی، آزادی و جست‌وجوی سعادت. انسان‌ها برای تضمین این حقوق مبادرت به تشکیل حکومت در میان خود کرده‌اند. قدرت عادلانه حکومت برآمده از اجماع و رضایت مردم است. هر زمانی که حکومتی این اهداف را نابود سازد، مردم حق اصلاح یا براندازی آن را دارند» به نظر می‌رسد که ترجمه از متن رساله دوم لاک باشد (فریمن، ۱۳۸۷: ۳۲-۳۱).

در پایان قرن هجدهم انقلاب کبیر فرانسه با شعار آزادی، برابری و برادری آغاز شد و این پیام بازتاب جهانی یافت. انقلاب فرانسه ماهیت دوگانه داشت که در یک‌طرف بورژوازی قرار داشت و در طرف دیگر مردم تهی‌دست و فاقد مالکیت که به مبارزه طبقاتی علیه بورژوازی برخاسته بودند. زنان بورژوا در نوشتن فهرستی از شکایت‌نامه‌ها، خواسته‌ها و پیشنهادها در انقلاب شرکت داشتند و موضوع اصلی آنان حقوق سیاسی بود. برای مثال، زنان در دادخواستی با عنوان «مطالبات بانوان در مجمع ملی» ۱۷۸۹ خواستار لغو کامل امتیازهای مردانه و پذیرش بدون محدودیت زنان در تمام مناصب سیاسی شدند. یکی از فمینیست‌های برجسته دوران انقلاب اولمپ

1-. United States Declaration of Independence.

دوگوژ[1] در واکنش به متن اعلامیه حقوق انسان و شهروند[2] (در زبان فرانسوی واژه مرد و انسان (homme) کاملاً مشابه همدیگر است و می‌توان آن را «اعلامیه حقوق مرد و شهروندان مرد» نیز خواند)، اعلامیه حقوق زنان[3] را نوشت که در ماده اول آن آمده است: «همه زنان آزاد به دنیا می‌آیند و در حقوق با مردان برابری دارند... هدف تمام انجمن‌های سیاسی حراست از حقوق طبیعی و سلب‌ناشدنی زنان و مردان است... ملیت یعنی به‌هم پیوستگی زنان و مردان... قانون بیان اراده عمومی است: تمام زنان و مردان حق دارند شخصاً یا از طریق نماینده‌های شان در تکوین آن مشارکت داشته‌باشند.» این اعلامیه در مواد متعدد بر برابری جنسیتی تأکید داشت و در بند پایانی از تمام زنان خواسته‌بود که برای بازپس‌گیری «میراثی که براساس حکم خردمندانه طبیعت وضع‌شده» متحد شوند (کلیف، ۱۳۹۹: ۳۲-۳۱). خلاصه این‌که دستیابی به «اصول عدالت، تساوی افراد بشر در مقابل قانون، آزادی وجدان، نسخ غلامی و بردگی، آزادی فردی» (متین دفتری، ۱۳۴۱: ۸۱) از جمله دستاوردهای انقلاب فرانسه بود. البته اعلامیه حقوق انسان و شهروند که شورای ملی فرانسه بعد از پیروزی انقلاب در سال ۱۷۸۹ تصویب کرد نیز از اهمیت زیادی برخودار است؛ زیرا متأثر از اندیشه قرارداد اجتماعی و حقوق طبیعی بود و برخی از حقوق سیاسی و آزادی‌های عمومی و هم‌چنان برابری در مقابل قانون در آن گنجانده شده بود.

۱-. Olympe de Gouges: اولمپ که با ژیروندن‌های میانه‌رو علیه لویی شانزدهم متحد شد، پس از سقوط ژیروندن‌ها در تابستان ۱۷۹۳ بازداشت شد و در ۳ نوامبر همان سال با گیوتین اعدام شد.

2-. Declaration of the Rights of Man and of the Citizen.

3-. Declaration of the Rights of Women.

۳-۲-۲. تدوین حقوق سیاسی زنان در قرن بیستم

حقوق سیاسی زنان ریشه‌های تاریخی و فرهنگی عمیق و طولانی دارد و بذر مفاهیم جدید مربوط به حقوق زنان را گرایش‌هایی انقلابی و رشد اندیشه خردگرا در دوران مدرن در اروپا پاشید. هرچند نظریه‌های متفاوت در حمایت از حقوق سیاسی زنان ارائه شد و مبارزه‌های نفس‌گیر در قالب جنبش‌های سیاسی-اجتماعی برای احقاق حقوق زنان صورت گرفت، ولی این حقوق در قالب اسناد و قوانین ملی باقی مانده و تا اواخر قرن نوزدهم صرفاً جنبه فلسفی و نظری داشت. صورت‌بندی حقوق و آزادی‌های آنان در اسناد بین‌الملل حقوق بشری سال‌ها زمان برد و در برخی از کشورهای اروپایی تا دهه‌های چهارم و پنجم قرن بیستم طول کشید تا زنان حق رأی به‌دست آورند. حقوق سیاسی زنان بعد از جنگ جهانی دوم که انسان‌ها تجربه‌های زیادی را پشت‌سر گذاشته و وارد مرحله جدیدی شده‌بودند، اعتبار و رسمیت بین‌المللی یافت و بهره‌مندی زنان از حقوق و آزادی‌های اساسی بدون تبعیض مبنی بر جنسیت، نخستین‌بار در منشور سازمان ملل متحد مدون و مکتوب شد، در حالی که در جامعه ملل این اتفاق نیفتاد. دستیابی به همکاری در ترویج و احترام به آزادی‌های سیاسی بشر، حیثیت انسانی و حقوق زنان و مردان بدون تبعیض و تمایز از حیث نژاد، جنس، زبان یا مذهب در مقدمه و ماده اول منشور تأکید شده‌است. از آن‌جا که منشور سازمان ملل متحد صرفاً به حقوق سیاسی زنان اشاره داشت؛ ولی آن را مشخص نکرده بود، دیپلماسی اولیه سازمان ملل تلاش کرد که این خلأ را پر کند. از

این رو، مجمع‌عمومی سازمان ملل متحد در ۱۰ دسامبر ۱۹۴۸ اعلامیه جهانی حقوق بشر[1] را تصویب کرد. الینور روزولت که بعدتر به‌عنوان رئیس کمیته حقوق بشر سازمان ملل تعیین شد، از این اعلامیه به‌نام «اعلامیه آرمان‌ها و آرزوها» یاد می‌کند. حقوق سیاسی زنان در این اعلامیه به‌عنوان سندی مادر اسناد حقوق بشری معاصر، مورد تأکید قرار گرفته است. پس از آن، اعلامیه جهانی با اعلامیه‌ها و معاهده‌های دیگر کامل شد. این اسناد احترام به حقوق بنیادین انسان، به شمول حقوق سیاسی زنان را مدون کردند و بر رعایت حقوق سیاسی زنان و مردان به‌صورت برابر و بدون تبعیض جنسیتی تأکید ورزیدند.

تدوین و تصویب اسناد بین‌المللی با موضوع حقوق زنان، به‌ویژه «کنوانسیون حقوق سیاسی زنان»[2] و «کنوانسیون رفع هرگونه تبعیض علیه زنان»[3] حکایت از توجه ویژه دولت‌ها به حقوق زنان دارد. کنوانسیون حقوق سیاسی زنان اولین سند بین‌المللی است که به صراحت و به‌طور ویژه خواهان اجرای اصل تساوی حقوق زنان و مردان در بهره‌مندی و اِعمال حقوق سیاسی طبق منشور ملل متحد و اعلامیه جهانی حقوق بشر است و از ماده اول تا سوم به مهم‌ترین حقوق سیاسی (۱-حق رأی برابر زنان و مردان، ۲-حق صلاحیت انتخاب شدن زنان برای تمام هیئت‌های منتخب عمومی در شرایطی برابر با مردان و فارغ از هرگونه تبعیض و ۳-حق صلاحیت زنان به‌منظور تصدی سمت‌های عمومی و ایفای تمام وظایف عمومی

1- .Universal Declaration of Human Rights, 1948

2-1. Convention on the political Rights of Women

3-2. Convention on the Elimination of all forms of Discrimination Against Women

در شرایط برابر با مردان و بدون هیچ‌گونه تبعیض) پرداخته‌است. هم‌چنان، بخش دوم کنوانسیون رفع هرگونه تبعیض علیه زنان، به حقوق و مشارکت سیاسی زنان اختصاص یافته و دولت‌های عضو موظف شده‌اند که اقدامات مقتضی برای رفع تبعیض علیه زنان در زندگی سیاسی و عمومی اتخاذ نمایند و حق‌هایی؛ مانند: حق انتخاب‌کردن در انتخابات و همه‌پرسی‌های عمومی و حق انتخاب شدن برای همه نهادهای منتخب عمومی، مشارکت در تعیین و اجرای سیاست دولت و تصدی سمت‌های دولتی و مسؤولیت‌های عمومی در تمام سطوح و شرکت در انجمن‌ها و سازمان‌های غیردولتی مرتبط با زندگی سیاسی و اجتماعی کشور را برای زن و مرد به‌صورت مساوی تضمین نمایند. هم‌چنین براساس ماده هشتم کنوانسیون، دولت‌های عضو متعهد شده‌اند موقعیتی را ایجاد کنند تا این فرصت به زنان داده شود که در شرایط مساوی با مردان و بدون هیچ‌گونه تبعیض به‌عنوان نماینده دولت شان در سطح بین‌المللی عمل کرده و در فعالیت‌های سازمان‌های بین‌المللی نقش داشته‌باشند. در یک نگاه کلی می‌توان گفت که در قرن بیستم تلخ‌ترین و اسفناک‌ترین رویدادها و هولناک‌ترین فاجعه‌ها اتفاق افتاد؛ اما اصول و هنجارهای برابری‌طلبانه‌ای حقوق سیاسی زنان نیز در همین قرن در قالب معاهدات و کنوانسیون‌های بین‌المللی مدون شد. تدوین حقوق سیاسی زنان در اسناد جهانی نقش اصلی را در توسعه و تحول آن داشته است و این هنجارها امروزه در قوانین داخلی اکثر کشورها مورد شناسایی قرار گرفته و گنجانده‌شده‌اند.

جمع‌بندی

فصل نخست این نوشتار را می‌توان به‌صورت کوتاه در سه نکته جمع‌بندی کرد:

۱. آثار باقی مانده از دوران کلاسیک نشان‌می‌دهد که تصور و اندیشه مفهوم حق داشتن در ذهن برخی از فیلسوفان و اندیشمندان آن عصر وجود داشته است و آنان می‌توانستند این مفهوم را بیان کنند؛ اما استفاده از این مفهوم فراگیر نبوده است. تصور روشن و استفاده فراگیر از «حق داشتن» در اوایل قرن دوازدهم در اروپا به وجود آمد. حقوق سیاسی نیز ریشه در سنت عصر باستان دارد؛ اما زنان از این حق برخوردار نبودند. بهره‌مندی زنان از حقوق و آزادی‌های سیاسی نتیجه تلاش و مبارزات سیاسی-اجتماعی پی‌گیر در طول قرن‌های متمادی در غرب است؛ یعنی مبانی نظری و تحولات فرهنگی و اجتماعی غرب در دوران مدرن، که از عصر رنسانس آغاز شد، در فرایند شکل‌گیری حقوق سیاسی زنان نقش مهم داشته و به تدوین این حق‌ها در قالب اسناد بین‌المللی انجامید.

۲. بعد از رنسانس، کلیسا مرجعیت خود را به‌عنوان سایه خداوند در مشروعیت‌بخشی به‌حق‌ها از دست داد و مهم‌ترین دستاورد عصر روشن‌گری تلقی جدید از انسان و جایگاه او بود. نگاه غیردینی به حقوق انسان اندیشه‌ها را از فضای دینی و الهیاتی به قلمرو بشری وارد کرد و قرائت تکلیف‌محور از حق را به گفتمان حق‌محور تغییر داد. در دوران جدید، خرد انسان بر باورهای سنتی چیره شد و اندیشه علمی و خردباوری رشد کرد. شأن شهروندی به مفهوم برخورداری

از حقوق سیاسی برابر؛ چون: حق انتخاب، حق آزادی بیان و حق تجمع و انجمن از مفهوم رایج شهروندی در قرن نوزدهم بود و گنجاندن این حقوق در اسناد ملی و بین‌المللی ثمره شیرینِ بذرهایی است که قرن‌ها پیش در غرب پاشیده شد.

۳. حقوق سیاسی زنان در طبقه‌بندی رایج از جمله حق‌های موسوم به نسل اول یا مقوله اول حقوق بشر است که از یک‌سو دولت‌ها متعهد به عدم مداخله تحدیدی‌اند و از سوی دیگر موظف‌اند در جهت تأمین و تضمین این حقوق به نفع دارنده آن مداخله حمایتی نمایند. پذیرش اصل اشتراک وجودی زن و مرد در انسان بودن و اصل برابری همه انسان‌ها در بهره‌مندی از حقوق بنیادین انسانی لازمه پیش‌فرض قبول برابری زن و مرد در بهره‌مندی از حقوق سیاسی است. براساس رویکرد انسانِ مدرن، تفاوت بیولوژیکی زن و مرد نباید به جنبه‌های حقوقی آنان تحمیل شود.

فصل دوم

مبانی و منابع حقوق سیاسی زنان

فهم و برداشت از مبانی حقوق سیاسی زنان صرفاً مسأله نظری و فلسفی نیست، بلکه دارای پیامدهای عملی و کاربردی نیز هست؛ زیرا اگر مردم قواعد و احکام حقوقی را عادلانه، منطق و مبتنی بر مبانی محکم اخلاقی، ضرور و لازم برای زندگی بشمارند، اجرای آن دست‌کم با دشواری کمتر مواجه خواهد شد. هم‌چنان، درک مبانی حقوق سیاسی زنان به روشن شدن بسیاری از امور کمک می‌کند. پرسش در بحث از مبانی حقوق سیاسی این است که حق‌های سیاسی از کجا سرچشمه می‌گیرند؟ چگونه و بر چه اساسی می‌توانیم به این باور برسیم که هر انسانی به صرف انسان بودن از حقوق و آزادی‌های سیاسی برخوردار است؟ به‌منظور پاسخ به این پرسش‌ها و یافتن مبنای قابل دفاع برای حقوق سیاسی زنان کوشش‌هایی فراوان انجام شده که با نقدهایی مواجه بوده است و نقل و تحلیل همه آن‌ها در

این نوشتار نمی‌گنجد. اما از میان آن‌ها به سه مبنا که به نظر می‌آید تبیین و توجیه بهتری برای این مدعا، که هر انسانی به‌دلیل انسان بودن دارای یک سلسله حقوق سیاسی است، به‌دست می‌دهند، پرداخته می‌شود.

مبنا واژه عربی و به‌معنای اساس، بنیان، ریشه و خاستگاه و معادل واژه انگلیسی «Foundation» است. منبع نیز واژه عربی و ترجمه «Source» از زبان انگلیسی است که به‌معنای یافتگاه و محل بیرون آمدن آب به کار می‌رود. در بحث از مسائل علمی، معنای اصطلاحی مبنا و منبع نزدیک به‌هم است و تفاوت ظریفی میان آن دو وجود دارد. مبنا را می‌توان اساس و شالوده اصلی و معادل سرچشمه تلق کرد و منبع را معادل چشمه دانست که ممکن است چند چشمه از یک سرچشمه نشئت بگیرد. برای مثال، می‌توان گفت اراده دولت مبنای حقوق است و قانون، عرف و رویه قضائی منابع حقوق، یا در فقه اسلامی می‌توان اراده تشریعی خداوند را مبنای حکم شرعی تلق کرد و قرآن، سنت، عقل، اجماع، قیاس و غیره را منابع حکم شرعی. منظور از مبنای حقوق همان ریشه‌ها و پایه‌هایی است که هنجارهای حقوقی براساس آن‌ها شکل گرفته و توجیه می‌شود و یا همان فلسفه الزام‌آور حقوق است و منبع همان صورت و قالب شکل‌گرفته و دارای ضمانت اجرایی است که نظام حقوقی آن را به رسمیت شناخته‌است (حیدری، ۱۳۹۹: ۹۷). در واقع، مبانی همان قواعد و اصولی است که برهان از آن تشکیل می‌شود؛ اما مدارک استنباطِ مبانی را منابع می‌گویند (جوادی‌آملی، ۱۳۸۳: ۵۴). به سخن دیگر، منظور از مبنا و خاستگاه حقوق سیاسی، اموری است که گزاره‌ها براساس آن پدید

آمده‌اند؛ اما منبع مجموعه‌ای از گزاره‌ها و قضایا است که حقوق سیاسی را بیان می‌کند. در واقع مبنا ناظر به مقام ثبوت و منبع ناظر به مقام اثبات است (میرموسوی و حقیقت، ۱۳۹۱: ۱۵۱).

گفتار اول: مبانی حقوق سیاسی زنان

چنان‌که حقوق سیاسی زنان از جمله حق‌های موسوم به نسل اول حقوق بشر است، مبانی و منابع حقوق سیاسی زنان در واقع همان مبانی و منابع حقوق بشر است. منظور از مبانی حقوق سیاسی در حقیقت ریشه‌ها و پایه‌هایی است که هنجارهای حقوق سیاسی براساس آن‌ها شکل می‌گیرند و توجیه می‌شوند. منظور از منابع حقوق سیاسی همان قالب‌های منظم حقوقی است که هنجارهای حقوق سیاسی در آن‌ها گنجانده شده و با استناد به آن‌ها می‌توان وجود یک هنجار حقوق سیاسی را در نظام بین‌الملل اثبات کرد. اما مبنا همان ارزش‌ها و اندیشه‌هایی‌اند که اکنون قالب قواعد بین‌المللی حقوق افراد را به خود گرفته است. مبانی حقوق سیاسی زنان در واقع همان مبناهایی است که اعلامیه جهانی حقوق بشر براساس آن شکل گرفته است؛ اما باید توجه داشت که هنگام شروع نظرخواهی‌های کمیسیون حقوق بشر، یکی از مسائل جدی این بود که حقوق بشر را باید بر چه مبنایی اعلام‌کرد؟ هرچند برخی از تدوین‌کنندگان اعلامیه خود افراد معتقد به وحی بودند، اما در هیچ‌جا به ریشه‌های دینی آن ارجاع نشده است؛ زیرا استناد به مبانی دینی حقوق بشر چالش‌های زیر را در پی خواهد داشت:

۱- مردم جهان از لحاظ عقاید دینی یکپارچه و پیرو دین واحد نیستند. از این گذشته، همه مردم جهان در زمره معتقدان ادیان نیستند. بنابراین، نظریه دینی حقوق بشر که در بهترین حالت برگرفته از اصول تمام ادیان روی زمین باشد، از جهان‌شمولی کامل برخوردار نخواهد بود.

۲- در درون یک دین، مذاهب و دیدگاه‌های متفاوت وجود دارند. از آن‌جا که متون دینی از قابلیت تفسیرپذیری متنوع و گاه متضاد برخوردارند، برداشت‌ها و تفسیرهای مختلف و گوناگون از آن موجب ظهور اختلاف نظرهایی میان پیروان آن‌ها می‌شود. بنابراین دستیابی به تفسیر اجماعی در مورد حقوق انسان‌ها در درون یک مذهب غیرممکن یا حداقل بسیار دشوار است.

با توجه به موارد فوق، استناد به مبانی دینی حقوق بشر با هدف اصلی سازمان ملل متحد یعنی توسعه و گسترش فرهنگ حقوق بشر مغایر بوده و ویژگی جهان‌شمولی آن را تضعیف خواهد کرد. پس هنجارهای بین‌المللی حقوق سیاسی زنان را نیز نمی‌توان بر مبنای دین خاصی توجیه کرد، اما بر برخی از اصول و هنجارهای مشترک دینی حقوق زنان در جریان بحث اشاره خواهد شد. مهم‌ترین مبانی حقوق سیاسی زنان که در این فصل به آن‌ها پرداخته می‌شود شامل مواردی؛ چون: اصل کرامت، برابری و آزادی است.

۱. کرامت انسانی

از نظر تاریخی اندیشه کرامت انسان به‌عنوان مبنای حقوق بشر،

قدمتی به بلندای تاریخ اجتماعی انسان و تفکر بشری دارد؛ اما در قرن هجدهم وارد ادبیات علمی و فلسفی اندیشمندان غربی شد. نظام‌های جدید حقوقی، به‌ویژه نظام بین‌الملل حقوق بشر با تأثیر از همین اندیشه شکل گرفت و در عصر جدید، اصل کرامت انسانی اساسی‌ترین اصل موضوعی حقوق بشری و زیربنای اخلاق هنجاری تلق می‌شود و حقوق سیاسی زنان که در نظام بین‌الملل حقوق بشر وجود دارد به‌خوبی و شایستگی براین مبنا توجیه‌پذیر است. برخی از عالمان و اندیشمندان با تأکید براین‌که کرامت انسانی ریشه در آموزه‌ها و احکام دینی دارد و با استناد به برخی از گزاره‌های موجود در متون دینی، امکان قرائت سکولار از حق‌های بشری را مردود می‌شمارند؛ زیرا که ایده قداست بشر ضرورتاً دینی است، پس حق‌های بشری نیز دینی خواهد بود.

«کرامت» از نظر لغوی به‌معنای بخشندگی، جوانمردی و بزرگواری است و به‌معنای شرافت و ارزش هم کاربرد دارد و معادل واژه انگلیسی «Dignity» است (دهخدا، ۱۳۷۳: ۱۶۰۷۰) که گاهی از آن به «حیثیت» نیز ترجمه شده‌است. این واژه که برگرفته از زبان عربی است، در گفتمان معاصر حقوق سیاسی زنان به‌معنای ارزش، حرمت، حیثیت و شرافت استفاده می‌شود.

آموزه‌های دینی نقش مهمی در بنیان‌گذاری اندیشه کرامت انسانی داشته است. در متون اسلامی کرامت انسان به دو نوع ذاتی و اکتسابی تقسیم می‌شود. کرامت ذاتی معادل واژه انگلیسی «Inherent Dignity» و به‌معنای ارزش و حرمتی است که در ذات انسانی وجود دارد و به همین دلیل حقِ مطلق، خدشه‌ناپذیر، و غیرقابل سلب

است و هیچ استثنائی را نمی‌پذیرد؛ زیرا فراتر از اراده قانون‌گذار و قدرت دولت‌های حاکم است.

کرامت اکتسابی (ایمان) به‌معنای ارزش و حرمتی است که شخص با زحمت و تلاش خود به‌دست آورده است و به همین دلیل همیشگی نیست و ممکن است از بین برود و برای همه افراد انسانی برابر نمی‌باشد. کرامت اکتسابی ارتباط چندانی با حقوق سیاسی زنان ندارد؛ زیرا اکتسابی و غیر همگانی است.

کرامت مفهوم مشترک میان ادیان و فرهنگ‌های مختلف است و با مراجعه به متون دینی ادیان مهم و مشهور جهان از جمله ادیان ابراهیمی، می‌توان گزاره‌هایی را یافت که انسان موجود ارزشمند، با کرامت و به‌عبارتی مقدس تلقی شده‌است. بنیان‌گذاران هر سه دین یهودیت، مسیحیت و اسلام به کرامت انسان، از آن نظر که مخلوق خداوند است، دعوت کرده‌اند. در تعلیمات هیچ‌کدام از پیامبران هیچ نصی وجود ندارد که کرامت و حقوق بشر را نفی کند. در متون اسلامی، همه فرزندان آدم قابل‌تکریم‌اند.[1] طبق نص قرآن، انسان خلیفه و جانشین خداوند در زمین است،[2] روح خداوند در انسان دمیده شده و ملائکه بر او سجده کرده است.[3] در آموزه‌های دین یهود، کرامت انسان به این دلیل است که او به‌صورت خداوندی آفریده شده‌است؛ چنان‌که در تورات آمده است: «ما انسان را از تصویر مشابه خود آفریدیم.» با مبنا قرار دادن این آیه، سنت یهود

۱-. وَلَقَدْ كَرَّمْنَا بَنِي آدَمَ، اسراء / ۱۷.

۲-. وَإِذْ قَالَ رَبُّكَ لِلْمَلَائِكَةِ إِنِّي جَاعِلٌ فِي الْأَرْضِ خَلِيفَةً، بقره / ۳۰.

۳-. فَإِذَا سَوَّيْتُهُ وَنَفَخْتُ فِيهِ مِنْ رُوحِي فَقَعُوا لَهُ سَاجِدِينَ، ص / ۷۲.

اصل برابری انسان‌ها را پایه‌گذاری می‌کند (هاشمی، ۱۳۹۷: ۸۹ و ۹۲). کرامت انسانی در دین مسیحیت نیز یک عنصر محوری است و انسان موجود ارزشمند و تجلی خداوند تلق شده و عشق به هم‌نوع در آن توصیه شده‌است. عنصر عدالت و محبت در آیین مسیحیت مورد تأکید بیشتر قرار گرفته است. در منشور واتیکان ۲ این نظریه مطرح شد که خداوند هر انسان را بدون درنظر داشت دین و آیین او به‌عنوان یک «شخص» می‌پذیرد و مفهوم شخص بودن این است که هر انسان قطع نظر از عقاید دینی‌اش «حرمت شخصی» دارد و این حرمت را می‌توان چنین معنا کرد که او دارای حقوق بنیادین سیاسی و اجتماعی برابر با هر انسان دیگر است (شبستری، ۱۳۸۴: ۳۱۰-۳۰۹). این ویژگی کرامت و ارزش ذاتی انسان می‌تواند اساسی برای مجموعه حقوق سیاسی افراد باشد.

اصل کرامت انسانی که بنیان‌گذار نظام بین‌الملل حقوق بشری است، در اندیشه امانوئل کانت، اندیشمند شهیر آلمانی معروف به فیلسوف حقوق بشر، و اسناد بین‌المللی از جایگاه والایی برخوردار است که در این بند به آن پرداخته می‌شود.

۱-۱. کرامت در اندیشه فلسفی کانت

به نظر می‌رسد که امانوئل کانت برای نخستین‌بار با طرح نظریه «خود بنیادی اخلاقی و استقلال ذاتی انسان» و برخی اصول از جمله «اصل غایت بودن انسان» اندیشه کرامت انسانی را به‌عنوان یک ارزش مطلق و بی‌نظیر به‌صورت کاملاً عقلانی تبیین کرد و قرائت

کانتی از حقوق انسان‌ها را می‌توان تا به امروز قرائت غالب دانست. در واقع نظریه کرامت با صبغه حق‌محور، وامدار معرفت شناسی کانتی است. او احترام به کرامت و حیثیت افراد را صرفاً براساس عقلانیت انسانی توجیه می‌کند و بنای مستحکم و عقلانی برای دفاع از حقوق انسان‌ها پی‌ریزی کرده است. آثار اخلاقی کانت پایبندی استوار او را به آزادی و حیثیت انسانی نشان‌می‌دهد.

کانت سه اصل فلسفه اخلاق خود را بیان می‌کند: او براین باور است که می‌توان انسان را به مثابه غایت نهایی و مستقل تلقی کرد. موجودات غیرانسانی وسیله و دارای ارزش نسبی هستند و شئ نامیده می‌شوند، اما انسان‌ها و در کل ذات‌های خردمند که شخص نامیده می‌شوند، کرامت و ارزش ذاتی دارند و نباید به‌عنوان وسیله و ابزارِ صرف استفاده شوند (اصل اول). بر همین مبنا، کانت قانون اخلاقی خود را پایه‌گذاری می‌کند که تمام قوانین اراده از آن ناشی می‌شود و آن قانون اخلاقی عبارت است از: «چنان رفتار کن که انسانیت را چه در شخص خود و چه در شخص دیگری همواره غایت تلقی کنی و در عین حال هرگز آن را صرفاً به‌عنوان وسیله به کار نبری» (اصل دوم). اراده هر انسان، اراده قانون‌گذار عام است (اصل سوم). براساس این اصل، انسان صرفاً از نظام‌های ارزشی و قانون‌هایی پیروی می‌کند که توسط خود او وضع‌شده است. کانت اصل سوم را اصل خودمختاری یا خودسامانی نامیده‌است. از نظر او، انسان دارای استقلال اراده است و قابلیت گزینش و تصمیم‌گیری عقلانی (خودسامانی) دارد و از آن رو غایت تلقی می‌شود که می‌تواند آزادانه تصمیم بگیرد و آزادانه انتخاب کند و واضع قانون کلی و عام باشد. این آزادی و استقلال

اراده و خردمند بودن او مبنای کرامت و حیثیت ذاتی انسان است و او را از موجودات دیگر متمایز می‌سازد (قربان‌نیا، ۱۳۹۹: ۸۷ و ۹۳).

کانت در حوزه اخلاق بر مفهوم کلیدی نیت خیر تأکید کرده و بیشترین تلاش او در این حوزه ارائه آموزه‌هایی است که در فرایندی صرفاً عقلانی به‌دست آمده باشد. در گفتمان اخلاق کانتی عمل مبتنی بر اراده آزاد و با نیت پسندیده که ریشه در استقلال فردی دارد و بدون لحاظ تمایلات نفسانی و خودخواهی‌های شخص انجام شود، اخلاق تلقی خواهد شد. از دید او، انسان «فاعل اخلاقی» است.

اصل حیثیت و کرامت انسانی یکی از خصوصیت‌ها و ویژگی‌های انسان نیست؛ بلکه یک گزاره اخلاقی است. سخن از حیثیت ذاتی انسان سخن از یک باید اخلاقی است که مادرِ تمام گزاره‌های اخلاقی به‌شمار می‌آید. به همین دلیل است که کانتی‌ها و طرفداران حقوق طبیعی مبناگرا شمرده می‌شوند؛ زیرا که ماجرا را به یک مبنای بنیادی در اخلاق بر می‌گردانند. بنابراین، اصل کرامت انسانی یک قاعده اخلاقی است و دلیل این ادعا که نقض این قاعده منجر به نقض انسانیت افراد می‌شود، این است که نقض این قاعده انکار عقلِ خود بنیاد انسانی است و حال آن‌که انسانیت انسان با عقل خودبنیاد او تعریف می‌شود. انسان کانتی اول اخلاقی، دوم طلب‌کننده خیرمشترک و سوم دارای شأن و منزلت انسانی برابر با سایر افراد است که این شأن و منزلت در عقل خودبنیاد او تجلی می‌یابد (قاری سیدفاطمی، ۱۳۹۸: ۲۸-۲۷).

این اصل بنیادین کانت که انسان دارای ارزش ذاتی و فی‌نفسه بوده و به‌هیچ‌وجه نباید به‌عنوان آلت و ابزار برای رسیدن به اهداف

دیگران استفاده شود، بیشترین تأثیر را بر فلسفه حقوق داشته است. برای مثال براساس اصل غایت‌پنداری انسان، برده‌داری نامشروع و خطاست؛ زیرا برده برای منافع دیگران استفاده می‌شود و انسانیت در او به‌عنوان غایت بالذات تلقی نمی‌شود. روسپی‌گری نامشروع و غیراخلاقی است؛ زیرا زن صرفاً به‌عنوان وسیله‌ای برای استفاده مردان به کار گرفته می‌شود، اعم از این‌که زن خود را به‌عنوان وسیله در اختیار دیگران قرار دهد و یا مردان صرفاً به‌عنوان ابزار به او توجه کنند. هم‌چنان بر مبنای این اصل، روابط بی‌قید و بند عاشقانه، می‌خوارگی، مصرف مواد مخدر، فروش اعضای بدن و خودکشی از نظر اخلاقی مذموم است؛ زیرا انسان آقای خود است و نمی‌تواند مالک خود باشد. انسان در صورتی می‌تواند مالک خود باشد که شئ باشد، اما انسان شئ نه؛ بلکه شخص است و یک موجود نمی‌تواند در یک زمان هم شخص و هم شئ باشد. پس هر شخص که خودش را به‌عنوان ابزار فروکاهد، اخلاقاً نادرست و ممنوع است (قربان‌نیا، ۱۳۹۹: ۹۶-۹۵).

خوش‌بینی موجود در اخلاق کانت نسبت به سرشت خیرخواه انسان و تأکید او بر غایت‌پنداری و کرامت انسانی برابر برای همه، صرف‌نظر از جنسیت و ویژگی‌های اخلاقی و عقیدتی آنان، می‌تواند نظام حقوقی جامع در حمایت از حقوق سیاسی و کرامت انسانی زن و مرد به وجود آورد. اصل اخلاقی کانت در توجیه حقوق سیاسی زنان کاملاً واضح است. از آن‌جا که همه انسان‌ها به‌صورت برابر از حیثیت ذاتی و انسانی برخوردارند، پس به‌صورت برابر و صرفاً به‌دلیل انسان بودن شان از حق‌هایی، که لازمه رعایت و احترام‌کردن

آن‌ها به‌عنوان غایت بالذات است، بهره‌مند می‌باشند.

۲-۱. کرامت در اسناد بین‌الملل

اصل حیثیت و کرامت انسانی به‌عنوان یک گزاره اخلاقی دو تجلی دارد: تجلی وضع قاعده که نتیجه آن برابری انسانی در ماده ۲ اعلامیه جهانی حقوق بشر است و تجلی تصمیم‌گیری که نتیجه آن آزادی انسان‌ها است در انتخاب‌های‌شان (قاری سیدفاطمی، ۱۳۹۸: ۲۸). این اصل در اسناد بین‌المللی متعدد مورد تأکید قرار گرفته است. دولت‌های عضو منشور سازمان ملل متحد در مقدمه این سند، ایمان و وفاداری خود را به رعایت حقوق اساسی انسان، کرامت و حیثیت فرد انسانی، و حقوق مساوی مردان و زنان اعلام نموده‌اند.

در مقدمه اعلامیه جهانی حقوق بشر آمده است: «از آن‌جا که شناسایی کرامت ذاتی کلیه اعضای خانواده بشری و حقوق برابر و انتقال‌ناپذیر آنان، اساسِ آزادی، عدالت و صلح در جهان است، از آن‌جا که بی‌توجهی و تحقیر حقوق بشری به اعمال وحشیانه‌ای منجر شده‌است که وجدان بشریت را بی‌حرمت ساخته‌است و ظهور دنیایی که در آن افراد بشر در بیان و عقیده آزاد و از ترس و نیاز رها باشند، به‌عنوان بالاترین آرمان بشر اعلام شده‌است...، از آن‌جا که مردم ملل متحد ایمان خود را به حقوق بنیادین بشر، کرامت و ارزش فرد انسانی و حقوق برابر مردان و زنان، دوباره در منشور اعلام کرده‌اند....»

در ماده اول این اعلامیه آمده است: «تمام افراد بشر آزاد و از

لحاظ کرامت و حقوق برابر متولد می‌شوند. همه دارای عقل و وجدان هستند و باید نسبت به یک‌دیگر با روح برادری رفتار کنند.» پس کرامت انسانی، ذاتی[1] و متعلق به همه اعضای خانواده بشری است و مبنای عدالت، آزادی و صلح به‌شمار می‌رود.

در مقدمه میثاق بین‌المللی حقوق مدنی و سیاسی تصریح شده‌است که شناسایی حیثیت ذاتی و حقوق یکسان و غیرقابل انتقال کلیه اعضای خانواده بشری مبنای آزادی، عدالت و صلح در جهان است و حقوق برابر و غیرقابل اسقاط انسان‌ها، از حیثیت و کرامت ذاتی شخص انسان ناشی می‌شود. در ماده ۱۰ آن بیان شده‌است: «با کلیه افرادی که از آزادی خود محروم شده‌اند، باید با انسانیت و احترام به حیثیت و کرامت ذاتی انسان رفتار کرد.» در ماده ۱۷ بر ممنوعیت تعرض به شرافت و حیثیت انسان تأکید شده‌است.

در مقدمه رفع اشکال تبعیض علیه زنان، بر مقام و منزلت و حقوق یکسان انسان‌ها و ضرورت احترام به شخصیت آنان تأکید شده‌است و تبعیض علیه زنان نقض اصول برابری حقوق و احترام به شخصیت بشر تلقی شده‌است.

در مقدمه کنوانسیون بین‌المللی رفع هر نوع تبعیض‌نژادی، بر اصل حیثیت و کرامت ذاتی انسان تأکید شده و ضرورت احترام به شخص انسان مورد توجه قرار گرفته است و تبعیض‌نژادی نقض آشکار کرامت انسانی قلمداد شده‌است.

کنوانسیون منع شکنجه و دیگر رفتارها و مجازات‌های بی‌رحمانه،

1-. Inherent

غیرانسانی یا ترذیلی[1] در مقدمه خود، کرامت ذاتی افراد انسانی را به‌عنوان مبنای حقوق بشر به رسمیت شناخته‌است.

تاناکا، قاضی دیوان بین‌المللی دادگستری، کرامت انسانی را مقتضی اصل برابری دانسته و چنین می‌گوید: «کرامت انسانی مقتضی پذیرش اصل مساوات است، و اصل مساوات در رأس سلسله‌مراتب نظام حقوقی، اعم از حقوق داخلی و حقوق بین‌الملل قرار دارد. منشأ این اصل چیزی جز حقوق طبیعی نیست» (Tanaka, ۱۹۹۶:۲۶). از نظر او، همه معاهدات بین‌المللی باید براساس اصل مساوات تفسیر شود.

کمیته حقوق کودک نیز در اولین تفسیر عام خود بیان داشته که اصل برابری و عدم تبعیض مبتنی بر قاعده بنیادین «کرامت انسانی» است. (HRI, ۲۰۰۱) کرامت انسانی در اسناد منطقه‌ای و جهانی متعدد، از جمله کنوانسیون آمریکایی حقوق بشر، منشور آفریقایی حقوق بشر و اعلامیه اسلامی حقوق بشر، به‌طور صریح یا ضمنی مورد تأکید قرار گرفته است. برای مثال، در آغاز اعلامیه اسلامی حقوق بشر بیان شده‌است که کرامت و حیثیت انسانی عطیه الهی است، خداوند انسان را به بهترین وجه آفریده و به او کرامت بخشیده، او را خلیفه خود در روی زمین قرار داده، امانت خویش به او سپرده و آنچه در آسمان و زمین است همه را تحت تصرف او قرار داده است. در ماده اول اعلامیه، بر برابری اصل شرافت انسانی افراد تأکید شده، در ماده دوم بر صیانت از حرمت جنازه انسان و عدم جواز بی‌احترامی

1-. The Convention Against Torture and Other Cruel, Inhuman or Degrading Treatment or Punishment (1984).

به آن تصریح گردیده و در ماده ۴ با تأکید بر حرمت هر فرد، حیثیت انسانی زن و مرد برابر شمرده شده‌است. در ماده ۱۱ آمده است که هیچ‌کس حق به بردگی درآوردن، ذلیل، خوار یا مقهور کردن، استثمار یا به بندگی کشیدن او را ندارد.

با توجه به جایگاه کرامت انسانی در اسناد بین‌المللی می‌توان چنین استنباط کرد که: اول، هر فرد انسانی صرف‌نظر از هرگونه تعلقات عرضی از کرامت ذاتی برخوردار است و این کرامت، خاستگاه حقوق بشری افراد که شامل حقوق سیاسی نیز می‌شود، به‌شمار می‌آید. دوم، از آن‌جا که هر فرد انسانی دارای کرامت است، همه به‌صورت یکسان از این حقوق بهره‌مند است. سوم، شناسایی کرامت ذاتی انسان مبنای آزادی، عدالت و صلح در جهان است. چهارم، انسان موجودی عقلانی و دارای شخصیت و وجدان اخلاقی است و توانایی اندیشیدن و آزادی انتخاب و انجام کار را دارد و قدرت تعقل و آزادی اندیشه و گزینش انسان‌ها از مهم‌ترین مبانی نظری کرامت انسانی تلقی می‌شود. بنابراین چنان‌که همه انسان‌ها دارای خرد و وجدان و حیثیت ذاتی‌اند، خود می‌توانند در تصمیم‌گیری‌های سیاسی و تعیین سرنوشت خود مشارکت داشته‌باشد. زن و مرد به‌عنوان موجود عاقل و دارای کرامت از حقوق سیاسی، که همان حقوق بشری افراد است، باید به‌صورت مساوی بهره‌مند شوند. نقض استقلال اراده و انتخاب و حق‌های سیاسی افراد براساس جنسیت هیچ‌گونه توجیه منطق نداشته و به‌معنای نقض کرامت ذاتی و استفاده ابزاری از آنان و نادیده گرفتن اصول و هنجارهای بین‌المللی خواهد بود.

۲. آزادی

آزادی از مهم‌ترین ارزش‌های جامعه مدرن است و از حیث لفظ، ارزش مشترک برای جوامع بشری به‌شمار می‌آید، اما دربرگیرنده طیف وسیعی از مفاهیم است. این اندیشه که انسان آزاد به دنیا آمده است و حق بهره‌مندی از آزادی را دارد، یکی از اصول گفتمان حقوق بشر است. هر فرد انسانی باید از طیف گسترده‌ای از آزادی‌ها برخوردار باشد؛ زیرا اصل در زندگی انسان آزادی او از قید و بند خواست‌های دیگران از جمله دولت و حکومت است. در این بند به اندیشه آزادی و جایگاه آزادی در اسناد بین‌الملل پرداخته خواهد شد.

۲-۱. اندیشه آزادی

بشر طبیعتاً آزادی‌خواه و هنجارگریز است و میل به شکستن قید و بندهایی دارد که او را در برگرفته‌اند. انسان در اندیشه جان‌لاک، یک موجود اخلاقی و آزادی‌خواه است و اگر بر اثر قرارداد اجتماعی، دولت تشکیل داده و از وضع طبیعی به جامعه مدنی وارد می‌شود، به این دلیل است که می‌خواهد آزادی‌ها و مالکیت‌هایش را تضمین کند.

به نظر می‌رسد که هیچ واژه‌ای به‌اندازه آزادی اذهان عمومی را متوجه خود نساخته و معانی متفاوت نداشته‌است. آزادی یک لفظ مشترک و دارای تعریف‌های گوناگون است. آزادی از یک حیث به‌معنای فقدان محدودیت و مانع برای دستیابی به خواسته‌های انسان است؛ البته به‌شرط آن‌که با خواسته‌های دیگران در همان

مـورد تعـارض نداشته‌باشـد، و از نظـر دیگـر، داشـتن حـق و توانـایی تصمیم‌گیـری بـه‌دور از دخالـت دیگـران اسـت؛ یعنـی هرکـس اربـاب خـود می‌باشـد. ایـن تقسیم‌بندی را ایزیا برلیـن[1] در مقالـه مشـهور خـود بـا عنـوان «آزادی مثبـت و آزادی منـفی» کـه برخـی از آن بـه «آزادی از» و «آزادی در» تعبیـر می‌کننـد، انجـام داده اسـت. آزادی منـفی؛ یعـنی آزاد و رهـا بـودن از موانـع، زنجیرهـا و زورهـا. به‌عنـوان مثـال، آزادی از زنـدان، آزادی از سـلطانِ جبـار، آزادی از اربـاب، آزادی از زنجیرهـایی کـه بـر دسـت و پـای آدمـی بسـته شده‌است، همـه از جملـه آزادی منـفی (آزادی از) به‌شمـار مـی‌رود. دایـره آزادی منـفی بسـیار گسـترده اسـت و شـامل آزادی درونی ماننـد آزادی از رذایـل مثـل بخـل، حسـد، جبن، و... نیـز می‌شـود. آزادی مثبـت (آزادی در) پـس از آزادی منـفی آغـاز می‌شـود. آزادی مثبـت بـه ایـن معناسـت کـه انسـان تـوان تصمیم‌گیـری را داشته‌باشـد. بـه سـخن دیگـر، آزادی منـفی صرفاً رفـع مانـع و نخسـتین مرحلـه از آزادی‌خواهـی سیاسـی اسـت؛ امـا آزادی مثبـت برخـورداری از توانـایی و قابلیـت انجـام کار اسـت. بـه تعبیـر دکتـر سـروش، آزادی منـفی یعـنی نوکـر کسـی نباشـیم؛ امـا آزادی مثبـت یعـنی آقـای خـود باشـیم. از نظـر او، آزادی منـفی آزادی محرومـان و آزادی مثبـت آزادی توانگـران اسـت و اگـر اولی (آزادی منـفی) بـا دومـی (آزادی مثبـت) تکمیـل نشـود، ناتمـام و نـاکام خواهـد مانـد. در ادبیـات عرفـان اسـلامی در بـاب آزادی درونی، همـین معنـا بـا اصطـلاح «تخلیـه» و «تحلیـه» بـه کار مـی‌رود. «تخلیـه» مرحلـه اول و به‌معنـای خـالی کـردن نفـس از رذایـل اسـت. بعـد از آن نوبـت بـه «تحلیـه» و آراسـتن نفـس بـه فضایـل می‌رسـد و ایـن هـر دو

1-. Isaiah Berlin

مکمِّل یک‌دیگرند (سروش، ۱۳۷۷).

آزادی را می‌توان از دو جنبه فلسفی و حقوقی تعریف کرد. مسأله آزادی انسان از جنبه فلسفی در قالب مسأله سنتی جبر و اختیار مطرح می‌شود. از جمله مهم‌ترین موضوعات مورد بحث در فلسفه و الهیات این است که انسان برای انجام اعمال خویش از اختیار و آزادی بهره‌مند است و یا این‌که تحت اجبار یک اراده بالاتر و در مسیری قرار دارد که چارچوب آن از قبل تعیین شده‌است. از نظر منتسکیو، «آزادی فلسفی عبارت است از اجرای اراده یا لااقل اعتقاد انسان به این‌که می‌تواند اراده خویش را اجرا کند» (منتسکیو، ۱۳۶۲: ۳۳۶) و صرفاً در مکاتب که اصل اختیار و آزادی انسان پذیرفته شده‌است، زمینه طرح مسؤولیت ناشی از آن در عرصه اجتماعی فراهم می‌شود؛ اما در صورتی‌که انسان‌ها در یک مکتب فکری مجبور فرض شود، منطقاً نباید آنان را مسؤول افکار و کردارش تلقی کرد. پس می‌توان گفت که اگر نگرش جبرگرایانه حاکم باشد، طرح مسؤولیت اخلاقی و حقوقی انسان‌ها و به‌تبع آن سخن از حقوق و آزادی‌های فردی بی‌معناست؛ زیرا انسان از آن جهت نسبت به اعمال خود مسؤول است که آزادانه و به اختیار خود مرتکب آن‌ها شده‌است. موجود بی‌اراده و مجبور نه سزاوار ستایش اخلاقی است و نه نکوهش. بنابراین، انسان در خلقت و سرشت خود آزاد آفریده شده و از ویژگی مختار بودن و انتخاب‌کردن بهره‌مند است و تأسیس هرگونه نظام اخلاقی و حقوقی فقط پس از پذیرفتن اصل اختیار و آزادی انسان ممکن است.

از نظر حقوقی، که آزادی به‌عنوان یک «حق» مطرح است،

تعریف‌های مختلف از آن شده و بیشتر تعریف‌ها در سده‌های اخیر بر مبنای پذیرش اصالت فرد در اندیشه فلسفی ارائه شده‌است. به‌عنوان مثال، طبق این نگاه می‌توان آزادی را قدرتی متعلق به انسان دانست که براساس آن می‌تواند اعمالی را انجام دهد که به دیگران صدمه نمی‌زند. یعنی آزادی قدرتِ انجام هرگونه عملی است که به حقوق و آزادی‌های دیگران ضرر نمی‌زند. به تعبیر منتسکیو، آزادی در پیوند با حاکمیت قانون عبارت از این است که انسان حق داشته‌باشد آنچه را که قانون اجازه می‌دهد، انجام دهد و از آنچه که قانون منع کرده است و در صلاح او نیست، خودداری کند (منتسکیو، ۱۳۶۲: ۲۹۴). البته در گفتمان حقوق بشر معاصر این تعریف از آزادی چندان قابل قبول نیست؛ زیرا آزادی در اندیشه حقوق بشر یک مفهوم پیشاحقوقی است و فرض براین است که انسان‌ها دارای حقوق و آزادی طبیعی‌اند و لو آن‌که دولت و یا قانون این حقوق و آزادی را به رسمیت نشناسد و آزادی طبیعی بشر نباید تابع اراده و اختیار بشر دیگری باشد. ارزش آزادی را نمی‌توان به قانون محدود کرد؛ اما برخی از متفکران و فیلسوفان از جمله جان لاک قانون را موظف به حمایت از آزادی دانسته و نقش حاکمیت قانون در تأمین آزادی را بسیار مهم می‌دانند.

آزادی مطرح در گفتمان حقوق بشر یا حقوق سیاسی زنان مفهوم جدید است. لاک آزادی را یک حق طبیعی می‌داند که با تولد انسان به وجود می‌آید و معتقد است که حقوق طبیعی افراد را نمی‌توان از آنان سلب کرد و بدون رضایت خودش هیچ‌کس از جمله دولت و حکومت اجازه تصرف و در اختیار گرفتن این حق را ندارد. به باور

لاک، حقوق طبیعی انسان‌ها حقوق اخلاقی هستند که اقتدار عمومی حق نقض آن را ندارد. او تأکید می‌کند که همه افراد بشر طبیعتاً برابر و خودمختارند و از این حقوق طبیعی مقدم بر قوانین ملی و بین‌المللی بهره‌مندند. او می‌گوید: «آدمیان با حق آزادی کامل و بهره‌وری از همه حقوق و امتیازات قانون طبیعت زاده شده‌اند و هر فرد با همه افراد بشر در دنیا برابر است. طبیعت به وی این حق را داده است، نه‌تنها از دارایی خود که عبارت از جان، آزادی و اموال است، در برابر صدمات و تجاوزات حراست کند، بلکه در برابر دیگران، به‌هنگام قانون‌شکنی و تعدی به حقوق خود قضاوت نماید و آن‌ها را به کیفر برساند» (جونز، ۱۳۶۸: ۲۰۱). یکی از نویسندگان نیز با تأکید بر آزادی به‌عنوان حق طبیعی انسان و برخورداری همه افراد از آن به‌صورت برابر، می‌گوید: «اگر هیچ حق اخلاقی وجود نداشته‌باشد، حداقل یک حق طبیعی وجود دارد که همانا حق برابر همه انسان‌ها در آزاد بودن است.» (Gray, ۱۹۹۱: ۹۶) این حق بنیادین که دارای ارزش ذاتی است، در فلسفه سیاسی لیبرالیسم و اسلام هر دو مورد پذیرش قرار گرفته است. ژان‌ژاک روسو ضمن تصریح براین‌که هیچ انسانی بر هم‌نوع خود حاکمیت طبیعی ندارد (اصل عدم ولایت)، زور ایجاد حق نمی‌کند و صرفاً قرارداد اجتماعی اساس مشروعیت اقتدار دولت‌هاست، معتقد است که صرف‌نظر کردن از آزادی به‌معنای دست کشیدن از مقام انسانی، حقوق بشری و وظایف خود است و چنین انصرافی با طبیعت بشر سازگار نیست (اصل غیرقابل واگذاری آزادی)[1] (روسو، ۱۳۸۵: ۸۱-۷۴).

۱-. به نظر می‌رسد این اصل در مقابل نظریهٔ گروسیوس ابراز شده باشد. چنان‌که او براین باور است

آزادی در مفهوم جدید در زمان ظهور ادیان سنتی از جمله اسلام مطرح نبود. پیامبر اسلام در جامعه‌ای زندگی می‌کرد که آزادی، به‌ویژه آزادی دینی و سیاسی، در مفهوم امروزی ناشناخته و ناممکن بود و اقتدار سیاسی همان اقتدار دینی بود.[1] در دوران حضور پیامبر و رهبری سیاسی او در مدینه، اهل کتاب و یا مشرکان فاقد آزادی در مفهوم امروزی بودند. در عین حال، آزادی مورد تأیید متون دینی و اسلامی است. در قرآن اجبار و اکراه در دین منع شده‌است و دین و ایمان امر درونی تلقی شده که ذاتاً اکراه بردار نیست. حضرت نوح به مردم می‌گفت: «شما که ایمان را نمی‌خواهید من چگونه آن را بر شما تحمیل کنم؟»[2] پس آزادی و انتخاب آگاهانه که به دین روح و معنا بخشیده‌است نباید از آن برداشته شود. در سوره دیگر قرآن، هدف از بعثت پیامبر اسلام برداشتن غُل و زنجیر از دست و پای مردم بیان شده‌است.[3] این آیه می‌تواند اشاره به رفع باورهای خرافی و غیرعقلانی و آداب و رسوم تحمیلی از سوی متولیان دین باشد. هم‌چنان، قرآن نقض آزادی افراد را منع کرده است و به کسانی که

که هرکس حق دارد به میل و رضایت خویش از آزادی خود صرف‌نظر کند. از نظر گروسیوس اگر کسی برای دریافت غذا و سایر نیازهای مادی زندگی خود بخواهد به صورت آزادانه بردهٔ فرد دیگری شود هیچ اشکالی ندارد (نک: روسو، ۱۳۸۵: ۸۱-۷۴).

۱-. ژان ژاک روسو می‌گوید: «حضرت محمد از حکومت برداشت بسیار درستی داشت و نظام سیاسی خود را کاملاً با نظام مذهبی یکی کرد، و تا زمانی که ساختار حکومت او و در دوران فرمانروایی خلیفه‌ها و جانشینان آن‌ها برقرار بود، حکومت منسجم بود و خوب اداره می‌شد» برای آگاهی بیشتر، نک: روسو، ۱۳۸۵: ۴۹۲.

۲-. أَنُلْزِمُكُمُوهَا وَأَنتُمْ لَهَا كَارِهُونَ، هود / ۲۸.

۳-. وَيَضَعُ عَنْهُمْ إِصْرَهُمْ وَالْأَغْلَالَ الَّتِي كَانَتْ عَلَيْهِمْ، اعراف / ۱۵۷

آزادی شان مورد تعرض قرار می‌گیرد، حق دفاع داده‌شده‌است.[1] پس دین‌داری و ایمان‌ورزی یک انتخاب ارادی و آگاهانه است که صرفاً با آزادی اندیشه و اراده می‌توان به آن دست‌یافت.

از نگاه فقهی، اصل بر عدم ولایت و حق سرپرستی است و همه افراد آزاد خلق‌شده‌اند؛ از این رو این ادعا که فرد یا افراد خاص بر دیگری حق ولایت دارد، نیازمند اثبات است. هم‌چنان، براساس اصل اباحه و اصل برائت ذمه، دو اصل مهم عقلایی که مورد قبول گسترده فقیهان مسلمان است، انسان رها و آزاد است؛ مگر در جایی که از طرف شریعت به‌صورت صریح منع شده باشد. براساس اصل برائت ذمه، اصل اولی آزاد بودن فرد است و کسی نمی‌تواند او را به‌موجب اعمال او که شامل فکر و اندیشه او نیز می‌شود، مجرم تلقی کند و آزادی او را سلب کند؛ مگر دلیل معتبر شرعی بر خلاف آن وجود داشته‌باشد. اصل اباحه، چه به‌عنوان یک قاعده عقلی و یا اصل شرعی، استفاده از هر چیز و انجام هر کار از جمله اندیشه‌ورزی و بیان آن را مجاز می‌داند؛ مگر این‌که خلاف آن توسط دلیل معتبر شرعی اثبات شود (احمدی، ۱۳۹۶: ۱۸).

۲-۲. آزادی در اسناد بین‌الملل

آزادی یکی از آرمان‌های مهم جوامع سیاسی و از مفاهیم بنیادینی است که بسیاری از جریان‌های بزرگ در تاریخ اعتراض‌های اجتماعی و سیاسی در جهان بر محور این مفهوم شکل گرفته است و اندیشمندان

۱-. وَلَمَنِ ٱنتَصَرَ بَعْدَ ظُلْمِهِۦ فَأُوْلَٰٓئِكَ مَا عَلَيْهِم مِّن سَبِيلٍ، شوری / ۴۱.

نیز در عرصه تئوریک به غناسازی آن پرداخته‌اند. تلاش‌های اولیه افراد و جریان‌های انقلابی برای احقاق حقوق انسانی در قالب مبارزه با بردگی صورت گرفته است. در عصر حاضر، آزادی یکی از اصول بنیادین گفتمان حقوق سیاسی زنان به‌شمار می‌رود و مورد تأکید بسیاری از اسناد بین‌المللی و منطقه‌ای قرار گرفته است. آزادی در بخش تئوریک و اندیشه فیلسوفان، دارای گستره مفهومی وسیعی است اما اسناد بین‌المللی حقوق بشر کوشیده‌است برای جلوگیری از پراکندگی آرا، مصادیق آزادی‌های مهم را مشخص کند تا بتواند هم با استفاده از مکانیسم حقوقی از آزادی‌های افراد حفاظت کند و هم زمینه سوء استفاده از واژه آزادی را از بین ببرد.

دولت‌های عضو سازمان ملل متحد در ماده اول منشور، عملی ساختن همکاری‌های جهانی با توسعه و تشویق احترام حقوق بشری و آزادی‌های اساسی را از جمله اهداف ملل متحد برشمرده‌اند. آن‌ها در بند ب ماده ۱۳، به ترویج همکاری‌های بین‌المللی و کمک به تحقق حقوق بشر و آزادی‌های اساسی برای عموم متعهد شده‌اند و در مواد ۵۵ و ۵۶ منشور، ایمان خود را به حقوق و آزادی‌های اساسی برای همه افراد بدون تبعیض از حیث نژاد، جنسیت، مذهب یا زبان اظهار کرده‌اند. در بند ج ماده ۷۶ منشور ملل، تشویق احترام به حقوق بشر و آزادی‌های اساسی از جمله تعهدات کشورهای عضو سازمان ملل تلقی شده‌است. در تمام این عبارت‌های به کار رفته، برابری و عدم تبعیض براساس جنسیت در مورد حقوق و آزادی‌های اساسی انسان به کار رفته‌است.

برخی نسل اول حقوق بشر را مبیّن حقوق بنیادین انسان‌ها

می‌دانند و براین باورند که همه انواع حقوق بشر دستاورد اصل آزادی و بر مبنای آن استوار است و این اصل چندبار در مقدمه اعلامیه جهانی حقوق بشر اشاره شده‌است. در ماده اول اعلامیه حقوق بشر بیان شده‌است که تمام افراد بشر آزاد به دنیا می‌آیند و از لحاظ حقوق و کرامت باهم برابرند. توجه به آزادی افراد در ماده اول، بیانگر این است که آزادی در کنار کرامت و برابری، یکی از اصول بنیادین حقوق انسان‌هاست. اصل آزادی ناشی از این ویژگی ذاتی انسان است که انسان دارای عقل و خرد است. برای مثال، فرشتگان و جانوران که فاقد عقل به‌معنای عقل استدلالی بشری می‌باشند، نیازمند آزادی نیستند. بنابراین چون انسان موجود خردمند و دارای اراده است، موجودی آزاد است و چون موجود آزاد است، باید از حق‌هایی که این آزادی را تأمین می‌کنند برخوردار باشد و خواسته‌هایش مورد احترام قرار گیرد.

هرچند دولت‌ها مفهوم آزادی را به‌عنوان یکی از اصول بنیادین حقوق بشر پذیرفته‌اند؛ اما یک توافق عمومی نیز وجود دارد که باید برای بهره‌مندی از آن دسته از آزادی‌هایی که با مصالح عمومی یا حقوق و آزادی‌های دیگران در تعارض قرار می‌گیرد، حد و مرز تعیین کرد و نباید آن‌ها را حق‌های مطلق و بدون محدودیت دانست. کانت نیز با مبنا قرار دادن اصل اخلاق، آزادی مطلق را انکار می‌کند و براین باور است که انسان تا آنجا آزاد است که در جان، مال و آزادی دیگران دخالت نکند و تابع قانونی است که به آن رضایت داده است. با بیان این‌که آزادی همواره مقید و محدود است، بسیاری از فیلسوفان و روشنفکران تأکید می‌کنند که تنها «عدالت» است که می‌تواند آزادی

را محدود کند. عدالت، یک ارزش درجه اول است که حدود آزادی‌ها را معیّن می‌کند. هرگاه از آزادی به مثابه حق سخن به میان می‌آید، عدالت و حقوق دیگران نیز مطرح می‌شود و یک معنای عدالت «ایفای همه حقوق» است. بنابراین، انسان باید از «آزادی عادلانه» برخوردار باشد و حقوق دیگران را نیز رعایت و احترام کند.

شرایط تحدید برای آن دسته از مصادیق حق بر آزادی که مطلق نباشند، در اسناد مختلف بین‌المللی بیان شده‌است. برای مثال، اعلامیه جهانی حقوق بشر از جمله اسناد بین‌المللی است که به امکان محدود کردن حق‌ها و آزادی‌های بشری پرداخته‌است. طبق بند دو ماده ۲۹ اعلامیه: «هرکس در به‌کارگیری حقوق و آزادی‌های خود فقط تابع محدودیت‌هایی است که به‌وسیله قانون منحصراً با هدف تأمین شناسایی و احترام حقوق و آزادی‌های دیگران و برای رعایت الزامات درست اخلاق، نظم عمومی و رفاه همگانی در یک جامعه دموکراتیک، مشخص شده‌است».

در ماده ۱۸ کنوانسیون حقوق مدنی و سیاسی در مورد محدودیت حق ابراز عقیده و مذهب آمده است: «آزادی ابراز مذهب یا معتقدات را نمی‌توان تابع محدودیت‌هایی نمود، مگر آنچه منحصراً به‌موجب قانون پیش‌بینی شده و برای حمایت از امنیت، نظم، سلامت یا اخلاق عمومی یا حقوق و آزادی‌های اساسی دیگران ضرورت داشته‌باشد». در ماده ۱۹ بند سه کنوانسیون حقوق مدنی و سیاسی در خصوص حق بر آزادی بیان آمده است: «اِعمال حقوق مذکور در بند ۲ این ماده، مستلزم حقوق و مسؤولیت‌های خاص است و لذا ممکن است تابع محدودیت‌های معینی شود که در قانون تصریح شده و برای امور

ذیل ضرورت داشته‌باشد: الف) احترام به حقوق یا حیثیت دیگران. ب) حفظ امنیت یا نظم عمومی یا سلامت یا اخلاق عمومی». براساس این ماده می‌توان گفت که آزادی بیان محدود به دو شرط است: اول، منافات نداشتن با احترام به حقوق و حیثیت دیگران. دوم، منافات نداشتن با حفظ امنیت‌ملی، نظم، سلامت و اخلاق عمومی.

به‌صورت خلاصه می‌توان سه مؤلفه را برای آزادی برشمرد: اول این‌که دولت‌ها حق ندارند که آزادی فرد انسانی را از او سلب و یا بر آن محدودیت وضع کنند. دوم، دولت‌ها مکلف‌اند زمینه استفاده از حق آزادی را برای همه افراد فراهم سازند. سوم، حق آزادی فقط یک محدودیت دارد که عبارت از رعایت حقوق دیگران است (دانش، ۱۳۹۱: ۵۳۳). سلب و یا محدودکردن آزادی افراد و عدم دستیابی آزادانه به خواسته‌ها و حقوق سیاسی شان براساس جنسیت قابل قبول نیست. انسان آزاد به دنیا آمده است و آزادی از جمله حق‌های طبیعی او است که دولت‌ها و افراد نمی‌توانند آن را از دیگران سلب کنند. محروم کردن زنان از حق آزادی از مصادیق آشکار تبعیض جنسیتی و مخالف نظریه‌های حقوقی و اسناد بین‌المللی خواهد بود. بنابراین، اصل آزادی که یکی از مبانی حقوق سیاسی افراد است، دارای پشتوانه دینی و فقهی نیز بوده و زن و مرد باید بتوانند با بهره‌مندی از آزادی مساویانه در حوزه فعالیت‌های سیاسی و اجتماعی شرکت کنند. اصل عدم حاکمیت طبیعی بر هم‌نوع یا اصل عدم ولایت و آزاد به دنیا آمدن انسان‌ها دلالت صریح بر بهره‌مندی افراد از حقوق سیاسی دارد. اگر در یک جامعه آزادی وجود نداشته‌باشد و نظام سیاسی بر استبداد

پایه‌ریزی شده باشد، هیچ‌کس از حقوق سیاسی برخوردار نخواهد بود.

۳. برابری و عدم تبعیض جنسیتی

مفهوم برابری و عدم تبعیض، که در نظام حقوق بشر در قالب یک حق اخلاقی مطرح‌شده، بیان ایجابی و سلبی یک اصل است. برابری و عدم تبعیض به این معناست که همه ابنای بشر در ماهیت انسانی باهم برابرند و کسی در ذات و خلقت از کس دیگر برتر یا کمتر نیست و همه باید به‌صورت برابر و بدون هیچ نوع تبعیض و امتیاز از حق‌های بشری بهره‌مند شوند. کمیته حقوق بشر در تفسیر عام شماره ۱۸ در مورد اصل عدم تبعیض می‌گوید: «اصل عدم تبعیض به‌همراه اصل برابری در قانون و اصل برخورداری از حمایت برابر قانون، اصل عام و بنیادین حمایت از حقوق بشر را تشکیل می‌دهند.» در واقع، تبعیض به‌معنای تفاوت گذاشتن ناموجه میان انسان‌هاست و زمانی که این تبعیض بر مبنای جنسیت فرد باشد، به این تبعیض، تبعیض جنسیتی اطلاق می‌شود. پس تبعیض جنسیتی به‌معنای تفاوت گذاشتن میان افراد براساس جنسیت آنان است که منجر به تحقیر، طرد و تضییع حقوق افراد یک جنس می‌شود. به مفهوم وسیع‌تر، تبعیض جنسیتی گرایشی است که به تکریم یک جنس و تحقیر جنس دیگر می‌انجامد (رواسیان‌کاشی، ۱۳۸۸: ۱۱-۱۲). اصل عدم تبعیض در حقوق سیاسی مهم‌ترین و دکترینی‌ترین اصل است و تحت هیچ شرایطی به تعلیق در نمی‌آید. براساس این اصل تفاوت‌های ناشی

از جنس افراد به‌عنوان توجیهی برای تفاوت گذاشتن بین انسان‌ها قابل قبول نیست و نمی‌تواند مبنایی برای عدم برابری در حقوق آنان قرار گیرد. هرچند برابری متضمن تعهدات مثبت بیشتر نسبت به مفهوم عدم تبعیض است و آنچه از تفسیرهای عام کمیته حقوق بشر و توصیه‌نامه‌های عام کمیته رفع همه اشکال تبعیض نسبت به زنان به‌دست می‌آید، اصل عدم تبعیض نتیجه و اثر برابری است، اما این دو به یک معنا استفاده می‌شود و عدم تبعیض دارای مفهوم شفاف‌تری است. باید توجه داشت که برابری به‌معنای مطلق و رفتار یکسان با انسان‌ها فارغ از شرایط فردی و پیرامونی و تفاوت بیولوژیک زن و مرد نیست، بلکه یک مفهوم نسبی است. به سخن دیگر، عدم تبعیض به‌معنای رفتار یکسان در تمام موارد نمی‌باشد. طبق تفسیر کمیته حقوق بشر، هرگاه معیارهای رفتارِ متفاوت، عینی و عقلانی باشد و به‌منظور دستیابی به هدفی صورت گیرد که طبق مفاد میثاق حقوق مدنی و سیاسی مشروع باشد، تبعیض به‌شمار نمی‌آید؛ بنابراین تفاوت و تمایزی که مبتنی بر یک توجیه معقول و واقعی باشد و میان هدف ایجاد این تمایز و ابزاری برای رسیدن به آن هدف یک رابطه مناسب و معقول وجود داشته‌باشد، تبعیض نیست. در این قسمت اندیشه برابری و جایگاه برابری در اسناد بین‌الملل به‌صورت خلاصه بیان خواهد شد.

۱-۳. اندیشه برابری

اندیشه برابری ذاتی و ماهوی انسان‌ها، صرف‌نظر از جنسیت، نژاد،

مذهب، رنگ، زبان، منشأ و طبقه اجتماعی دستاورد دوران مدرن است. البته این اندیشه ریشه‌های قدیمی تاریخی دارد. بنابر اسناد تاریخی، اولین‌بار سوفسطائیان و بعد از آن‌ها افلاطون در قرن چهارم قبل از میلاد در رساله جمهور برابری میان زن و مرد را مطرح کردند؛ اما برابری مورد پذیرش افلاطون صرفاً در محدوده جامعه یونانی اعتبار داشت. تقسیم انسان‌ها به هلن و بربر برای افلاطون قابل قبول بود، اما او به برابری حقوق زن و مرد در حکومت آرمانی خود، در جامعه هلنی و میان طبقه حاکم، باور داشت. بعد از آن، رواقیان اولین گروهی بود که برابری انسان‌ها را در سطح جهانی اعلام‌کرد. رواقیان با دیدگاه ماتریالیستی خود ذات انسان‌ها را به‌صورت یکسان ناشی از ماده اولیه یا آتش می‌دانستند. در عصر باستان این سه مورد تنها موارد ثبت شده در باب تساوی و برابری انسان است. بعد از این سه مورد، در هیچ‌یک از سنت‌های فکری و عقیدتی در میان ملل مختلف نشانه‌ای از تصریح به برابری انسان‌ها وجود ندارد، نه در ایران باستان یا سایر فرهنگ‌های باستانی مانند هند و مصر و نه در ادیان ابراهیمی؛ یعنی آیین یهود و مسیحیت و اسلام هیچ‌کدام خبری از برابری مطلق میان انسان‌ها نیست (نوری، ۱۳۹۴: ۳۸).

اندیشه برابری مستلزم پذیرش کرامت ذاتی انسان و نگاه حق‌محور است و تا زمانی که نگاه حق‌محور جایگزین رویکرد تکلیف‌محورِ سنتی نشده باشد، اندیشه برابری به وجود نمی‌آید. براساس مطالعات تاریخی، اگر نگاه حق‌محور و کرامت ذاتی وجود نداشته‌باشد، انسان‌ها به خودی و غیرخودی تقسیم می‌شوند و صرفاً انسان خودی انسان تلقی شده و دارای ارزش و حرمت است. در نتیجه این نوع نگرش

است که جنگ‌ها، کشتارهای جمعی، غارت‌ها و برده‌گیری‌ها اتفاق می‌افتد و انسان‌های زورمند نسبت به هم‌نوعان خود همان رویکرد ابزاری را در پیش می‌گیرند که اکنون انسان نسبت به طبیعت و حیوانات دارد. برخی از مهم‌ترین نمونه‌های اندیشه‌های سنتی مخالف برابری انسانی این است که اندیشمندان یونانی، از جمله افلاطون و ارسطو، به عدم برابری یونانی‌ها و بربرها و بردگی ذاتی بربرها تصریح می‌کنند یا بعضی یهودیان با استناد به آیات تورات خود را امت برگزیده خدا دانسته و جنگ و سرکوب بی‌رحمانه دیگران را مجاز می‌دانند یا برخی از مسلمانان با استناد به پاره‌ای از آیات و روایات خودرا امت برتر دانسته و جهان را به دو دسته سرزمین اسلام (دارالاسلام) و سرزمین کفر (دارالکفر) یا سرزمین جنگ (دارالحرب) تقسیم می‌کنند که حکایت از یک رابطه خصمانه میان این دو قلمرو دارد.

در دوره مدرنیته است که اولین‌بار در آثار اندیشمندان غربی، از جمله دکارت و جان لاک، نشانه‌های باور به برابری انسان‌ها آشکار می‌شود. دکارت در آغاز رساله گفتار بیان داشت که عقل به‌صورت مساوی بین انسان‌ها تقسیم شده‌است. جان لاک در رساله دوم خود در باب حکومت مدنی گفت انسان‌ها آزاد و برابر متولد می‌شوند. با توجه به این‌که نظر سوفسطائیان به‌دلیل مخالفت افلاطون با آن‌ها رونق نگرفت و نظر افلاطون صرفاً محدود در جامعه یونانی است نه در سطح جهانی و نظر رواقیان به‌دلیل مخالفت مسیحیت مجال رشد نیافت، می‌توان این ادعا را تأیید کرد که برابری از جمله دستاوردهای دوران تجدد و ساخته عقل مدرن است (صانعی دره‌بیدی، ۱۳۸۲).

اندیشه برابری انسان‌ها بر اساس گفتمان حق‌مدار و کرامت‌محور در عصر مدرنیته و تجدد به‌صورت جدی مطرح شد و برخورداری از حقوق انسانی برابر و بدون تبعیض و تمایز از حیث دین، زبان، مذهب، رنگ، نژاد، جنسیت و غیره به‌عنوان یک ساخته فکری و رویه عملی حقوقی و سیاسی وسیع، نخست در غرب تحقق یافت. از آن‌جا که انسان‌ها در خلقت باهم برابرند، در حقوق نیز بایک‌دیگر برابر خواهند بود. اما باید توجه داشت که برابری در بهره‌مندی از حقوق بشری و سیاسی افراد به‌هیچ‌وجه به‌معنای نادیده گرفتن تفاوت بیولوژیک و جسمانی زن و مرد نیست، بلکه به‌معنای برابر دانستن هریک از دو جنس در ماهیت انسانی است. ضمن پذیرش تفاوت‌های جسمانی زن و مرد، نظریه پردازانِ حقوق بشر تأکید دارند که این تفاوت‌ها نمی‌توانند توجیه‌گر تبعیض و تفاوت بین افراد انسانی در بهره‌مندی افراد از حقوق سیاسی باشد و نباید به‌عنوان امتیاز یا ضعفی برای زن و مرد در بهره‌مندی از حقوق و آزادی‌های سیاسی و اجتماعی تلقی شود. هم‌چنان، برابری زن و مرد در حوزه سیاسی به‌معنای برابری و تشابه آن‌ها در همه حقوق و تکالیف نیست. زنان به‌دلیل ماهیت مخصوص جسمانی شان که وضعیت‌های همچون بارداری را به‌دنبال دارند، باید مشمول امتیازات ویژه اجتماعی شوند و امتیازاتی از این دست به زنان به‌معنای تبعیض ناموجه ضد مردان نخواهد بود. تشابه و برابری مطلق زن و مرد در همه قوانین و مقررات مورد تأیید حقوق بشر معاصر نیست و چنین تشابه‌ی خود ستم مضاعف به زنان است. اندیشه برابری و عدم تبعیض جنسیتی از تساوی زن و مرد در بهره‌مندی از حقوق و آزادی‌هایی که مربوط به

انسانیت انسان می‌شود، حمایت می‌کند و نادیده گرفتن آن‌ها به مثابه نقض کرامت انسانی خواهد بود.

البته باید توجه داشت که رونالد دورکین میان دو دسته از حق‌های انسانی تفاوت قایل شده‌است. او معتقد است که برخی از حق‌های انسانی حق‌هایی‌اند که باید همه شهروندان به گونه مساوی از آن‌ها بهره‌مند شوند و با همه رفتار برابر صورت گیرد. نابرابری حقوقی با شهروندان موجه نخواهد بود. آن دسته از حق‌ها که منعکس‌کننده مشارکت سیاسی و در نتیجه کرامت ذاتی فرد انسانی به حیث موجودی مختار و با اراده است در این گروه طبقه‌بندی می‌شود؛ مانند: حق رأی و آزادی بیان. دسته دیگر از حق‌ها، حق‌هایی‌اند که طبق آن شهروندان باید برابر در نظر گرفته شوند. یعنی همه در اصل برابری انسانی باهم برابرند؛ اما ماهیت این حق‌ها به‌نحوی است که یا در اختیار قرار دادن آن‌ها به همگان لازم نیست و یا امکان توزیع آن‌ها به همه وجود ندارد. دورکین براین نظر است که در این دسته از حقوق با وجود شناسایی برابری افراد، ممکن است رفتار نابرابر باشد. در اینجا صرفاً برابری افراد مطرح است و نه رفتار برابر با آن‌ها. حقوق رفاهی و اقتصادی در این طبقه می‌گنجد (قاری سیدفاطمی، ۱۳۹۸: ۶۲).

۲-۳. برابری در اسناد بین‌الملل

اصل برابری یکی از اصول مسلم نظام بین‌الملل حقوق بشر است و هرگونه تفاوت گذاشتن میان افراد انسانی بدون توجیه منطقی ممنوع

است. نظام حقوق بشر براین مبنا شکل گرفته است که هر فرد انسانی از حیث انسان بودن و به‌صورت برابر از مجموعه حق‌هایی برخوردار است و این اصل در بسیاری از اسناد حقوق بشری به‌صورت صریح یا ضمنی بیان شده‌است. منشور ملل متحد در مقدمه و در مواد ۱، ۱۳ و ۵۵ به مفهوم برابری حقوق انسان‌ها اشاره کرده است و تحقق همکاری‌های بین‌المللی در «پیشبرد و تشویق احترام به حقوق بشر و آزادی‌های سیاسی برای همه بدون تمایز از حیث نژاد، جنس، یا مذهب» را یکی از اهداف سازمان ملل برشمرده است. طبق اعلامیه جهانی حقوق بشر کلیه اعضای خانواده بشری از حقوق برابر و غیرقابل انتقال بهره‌مند است. ماده ۱ اعلامیه بیان داشته است که «تمام افراد بشر آزاد به دنیا می‌آیند و از لحاظ کرامت و حقوق باهم برابرند.» در ماده ۲ مهم‌ترین زمینه‌هایی که براساس آن تبعیض صورت‌می‌گیرد برشمرده شده و اِعمال تبعیض براساس آن ممنوع اعلام شده‌است.

طبق این ماده هر فرد انسانی می‌تواند به حیث انسان بودن و فارغ از هرگونه تبعیض براساس نژاد، رنگ، جنس، زبان، مذهب، عقیده سیاسی یا هر عقیده دیگر و هم‌چنین خاستگاه ملی یا اجتماعی، ثروت، نسب یا هر موقعیت دیگر از تمام حقوق و آزادی‌هایی که در اعلامیه ذکر شده‌است، بهره‌مند شود. ماده دوم کنوانسیون حقوق مدنی و سیاسی به برابری در بهره‌مندی از حقوق مندرج در این اسناد تصریح کرده است. برخی از اسناد بین‌المللی از جمله کنوانسیون رفع هرگونه تبعیض علیه زنان با هدف از بین بردن انواع تبعیض و نابرابری‌ها تهیه و تصویب شده‌است. طبق اسناد

بین‌المللی، همه افراد در ماهیت انسانی و بهره‌مندی از حقوق باهم برابرند و دولت‌های عضو متعهد شده‌اند تا حقوق سیاسی مقرر در اسناد بین‌الملل را به‌صورت یکسان برای زنان و مردان به رسمیت شناخته و تضمین کنند.

باری، براساس اندیشه‌های حقوق بشری، برابری از جمله حقوق طبیعی انسان‌هاست و تمام افراد بشر صرف‌نظر از جنسیت و سایر تعلقات عرضی از حقوق و آزادی‌های برابر، که شامل حقوق و آزادی‌های سیاسی نیز می‌شود، برخوردارند. سلب و یا محدود کردن حقوق سیاسی زنان ناعادلانه و مخالف عقلانیت مدرن است. اصل برابری در واقع مبنای حقوق و آزادی‌های سیاسی مساوی زن و مرد است و عدم برابری حقوق در حوزه سیاسی و اجتماعی حکایت از نگاه جنسیتی و فرودستانه به زنان دارد که فاقد توجیه و پشتوانه منطق و مصداق آشکار تبعیض جنسیتی است. پس تفاوت جنسیتی نمی‌تواند منتهی به عدم برابری حقوق و آزادی‌های سیاسی افراد شود.

گفتار دوم: منابع حقوق سیاسی زنان

حقوق سیاسی زنان قبل از این‌که در قالب قواعد بین‌المللی شکل حقوقی به خود گرفته و در معاهدات، کنوانسیون‌ها و اعلامیه‌های جهانی و منطقه‌ای تدوین شود، به‌صورت مفاهیم و ارزش‌های پراکنده در سنت‌های باستانی و فرهنگ و ادیان مختلف جهان تکوین و تکامل یافته‌است. بعد از این‌که در آغاز دوره تجدد بسترهای مناسب سیاسی و اجتماعی فراهم شد، حقوق سیاسی زنان به‌عنوان

اندیشه منسجم و نظام‌مند در قالب قوانین ملی و اسناد بین‌المللی تدوین و تصویب شد.

۱. منابع بین‌المللی حقوق سیاسی زنان

چنان‌که در آغاز این فصل در باره تفاوت میان مبنا و منبع بیان شد، منظور از مبنای حقوق سیاسی زنان همان جنبه الزام‌آور بودن و ریشه‌های فلسفی و اخلاقی است که حق‌های سیاسی براساس آن‌ها توجیه می‌شود؛ اما منابع حقوق سیاسی زنان همان قالب‌ها و ابزارهای حقوقی است که اصول و هنجارهای حقوق سیاسی زنان در آن‌ها گنجانده شده‌است. پس از یافتن مبانی و ریشه‌های حقوق سیاسی زنان، این سؤال مطرح می‌شود که این حق‌ها را در کجا می‌توان یافت؟

این حق‌ها را می‌توان در منابع حقوق سیاسی زنان جست‌وجو کرد. به‌دلیل دو بُعدی بودن حقوق سیاسی زنان و این‌که حقوق سیاسی هم جنبه داخلی دارد و هم جنبه بین‌المللی، منابع حقوق سیاسی زنان به منابع داخلی و بین‌المللی تقسیم می‌شود. در این قسمت صرفاً به منابع بین‌المللی حقوق سیاسی زنان پرداخته می‌شود که در واقع همان منابع حقوق بین‌الملل است. ماده ۳۸ اساس‌نامه دیوان بین‌المللی دادگستری[1]، به‌عنوان منابع حقوق بین‌الملل برشمرده شده بدون آن‌که در این ماده واژه «منابع» تصریح شده باشد. در این بند، منابع حقوق سیاسی زنان به همان ترتیب موجود در ماده

1-. Statute of the International Court of Justice.

۳۸ اساس‌نامه بررسی می‌شود و این ترتیب به‌هیچ‌وجه به این معنا نیست که براساس سلسله‌مراتب، اعتبار هر قاعده ناشی از قاعده بالاتر باشد، بلکه معاهدات، عرف و اصول کلی حقوق از حیث اعتبار و آثار حقوقی از درجه اهمیت مساوی برخوردارند. به‌عنوان مثال، گاهی یک قاعده عرفی توسط معاهده نسخ می‌شود و گاهی هم یک قاعده معاهداتی توسط عرف؛ اما با وجود عدم سلسله‌مراتب میان منابع بین‌المللی، ماهیت یک قاعده می‌تواند گاهی موجب برتری بر قاعده حقوقی دیگر شود.

۱-۱. معاهدات بین‌الملل حقوق بشری (اسناد و کنوانسیون‌ها)

از آن‌جا که معاهدات و کنوانسیون‌های بین‌المللی از جمله منابع حقوق داخلی نیز به‌شمار می‌آید - به‌ویژه حقوق بین‌الملل زنان ماهیتاً به‌دلیل موضوعیت فرد در آن نوعی تکمیل حقوق داخلی است - و یکی از وظایف مهم قوه مقننه دولت‌ها تأیید و تصویب این اسناد بین‌المللی است (سجادی، ۱۳۹۲: ۱۹۵) و عمل تصویب یکی از شکل‌های «رضایت کشورها به ملتزم شدن» تلقی می‌شود، بحث از معاهدات دارای اهمیت زیادی است.

طبق تعریف عهدنامه ۱۹۶۹ وین: «معاهده به‌معنای توافق بین‌المللی است که میان کشورها به‌صورت کتبی منعقد شده و مشمول حقوق بین‌الملل باشد، اعم از این‌که در سندی واحد یا دو یا چند سند مرتبط به‌هم آمده باشد، صرف‌نظر از عنوان خاص آن.» باید توجه داشت که هر معاهده بین‌المللی، یک توافق بین‌المللی

و تابع حقوق بین‌الملل است، اما برخی از توافق‌های بین‌المللی، اعم از حقوقی یا سیاسی، را نمی‌توان یک معاهده بین‌المللی شمرد. برای مثال، توافق‌های بین‌المللی منعقده میان تابعان حقوق بین‌الملل که طبق مقررات بین‌الملل تنظیم نشده باشد، توافق‌های میان تابعان حقوق بین‌الملل از یک‌طرف و نهادی‌های غیردولتی از طرف دیگر، توافق‌های میان کشورها از یک‌طرف و دولت‌ها یا ایالات عضو یک کشور فدرال از طرف دیگر، توافق‌های میان تابعان حقوق بین‌الملل از یک‌سو و نهضت‌های آزادی‌بخش از سوی دیگر و یا موافقت‌نامه‌های نزاکتی[1] از جمله معاهده بین‌المللی به‌شمار نمی‌آید (ضیائی بیگدلی، ۱۳۹۸: ۹۱-۹۰).

اساس‌نامه دیوان بین‌المللی دادگستری با این بیان که «کنوانسیون‌های بین‌المللی اعم از عام یا خاص که ایجادکننده قواعدی است که صریحاً توسط دولت‌های طرف اختلاف به رسمیت شناخته‌شده است»، به معاهدات یا موافقت‌نامه‌های دوجانبه یا چندجانبه بین‌المللی اشاره کرده است. معاهدات چندجانبه برای همه طرف‌های آن الزام‌آور است؛ اما معاهدات دوجانبه صرفاً برای طرفین به‌عنوان منبع مورد استناد قرار می‌گیرد و برای کل جامعه بین‌المللی الزام‌آور نیست. «البته گاهی برخی معاهدات وضعیت قواعد عرفی را به‌دست آورده و بر بیش از آن دولت‌هایی که عضویت آن‌ها را قبول کرده‌اند، الزام‌آوری دارد. این وضعیت زمانی پیش می‌آید که مقررات آن معاهده توسط تعداد زیادی از دولت‌ها که عضو معاهده نیستند،

۱-. برخی عنوان‌های دیگر نیز برای موافقت‌نامه‌های نزاکتی یا اخلاقی به کار می‌رود؛ مانند: یادداشت تفاهم، تفاهم‌نامه، اعلامیهٔ مشترک، اعلامیهٔ سران، صورت مذاکرات، بیانیهٔ مشترک، توصیه‌نامه و غیره.

به‌عنوان قواعد حقوقی پذیرفته شود. کنوانسیون وین در مورد حقوق معاهدات، کنوانسیون وین در مورد روابط دیپلماتیک و کنوانسیون پیش‌گیری و مجازاتِ جرمِ نسل‌کشی، از نمونه‌های بارز این دسته از معاهدات است» (اسماگادی، ۱۳۹۴: ۸).

از آن‌جا که حقوق سیاسی زنان در ادبیات بین‌المللی حقوق بشر معاصر مفهوم نسبتاً جدید است و گفتمان غالب را در جوامع دموکراتیک شکل می‌دهد، منبع قراردادی یعنی معاهدات، کنوانسیون‌ها و اسناد حقوق بشری و حقوق زنان از مهم‌ترین منابع است، و نقش عرف کم‌رنگ‌تر می‌باشد.

۱-۱-۱. طبقه‌بندی اسناد حقوق زنان

اسناد حقوق زنان، که ارزش‌ها و هنجارهای حقوق سیاسی و مدنی زنان در آن‌ها گنجانده‌شده‌اند، شامل طیف گسترده‌ای از اسناد می‌شود و از جنبه‌های متفاوت به انواع مختلف تقسیم‌بندی شده‌است.

الف) اسناد جهانی، منطقه‌ای و ملی

اسناد حقوق زنان از لحاظ قلمرو جغرافیایی تحت پوشش به سه نوع جهانی، منطقه‌ای و ملی تقسیم می‌شود. آن دسته از اسناد حقوق زنان که دایره گسترده‌گی آن‌ها تمام جهان است، اسناد جهانی یا بین‌المللی حقوق زنان نامیده می‌شود؛ مانند کنوانسیون بین‌المللی حقوق سیاسی زنان. اگر سند حقوق زنان شامل یک منطقه یا قاره خاص بشود - مانند پروتکل حقوق زنان الحاقی به منشور حقوق بشر

و مردم آفریقا (پروتکل ماپوتو)[1] یا کنوانسیون بین‌آمریکایی پیش‌گیری، مجازات و حذف خشونت علیه زنان[2] - به آن سند منطقه‌ای حقوق زنان اطلاق می‌شود. اما اگر سند حقوق زنان به یک کشور خاص مربوط شود، مانند «قانون رفع خشونت علیه زنان» در افغانستان، به آن سند ملی گفته می‌شود.

ب) اسناد الزام‌آور و غیرالزام‌آور

اسناد بین‌المللی حقوق زنان را می‌توان از حیث ماهیت به دو نوع سند الزام‌آور و غیرالزام‌آور دسته‌بندی کرد. اسناد مربوط به حقوق زنان گاهی به‌صورت معاهدات الزام‌آور و تحت عناوینی چون کنوانسیون، میثاق، معاهده یا پروتکل تنظیم می‌شود. برای مثال، کنوانسیون بین‌المللی حقوق سیاسی زنان و کنوانسیون رفع هرگونه تبعیض علیه زنان از جمله اسناد بین‌المللی حقوق زنان هستند که دارای ماهیت الزام‌آورند. حقوق سیاسی زنان به اقتضای ماهیت ویژه خود، علاوه بر اسناد الزام‌آور بین‌المللی، تعدادی از اسناد غیرالزام‌آور را در خود جای داده است. اسنادی که صرفاً ماهیت اعلامی دارند و غیرالزام‌آور هستند تحت عنوان اعلامیه‌ها تدوین و تصویب می‌شوند مانند اعلامیه رفع تبعیض علیه زنان.

البته برخی از اسناد الزام‌آور حقوق زنان و حقوق بشر ابتدا به‌صورت سند غیرالزام‌آور و تحت عنوان اعلامیه شکل گرفته و پس

1-. Protocol to the African Charter on Human and People's Rights on the Rights of Women in Africa (Adopted by the African Union in Maputo, Mozambique, in 2003)

2-. Inter-American Convention on the Prevention, Punishment, and Eradication of Violence against Women (adopted by the Inter-American Commission of Women in Belem do Para, Brazil, in 1994)

از آن به‌تدریج به سند الزام‌آور تدوین‌شده‌اند. می‌توان به اعلامیه رفع تبعیض علیه زنان اشاره کرد که کنوانسیون رفع تبعیض علیه زنان را به‌دنبال داشته است. باید توجه داشت که اسناد غیرالزام‌آور مانند قطع‌نامه‌های سازمان‌های بین‌المللی[1]، تأثیرگذاری زیادی در توسعه و تحول حقوق سیاسی و مدنی زنان دارند؛ یعنی هرچند قطع‌نامه‌های مجمع‌عمومی سازمان‌ملل قواعد الزام‌آور ایجاد نمی‌کنند اما می‌توانند نشانه روشن بر وجود عرف بین‌المللی باشند، به‌ویژه در مواردی که قطع‌نامه با اکثریت آرا در زمینه هنجارهای حقوق سیاسی زنان، که رابطه محکمی با سیاست دارد، به تصویب می‌رسد. بنابراین، نمی‌توان اهمیت اسناد غیرالزام‌آور را در زمینه توسعه حقوق زنان دست‌کم گرفت.

۲-۱-۱. ماهیت خاص معاهدات حقوق سیاسی زنان

در حقوق بین‌الملل حمایت از حقوق و آزادی‌های فرد، محوری‌ترین مشخصه معاهدات حقوق بشری است. این معاهدات ماهیتاً با معاهدات غیر حقوق بشری تفاوت دارند و اسناد بین‌المللی حقوق بشر ماهیت حمایتی دارند نه مبادله‌ای و دادوستدی، حقوق سیاسی زنان نیز با معاهدات متعارف بین‌المللی متفاوت است؛ زیرا حقوق سیاسی زنان در واقع همان حقوق بشر (نسل اول حقوق بشر) است و دارای همان ماهیت است. تفاوت در این است که معاهدات متعارف بین‌المللی ماهیت مبادلاتی دارد؛ زیرا هدف از تدوین آن‌ها حمایت از

1-. Resolutions of International Organizations

منافع اعضای معاهده است؛ اما هدف از معاهدات حقوق انسانی و سیاسی زنان حمایت از انسان و حقوق و آزادی‌های بنیادین فردی است و از مبادله منافع میان دولت‌ها حکایت نمی‌کند. مدلول این سخن این است که در معاهدات مربوط به نسل اول حقوق بشر، که شامل حقوق سیاسی و مدنی هر فرد انسانی اعم از زن و مرد می‌شود، حقوق و تعهدات طرفین معاهده جنبه تقابل ندارد، اقدام تلافی‌جویانه ممنوع است و تعهد یک‌طرف علت تعهد طرف دیگر به‌شمار نمی‌آید. در این نوع معاهدات، دولت‌ها معاهده را امضا و تصویب می‌کنند، ولی خود آن‌ها منافعی در معاهده ندارند. طرفین معاهده صرفاً یک هدف را دنبال می‌کنند که حمایت از منافع و آزادی‌های انسان‌هاست و هریک مستقل از تعهد طرف دیگر معاهده برای حفظ ارزش‌های پذیرفته‌شده بین‌المللی تلاش می‌کند. اما در سایر معاهدات بین‌المللی مانند معاهدات اقتصادی و تجاری و تعهدات عرفی که مربوط به امتیازها و مصونیت‌های دیپلماتیک می‌شوند، اصل تقابل نقش مهمی دارد. به‌عنوان مثال، هرگاه در معاهدات متعارفِ بین‌المللی یکی از طرف‌های معاهده مقررات آن را نقض کند، طرف دیگر می‌تواند براساس اصل تقابل، که اصل پذیرفته در حقوق بین‌الملل معاهدات است، آثار معاهده را متوقف کند یا آن را به‌حالت تعلیق درآورد. طبق این اصل، هیچ یکی از طرفین در معاهدات غیر حقوق بشری نمی‌تواند از طرف دیگر بخواهد قراردادی که خود آن را نقض کرده است، اجرا کند. کمیته حقوق بشر، که نهاد نظارتی میثاق بین‌المللی حقوق مدنی و سیاسی است، نیز تصریح می‌کند چنان‌که معاهدات حقوق بشری ماهیت مبادله بین‌الدولی ندارند، نمی‌توانند مشمول

اصل عمل متقابل میان کشورها شوند. (CCPR, ۱۹۹۶) البته پیش از کمیته حقوق بشر، «دادگاه بین‌الدولی آمریکایی حقوق بشر»[1] به این نتیجه رسیده‌بود که اصل عمل متقابل شامل معاهدات حقوق بشری نمی‌شود. طبق نظر تفسیری دادگاه، معاهدات حقوق بشر معاصر به‌طور عام و کنوانسیون آمریکایی حقوق بشر به‌طور خاص، معاهدات چندجانبه‌ای از نوع معاهدات متعارف شمرده نمی‌شوند که به‌منظور دستیابی به داد و ستد متقابل حقوق و منافع متقابل کشورهای عضو شکل گرفته باشند. موضوع و هدف این معاهدات حمایت حقوق بنیادین افراد صرف‌نظر از تابعیت آن‌ها، هم در برابر کشور متبوع خود و هم دیگر کشورهای عضو است. در وضع معاهدات حقوق بشری، دولت‌ها می‌پذیرند که خود را تسلیم نظم حقوقی کنند تا به‌خاطر خیر عمومی تعهدات متنوعی را نه در رابطه با دیگر دولت‌ها، بلکه در برابر افراد درون حوزه صلاحیت خود به عهده بگیرند.

۲-۱. عرف بین‌المللی

عرف در نظام حقوقی بین‌الملل یکی از منابع اصلی حقوق به‌شمار می‌آید؛ اما چینش کلمات در بند ۲ ماده ۳۸ اساس‌نامه دیوان بین‌المللی دادگستری دارای ابهام است. به همین دلیل برخی از نویسندگان پیشنهاد کرده‌اند که بندِ مورد نظر به این صورت بازنویسی شود: «عرف بین‌الملل آن گونه که رویه عمومی بر آن

1-. Inter-American Court of Human Rights.

دلالت دارد و به‌عنوان هنجار حقوقی پذیرفته شده‌است.» این متن پیشنهادی دو عنصر معروفی را بیان می‌کند که عرف بین‌المللی باید به‌عنوان یک منبع از آن برخوردار باشد: عنصر اول آن رویه و عملکرد عام از سوی دولت‌ها و عنصر دوم باور به الزام‌آوری حقوقی آن رویه است (حیدری، ۱۳۹۹: ۱۳۳).

عرف بین‌المللی را می‌توان این گونه تعریف کرد: «تکرار اعمال یا رفتار مشابه توسط تابعان حقوق بین‌الملل که به‌تدریج در روابط متقابل آن‌ها با یک‌دیگر جنبه الزامی و قدرت حقوقی پیدا کرده است و در نتیجه، اعتبار و ارزشی برابر با قاعده حقوقی مدون دارد» (ضیائی بیگدلی، ۱۳۹۸: ۱۵۳). عرف بین‌المللی باید به‌عنوان قاعده حقوقی پذیرفته شود (عنصر معنوی) و دولت‌ها این عمل حقوقی را در یک مدت زمان طولانی تکرار کنند (عنصر مادی). اگر هریک از این دو عنصر تشکیل‌دهنده عرف وجود نداشته‌باشد، نمی‌توان آن را منبع حقوق تلقی کرد. برای مثال، رویه و عملکرد عام میان دولت‌ها بدون اعتقاد به الزامی بودن آن، رویه به‌عنوان نزاکت بین‌المللی به‌شمار می‌آید و اگر اعتقاد به الزام‌آوری وجود داشته‌باشد، اما رویه و عملکرد عام از بین رفته باشد، باز هم عرف وجود نخواهد داشت. باید این نکته را در نظر داشت که اگر عموم دولت‌ها در ایجاد عرف شرکت کنند آن عرف جهانی است، اما اگر صرفاً چند دولت در موارد خاص به آن عمل کنند، آن عرف منطقه‌ای یا محلی به‌حساب می‌آید.

عده‌ای از نویسندگان موافقت فرضی و ضمنی دولت‌ها را خاستگاه عرف تلقی می‌کنند و آن را در مقابل معاهداتی که از موافقت صریح دولت‌ها به وجود می‌آید، قرار می‌دهند. آنان طرفدار این نظر است

که عرف یک نوع قرارداد است و براین اساس خاستگاه آن درون‌ذاتی بوده و بر اراده و رضایت دولت‌ها استوار است (مکتب اصالت اراده)؛ اما برخی دیگر، عرف را برون‌ذاتی و فراتر از اراده دولت‌ها می‌دانند و معتقدند که عرف ساخته دولت‌ها نیست؛ بلکه قواعدی هست که ریشه در وجدان حقوقی جمعی و احساس مشترک حقوقی دارد و بر دولت‌ها تحمیل می‌شود. طبق این دیدگاه، اساس عرف خارج از اراده و رضایت دولت‌ها قرار دارد. اگر عرف به‌عنوان رضایت ضمنی دولت‌ها مورد قبول واقع شود، به این معناست که قلمرو اعتبار یک قاعده عرفی محدود به دولت‌هایی خواهد بود که موافقت خود را به‌صورت ضمنی بیان داشته‌اند. در این صورت عرف نیز مانند معاهده صرفاً میان دولت‌های رضایت‌دهنده دارای اعتبار است. اما اعتقاد به برون‌ذاتی بودن عرف بین‌المللی به این معناست که عرف فراتر از اراده دولت‌ها بوده و بر آن‌ها تحمیل می‌شود، پس وسعت قلمرو اعتبار آن‌ها جهانی است. براساس نظریه دوم است که محاکم داوری، یک قاعده عرفی عمومی را مبنای داوری قرار می‌دهند هرچند یک یا هر دو طرف عرف را قبول نداشته باشد. هم‌چنان دولت‌هایی که جدیداً تأسیس می‌شوند، از همان روز استقلال تابع اصول و مقررات عرفی قرار می‌گیرند بدون این‌که لازم باشد موافقت خود را به‌صورت صریح یا ضمنی با عرف‌های موجود بین‌المللی اعلام کنند. گسترش عرف بر دولت‌های جدید را می‌توان صرفاً براساس نظریه برون‌ذاتی آن توجیه کرد. نظریه برون‌ذاتی بودن عرف در حقوق بین‌الملل معاصر پذیرفته شده و بیشتر مطابق با اوضاع و شرایط بین‌المللی است و طرفداران زیادی دارد؛ اما باید توجه داشت که نپذیرفتن یا نقض

یک عرف توسط یک یا چند دولت از اعتبار و اجبار بین‌المللی آن نمی‌کاهد (ذوالعین، ۱۳۷۷: ۶۷۵-۶۷۰).

برخی برآنند که چنان‌که هنجارهای حقوق بشری، اعم از عرفی و یا معاهداتی، ماهیت حمایتی دارد نه مبادلاتی، نقض گسترده هنجارهای حقوق بشری به اعتبار آن‌ها لطمه نمی‌زند. مبنای هنجارهای حقوق بشر و حقوق اساسی زنان رضایت دولت‌ها در شکل‌گیری‌شان نیست، بلکه وجدان اخلاقی، عقلانی و انسانی مبنای اصلی این هنجارها هست که در فرایند عقلانی و در چارچوب نظریات عدالت متبلور می‌شود (قاری سیدفاطمی، ۱۳۹۸: ۱۹۵). بنابراین، با توجه به ماهیت متفاوت نظام بین‌الملل حقوق بشر، در تلقی عرف به‌عنوان منبع حقوق افراد انسانی، تفاوت آشکار وجود دارد و عنصر رویه و عملکرد عام نقش کمتری در شکل‌گیری عرف حقوق افراد دارد و در مقابل اعتقاد به الزام‌آوری حقوق برجسته‌تر می‌باشد. با توجه به این واقعیت، بخشی از هنجارهای حقوق افراد از منبع عرفِ بین‌الملل قابل استنباط است. نقض آن‌ها وجدان اخلاقی جامعه بین‌المللی را چنان متأثر کند که به محکومیت گسترده و جدی جهانی منجر شود. پس برخی از موارد هنجارهای حقوق سیاسی زنان را می‌توان از عرف بین‌الملل استنباط کرد. کمیته حقوق بشر سازمان ملل نیز در تفسیر عمومی خود، چند مورد از حقوق مدنی و سیاسی افراد به شمول ممنوعیت برده‌داری و جلوگیری از آزادی اندیشه، عقیده و مذهب را از مصادیق هنجارهای عرفی حقوق بشری برشمرده است و اِعمال حق شرط را در این نوع از حق‌ها ممنوع کرده است. در واقع کمیته حقوق بشر در نظریه تفسیری خود نکته مهمی را در زمینه ایراد شرط

بر میثاق حقوق مدنی و سیاسی مطرح کرده است که می‌تواند در اسناد بین‌الملل حقوق زنان نیز قابل اعمال باشد. براساس تفسیر این کمیته، گرچه میثاق حقوق مدنی و سیاسی گونه‌ها و انواعی از شرط‌ها را منع و یا تجویز نکرده‌است؛ اما این بدان معنا نیست که بتوان هرگونه شرطی را به میثاق وارد کرد. شرط‌هایی که هنجارهای لازم‌الرعایه و غیرقابل‌تغییر میثاق را نادیده می‌گیرند با اهداف و مقاصد میثاق ناسازگارند. بنابراین دولت‌ها نمی‌توانند با اعمال شرط از زیر بار تعهداتی که به‌صورت عرف بین‌الملل در آمده‌اند شانه خالی کنند.

۳-۱. اصول کلی حقوق

بعد از معاهده و عرف، ماده ۳۸ اساس‌نامه دیوان بین‌المللی دادگستری «اصول کلی حقوق»[1] را به‌عنوان سومین منبعِ مورد استناد دیوان برشمرده است که برخی آن را به «روح حقوق» تعبیر کرده‌اند و قدرت الزام درونی این اصول را به‌دلیل ابتنای آن‌ها در وجدان اخلاقی و عقلانیت هنجاری انسان‌ها می‌دانند. البته کاستی‌هایی در متن فارسی این قسمت از ماده که چنین ترجمه شده‌است: «اصول عمومی حقوقی که مقبول ملل متمدن است» وجود دارد. برخی از نویسندگان براین باورند که این متن: «اصول کلی حقوق که توسط ملل متمدن شناخته‌شده است» به چند دلیل ترجمه رساتر است و باید جایگزین شود. اول این‌که در ترجمه «اصول کلی» به‌جای «اصول

1- . The general principles of law

عمومی» رساتر و مناسب‌تر است و دوم این‌که در متن اصلی انگلیسی «اصول حقوق» (The principles of law) گفته شده‌است نه «اصول حقوق». سوم، ترجمه درست واژه (Recognized) «شناخته‌شده» یا به تعبیر دقیق‌تر «بازشناخته شده» است نه «مقبول». از نظر مفهوم نیز بیان «ملل متمدن» زاید و بی‌مورد است؛ چون این اصطلاح مربوط به آثار نویسندگان قرن نوزدهم و دهه‌های نخست قرن بیستم به کار می‌رفت و منظور ملت‌هایی بود که تمدن اروپایی را پذیرفته‌بودند؛ اما این ماده که در سال ۱۹۲۰ در اساس‌نامه دیوان دایمی دادگستری بین‌المللی تدوین شده بود، بدون کم وکاست از طرف نمایندگان ملل متحد در اساس‌نامه دیوان دادگستری بین‌المللی حفظ شد؛ اما بهتر بود به این صورت بازنویسی می‌شد: «اصول کلی حقوق که توسط مللی که دارای سیستم‌های حقوقی متفاوت هستند شناخته‌شده است». بنابراین، بسیاری از نویسندگان قسمت (ج) ماده ۳۸ اساس‌نامه را مبهم و ناقص تلقی می‌کنند؛ چون هم در مورد اصول کلی حقوق و هم در تعریف ملل متمدن ابهام و اجمال وجود دارد (ذوالعین، ۱۳۷۷: ۶۹۹-۶۹۷). به‌صورت خلاصه، از ماده ۳۸ در مورد اصول کلی حقوق دو نکته قابل استنباط است. اول این‌که اصول کلی حقوق منبعی مستقل در حقوق بین‌الملل به‌شمار می‌آید و در درجه معاهدات و عرف قرار دارد. دوم این‌که این اصول باید توسط دولت‌ها شناخته‌شده باشد. البته دیدگاه‌های متفاوت میان طرفداران مکتب حقوق طبیعی (که این اصول را از جمله حقوق طبیعی می‌دانند) و حقوق وضعی در مورد ماهیت و هم‌ردیف بودن اصول کلی حقوق با معاهدات و عرف وجود دارد؛ چنان‌که برخی این اصول را صرفاً در

حقوق داخلی کشورها و بعضی دیگر در حقوق بین‌الملل معتبر تلق می‌کنند. اما عده‌ای از نویسندگان، از جمله شارل روسو، معتقدند که اصول کلی حقوق کلیه این اصول است، اعم از این‌که ریشه در حقوق داخلی یا در حقوق بین‌الملل و یا هر دو داشته‌باشد و اصل وفای به عهد، اصل حسن نیت و اصل عدم سوء استفاده از حق را به‌عنوان مصداق‌های اصول کلی مشترک در حقوق بین‌الملل معاصر یاد کرده‌اند (ذوالعین، ۱۳۷۷: ۷۰۶-۷۰۵).

برخی از عالمان حقوق، معاهده و عرف را برتر از اصول کلی حقوق می‌دانند و معتقدند که قابلیت اجرایی اصول نسبت به معاهده و عرف به‌مراتب کمتر است و اصول کلی حقوق در صورتی نقش سازنده ایفا می‌کند که با یک قاعده معاهده‌ای یا عرفی بنیادین حقوق بین‌الملل مغایرتی نداشته‌باشد. شارل روسو این باور را براین قاعده معروف استوار می‌داند که «قانون خاص، ناسخ قانون عام است». به این معنا که قاعده خاص (معاهده یا عرف) بر قاعده عام (اصول کلی حقوق) برتری دارد و در صورت مغایرت، آن را نسخ می‌کند (ضیائی بیگدلی، ۱۳۹۸: ۱۶۷).

به هرحال، نظام بین‌الملل حقوق بشر، که حقوق سیاسی زنان جزء جدایی‌ناپذیر آن است، ماهیت حمایتی دارد و به این دلیل ایجاد شده‌است که نمی‌توان در نظام‌های ملی اکثر کشورها به مشترکاتی دست‌یافت که بتواند در تعیین هنجارهای حقوق سیاسی زنان در عرصه بین‌الملل تأثیرگذار و کمک‌کننده باشد. بنابراین، نظام بین‌الملل به وجود آمده است تا خلأهایی که در نظام‌های داخلی در حمایت از کرامت، حقوق و آزادی‌های فردی وجود دارد را پر کند. به نظر

می‌رسد که اصول کلی حقوق در حوزه حقوق سیاسی زنان نقش نسبتاً کمتری دارد.

۴-۱. رویه قضائی و دکترین حقوقی

پس از بیان معاهده، عرف و اصول کلی حقوق، ماده ۳۸ اساس‌نامه دیوان بین‌المللی دادگستری، تصمیمات قضائی و دکترین حقوقی را صراحتاً به‌عنوان منابع فرعی یا کمکی معرفی می‌کند. رویه قضائی و عقاید دانشمندان حقوقی بیشتر در تفسیر قواعد حقوق بین‌الملل و تأیید یا تحکیم منابع سه‌گانه اصلی قابل استفاده هستند؛ اما نمی‌توانند قاعده حقوقی ایجاد کنند. به‌عنوان مثال، دیوان می‌تواند در نبود معاهده به عرف استناد کند و اگر موضوعی در عرف یافت نشد، بر مبنای اصول کلی حقوق حکم صادر کند؛ اما در نبود این سه تا، نمی‌تواند حکم خود را براساس رویه قضائی یا دکترین حقوقی صادر کند (ذوالعین، ۱۳۷۷: ۷۱۳). برخی از نویسندگان معتقدند که رویه قضائی صرفاً نقش اعلامی دارد و قضاتِ مراجع قضائی بین‌المللی براساس قواعد و هنجارهای از پیش شکل‌گرفته و موجود که به‌نحوی مبتنی بر رضایت و توافق دولت‌ها هستند، حکم صادر می‌کنند. بنابراین دیوان در فیصله قضایی‌اش فقط قواعد و هنجارهای قابل انطباقِ مرتبط با یک قضیه خاص را اعلام می‌کند؛ اما به‌هیچ‌وجه در ایجاد هنجارهای حقوق بشری و حقوق سیاسی زنان نقشی ندارد (Dixon M., ۱۹۹۸: ۳۸). در مقابل، کسانی دیگر این دیدگاه را در مورد نقش رویه قضائی در حوزه حقوق بین‌الملل غیرواقع‌بینانه می‌دانند

و براین باورند که نهادهای قضائی بین‌المللی در عرصه هنجارسازی نیز نقش دارند. «نقش تصمیمات این دادگاه در شفاف‌سازی و گاه تثبیت هنجارهای عرفی بین‌المللی به نظر غیرقابل‌انکار است. هم‌چنین نمی‌توان از تأثیر آرای این دیوان بر جهت‌گیری‌ها و نحوه عمل بعدی دولت‌ها غافل بود. بنابراین آرا می‌توانند زمینه شکل‌گیری عرف‌های آتی و یا حتی تعهدات قراردادی را فراهم کنند.» طبق این دیدگاه می‌توان هنجارسازی تصمیمات قضائی را با استناد به نقش تفسیری قضات تفسیر نمود؛ یعنی هرچند قضات اکثراً به‌استناد هنجارهای از پیش شکل‌گرفته رأی می‌دهند، اما این رأی، براساس تفسیر قضات به وجود می‌آید و این تفسیر نقش بزرگی در به فعلیت درآوردن هنجارهای حقوقی دارد. در واقع آنچه عملاً به آن حکم شده و اجرا می‌شود، قرائت و تفسیر قضات - که می‌تواند نسبت به یک قاعده هم نقش توسعه و هم نقش تطبیق داشته‌باشد - از یک هنجار و قاعده است نه یک قاعده عریان و بی‌واسطه حقوقی (قاری سیدفاطمی، ۱۳۹۸: ۲۰۶-۲۰۵). چنان‌که حوزه حقوق بشر، به شمول حقوق سیاسی زنان، بیشتر از قابلیت تفسیر برخوردار است، به نظر می‌رسد که نقش تصمیمات قضائی بین‌المللی در توسعه یا تضییق رویکرد حمایتی حقوق بشری و سیاسی زنان بارزتر است.

منظور از دکترین حقوقی، عقاید و آموزه‌های جمعی دسته‌ای از «برجسته‌ترین» یا به تعبیر دقیق‌تر «با صلاحیت‌ترین» صاحب نظران حقوق بین‌الملل است. اندیشه‌های حقوق‌دانان برجسته منبع مستقل شمرده نشده و نمی‌توانند به‌صورت مستقیم هنجارهای حقوق بشری ایجاد کنند. هرچند حقوق‌دانان برجسته بین‌المللی صلاحیت

وضع قواعد حقوقی را ندارند؛ اما اندیشه‌های آنان در تفسیر هنجارهای حقوق بشری و سیاسی افراد و معاهدات بین‌المللی، ابهام‌زدایی از قواعد عرفی، کشف و تعیین اصول عمومی حقوق، و همکاری در ایجاد رویه قضائی نقش مؤثر و ماندگار دارند (ذوالعین، ۱۳۷۷: ۷۲۸-۷۲۷) و تدوین‌کنندگان و تصویب‌کنندگان اسناد و کنوانسیون‌های حقوق بشری و ذهنیت عمومی جامعه جهانی را تحت‌تأثیر قرار می‌دهند.

۲. منابع دینی حقوق سیاسی زنان

به نظر می‌رسد که فقیهان و عالمان مسلمان به دو روش به حقوق سیاسی زنان می‌پردازند: روش اول، به‌صورت مستقیم به قرآن و سنت مراجعه نموده و آیات و روایاتی را که به‌طور صریح یا ضمنی حقوق سیاسی زنان را به رسمیت شناخته‌اند، استخراج می‌کنند. روش دوم به سیره عُقلا مراجعه می‌کنند. اگر موردی به‌عنوان حقوق سیاسی انسان‌ها از نظر عقل اثبات شد و عُقلا چنین حق را از حیث عاقل بودن تأیید کرد، دین نیز این حق را به رسمیت می‌شناسد؛ زیرا عقل و سیره عقلا از جمله منابع فقهی می‌باشد. براساس قاعده ملازمه (هر آنچه عقل به آن حکم کند، شرع نیز به آن حکم خواهد کرد) بسیاری از مصادیق حقوق سیاسی زنان در اندیشه دینی معاصر قابل‌تأیید است.

یکی از نواندیشان دینی می‌گوید که حقوق سیاسی با انسان‌شناسی ارتباط مستقیم دارد و به رسمیت‌شناختن حقوق سیاسی افراد، تنها از اندیشه‌ای بر می‌آید که به کرامت انسانی باور دارد. او براین نظر

است که پذیرش حقوق سیاسی زنان در اندیشه دینی، ضمانت اجرایی رعایت آن را قوی‌تر می‌سازد؛ زیرا پشتوانه بیرون‌دینی این حقوق قرارداد اجتماعی است و نقض آن صرفاً مجازات دنیوی را در پی دارد. اما به رسمیت شناخته شدن حقوق سیاسی زنان از سوی دین، آن را بر ضوابط شرعی و وجدان دینی نیز متکی می‌سازد و عدم رعایت آن، علاوه بر مجازات دنیوی، عقاب اخروی هم در پی دارد؛ بنابراین اگر حقوق سیاسی در کنار حق‌الناس شرعی در جامعه دینی نهادینه شود، دین و ایمان پشتوانه مطمئن رعایت این حقوق می‌شود و انتظار رعایت حقوق سیاسی زنان در یک جامعه دینی بیش از جوامع دیگر وجود دارد (کدیور، ۱۳۷۷). فقیهان در نظام حقوقی دینی برای فهم و استنباط یک حکم مانند حقوق سیاسی زنان، اول به سراغ متون دینی می‌روند که در ادبیات فقهی از آن به ادله احکام تعبیر می‌شود که عبارت از منابع ماهوی و تفسیری‌اند.

۱-۲. منابع ماهوی

منظور از منابع ماهوی حقوق سیاسی زنان در اسلام، سرچشمه‌های اصیل احکام و وضع‌کننده قواعد است که قرآن و سنت را در بر می‌گیرد.

۱-۱-۲. قرآن

به باور مسلمانان اراده خداوند در متن مقدس (قرآن) ظهور پیدا کرده و قرآن مجموعه‌ای از قواعد اخلاقی و حقوقی است که به‌صورت تدریجی از طریق وحی بر پیامبر اسلام نازل شده‌است و خلیفه سوم آن را به شیوه کنونی تدوین کرده است. صورت‌بندی کلام خداوند در قالب متن به‌عنوان یک سند دینی و حقوقی آغازگر رویکرد متن‌گرا به قرآن بود که در سده‌های بعدی به اوج خود رسید.[۱] این کتاب مقدسِ مسلمانان، مهم‌ترین منبع حقوق و اثبات احکام به‌شمار می‌آید و حجیت سایر منابع دینی و ادله فقهی به‌وسیله آن اثبات و یا تأیید می‌شود. از دیدگاه مفسران و عالمان دینی، نصوص قرآنی به‌دلیل قطعیت صدور و انتساب آن به منبع وحیانی، دارای جایگاه برتر نسبت به سایر نصوص دینی است.

۲-۱-۲. سنت

سنت دومین منبع حقوق در نزد فقیهان شیعه و سنی شمرده می‌شود که بیان‌کننده مقصود واقعی قرآن است. گفتار و کردار و تقریر پیامبر اسلام را در امور شرعی سنت می‌گویند.[۲] بدین معنا که هرچه را پیامبر

۱-. برخی از عالمان و نواندیشان دینی به این واقعیت اشاره کرده‌اند که وحی در یک فرهنگ شفاهی نازل شده است و در قالب داده‌های تاریخی-زبانی به مردم عرضه شد. اما بعد از پیامبر، این «فرهنگ شفاهی» به یک «فرهنگ مکتوب» تبدیل شد و امروزه مسلمانان خطاب وحیانی خداوند را صرفاً از درون متن می‌شنوند و راه مستقیم به درک آیات و روایات و شناخت شخصیت پیامبر و سایر بزرگان دینی وجود ندارد. از آن‌جاکه نزول وحی و مواجهه مردم با آن و هم شخصیت پیامبر تبدیل به واقعیت‌های تاریخی شده است، نمی‌توان آیات و روایات و داد و ستدها و خطاب‌ها را آن‌چنان‌که در فرهنگ شفاهی فهمید، از متن به دست آورد. حتی اثرگذاری این خطاب‌ها در فرهنگ شفاهی و فرهنگ مکتوب متفاوت خواهند بود.

۲-. در بارهٔ مبنا و نقل سنت میان مذهب شیعه و عامه (حنفی، مالکی، شافعی و حنبلی) دو اختلاف

در مورد احکام شرعی بگوید یا به هرگونه که رفتار کند یا هر کار را که دیگران در حضور او انجام دهند او منع یا انکار نکند، از احکام دین شمرده می‌شود. به حکایت سنت در حقوق اسلام «خبر» یا «حدیث» اطلاق می‌شود.

پیامبر به‌عنوان الگوی نیکویی[1] سرچشمه سنت تلق شده و قرآن به تبعیت از او فرمان می‌دهد. در سوره نساء آمده است: «هرکس از پیامبر پیروی کند در حقیقت از خداوند پیروی کرده است.»[2] در سوره دیگری بیان شده‌است: «آنچه پیامبر شما را دهد آن را بپذیرید و آنچه شما را از آن باز دارد، از آن دست بردارید.»[3] به نظر می‌رسد این آیات بر الزام‌آور بودن سنت دلالت داشته‌باشند. اما دکتر یوسف قرضاوی براین نظر است که عمل به سنت پیامبر صرفاً مشروع و مباح است و در صورتی واجب می‌شود که دلیل و قرینه‌ای بر وجوب پیروی از آن وجود داشته‌باشد و به همین دلیل گاهی برخی از خلفای راشدین سنت پیامبر را به مصلحتی در عصر رسول مربوط دانسته و به آن عمل نمی‌کردند (قرضاوی، ۱۳۹۰: ۱۳۰).

قلمرو سنت وسیع‌تر از قرآن است و می‌تواند دو نقش (تفسیری و تکمیلی) داشته‌باشد. از آن‌جا که اجرای احکام قرآن اکثراً نیاز به

جدی وجود دارد: اول، در مذاهب چهارگانهٔ عامه، صرفاً گفتار، کردار و تقریر پیامبر به عنوان سنت پذیرفته می‌شود، اما در نزد شیعه، گفتار و کردار و تقریر امام نیز از جملهٔ سنت است و آن‌چه از پیامبر و ۱۲ امام او نقل شده است، به عنوان سنت از منابع اسلامی حقوق به شمار می‌آید. دوم، در فقه جعفری، هر خبری که سلسلهٔ راویانش به پیامبر یا یکی از ۱۲ امام نرسد، قابل اعتبار نیست؛ اما مذاهب چهارگانه اهل سنت سند خبری که به یکی از صحابه یا تابعین پیامبر برسد، اکتفا می‌کنند (نک: کاتوزیان، ۱۳۹۱: ۱۱۵).

۱-. لَقَدكَانَ لَكُم فِي رَسُولِ ٱللَّهِ أُسوَةٌ حَسَنَة، احزاب/۲۱.

۲-. مَنْ يُطِعِ الرَّسُولَ فَقَدْ أَطَاعَ اللَّهَ، نساء/۸۰ .

۳-. وَمَا آتَاكُمُ الرَّسُولُ فَخُذُوهُ وَمَا نَهَاكُمْ عَنْهُ فَانْتَهُوا، حشر/۷.

تفسیر دارد، پیامبر با صلاحیت‌ترین شخص در تعیین معنا و مقصود واقعی آیات الهی است. در واقع سنت یگانه منبع لازم برای شناخت بستر و بافتارهای نزول آیات قرآن و رخدادهای تاریخی است که وحی را در بر گرفته است. فرایندی که ۲۳ سال طول کشید. از طرف دیگر، سنتِ پیامبر نقش تکمیلی دارد و در مسائلی که قرآن نسبت به آن ساکت است، سنت به مثابه منبع اصیل، قاعده وضع می‌کند. اصالت سنت در وضع حکم مبتنی بر دو مقدمه است: اول این‌که حکم تمام روابط سیاسی و اجتماعی و یا حداقل تفصیل آن حکم در قرآن یافت نمی‌شود. دوم این‌که پیامبر از خود سخنی به هوا نمی‌گوید.[1] بنابراین پیامبر می‌تواند به‌عنوان شارع قاعده وضع کند (کاتوزیان، ۱۳۹۰: ج ۲۶۰/۲-۲۵۹).

۲-۲. منابع تفسیری

دسته دوم از منابع دارای قدرت وضع اصول و قواعد نیست؛ بلکه براین دلالت دارد که قاعده‌ای از منابع ماهوی گرفته شده‌است و این منابع شامل اجماع و عقل و قیاس می‌شود.

۱-۲-۲. اجماع

یکی از مهم‌ترین منابع اسلامی حقوق که شیعه و سنی آن را مطرح کرده‌اند اجماع است؛ اما در مورد تعریف و مبنای حقوقی اجماع میان مذاهب عامه و شیعه اختلاف است. گروه اول به‌دلیل وجود آیات و

۱- . وَمَا يَنطِقُ عَنِ ٱلْهَوَىٰ، نجم/۳.

روایات براین باور است که هیچ‌گاه اجتماع مسلمانان به خطا نمی‌رود و اتفاق مجتهدان در یک عصر خاص و اتفاق اهل حل و عقد از جمله‌ی احکام دین تلقی می‌شود. عالمان امامیه نیز اجماع را حجت می‌دانند؛ اما به مثابه دلیل مستقل نمی‌شناسند، بلکه آن را کاشف از سنت می‌خوانند و از نظر آنان، اجماع «اتفاق جماعتی است که کاشف از رأی معصوم باشد» (کاتوزیان، ۱۳۹۱: ۱۱۶). فقیهان معتقدند که «اجماع بدون یک مبنای متنی، یا به تعبیر فقها بدون وجود «دلیل»، شکل نمی‌گیرد. حتی اگر نتوان در یک اجماع دلیل مزبور را کشف کرد. برای مثال به سبب فاصله زیاد زمانی، باید همیشه فرض را براین گذاشت که اجماع مذکور براساس وحی شکل گرفته است» (حلاق، ۱۳۹۸: ۱۲۷).

۲-۲-۲. عقل و قیاس

قیاس برای فقیهان عامه منبع چهارم حقوق به‌شمار می‌آید. هرگاه حکم ثابت در یک موضوع، به‌دلیل اشتراک در علت، در موضوع دیگر اجرا شود، موضوع دوم با مسأله اول قیاس شده‌است. در اصطلاح علم اصول، موضوع اول که حکم آن از طرف شرع معین شده‌است «اصل» و موضوع دوم «فرع» و علت مشترک آن دو «جامع» می‌گویند. به‌عنوان مثال، اگر در شرع حرمت شُرب خمر معلوم باشد و مشروب الکلی دیگری در اثر قیاس با آن حرام دانسته شود، حرمت خمر را اصل و حرمت آن مشروب الکلی را فرع و علت حکم مشترک که سکرآور بودن است جامع نامیده می‌شود. در فقه

امامیه، قیاس صرفاً در صورتی جواز دارد که علت حکم در شرع معین باشد؛ چون عقل بشر توانایی درک علت حقیقی احکام را ندارد؛ اما اهل‌سنت قیاس را در مورد علت استنباط شده نیز درست می‌داند (کاتوزیان، ۱۳۹۱: ۱۲۷).

در مذهب شیعه، «عقل» یا «دلایل عقلی» منبع چهارم حقوق است و منظور از آن احکام عقلی است که از راه دانستن آن‌ها حکم شرع آشکار می‌شود. احکام عقلی دو دسته‌اند: اول، آنچه عقل به‌صورت مستقیم و بدون دخالت شرع به آن حکم می‌کند و به آن «مستقلات عقلی» می‌گویند. دوم، احکامی که عقل آن‌ها را از اوامر و نواهی شرع استنباط می‌کند؛ مانند مفاهیم و استلزامات عقلی. به‌عنوان مثال، هرگاه عقل موضوعی را به این دلیل که مقدمه امر واجب است، واجب می‌داند، یا موضوعی را به این دلیل که ضد امر واجبی است حرام می‌شمارد. حکم به وجوب را «مقدمه واجب» و حرمت ضد را «استلزامات عقلی» احکام شرع می‌گویند. (کاتوزیان، ۱۳۹۱: ۱۱۷-۱۱۶).

در نتیجه، می‌توان گفت: «اگر حکم چیزی در متون دینی صریحاً بیان شده باشد، در این صورت نباید نسبت به قصد خداوند تردیدی روا داشت؛ ولی اگر متون صرفاً امارات و نشانه‌هایی را به‌دست دهند، در این صورت فقیه باید سعی کند قصد الهی را کشف کند؛ اگرچه هیچ تضمینی وجود ندارد که حکم استنباطی فقیه همان حکمی باشد که مد نظر خداوند بوده است؛ اما حکم مزبور باید به مثابه حکم صادق پذیرفته شود؛ زیرا از متون استخراج شده‌است» (حلاق، ۱۳۹۸: ۶۷-۶۶).

جمع‌بندی

با توجه به آنچه در این فراز بیان شد، در یک جمع‌بندی کوتاه به این نتیجه می‌رسیم که:

۱. در مورد مبانی حقوق سیاسی زنان یک توافق فرافرهنگی وجود دارد. کرامت، برابری و آزادی از جمله اصول مشترک جهانی و مهم‌ترین مبانی حقوق سیاسی زنان‌اند و براین اساس همه باید صرف‌نظر از مذهب، نژاد و جنسیت از حق‌های سیاسی برابر برخوردار باشند. اخلاق کانتی و کرامت ذاتی انسان به‌خوبی می‌توانند چارچوب نظری در توجیه حقوق سیاسی افراد، اعم از زن و مرد، ارائه کنند. کرامت داشتن و غایت بودن انسان اقتضای بهره‌مندی از حقوق و آزادی‌های سیاسی را دارند و سلب این حقوق و آزادی‌ها به‌معنای رفتار ابزاری با انسان و در نهایت نادیده گرفتن کرامت انسانی اوست.

۲. هرچند حقوق و آزادی‌های افراد بشر به‌نحوی که در اسناد بین‌المللی دسته‌بندی‌شده‌اند در هیچ دینی وجود ندارد؛ اما این به‌معنای ناسازگاری ادیان با اصول بین‌المللی حقوق بشر نیست. اکثر مذاهب و ادیان جهان توجه خاصی به زنان و حقوق آنان داشته و امروزه کمتر کتاب مقدس را می‌توان یافت که بخش قابل توجهی از ادبیات دینی و یا دکترین حقوقی آن مربوط به زنان نباشد. ادیان جهان و اسناد بین‌الملل هر دو توافق دارند که انسان به‌خاطر دمیده شدن روح خداوند در او و برخوردار بودن از عقل و وجدان دارای کرامت است و باید با او به‌عنوان غایت بالذات رفتار شود.

فصل سوم

حقوق سیاسی زنان در اسناد بین‌الملل

حقوق سیاسی زنان بخش لازم و جداناشدنی حقوق جهانی بشر است. مشارکت کامل و برابر زنان در حوزه سیاسی در سطح ملی، منطقه‌ای و بین‌المللی و هم‌چنان حذف هرگونه تبعیض جنسیتی در بهره‌مندی از حقوق و آزادی‌های سیاسی از اهداف اولیه جامعه بین‌المللی است. در این فصل مصادیق حقوق سیاسی مقرر در اسناد بین‌الملل حقوق بشری بحث خواهد شد.

گفتار اول: حق رأی

آزادی‌های عمومی و مشارکت در تعیین سرنوشت سیاسی که در قالب حق «انتخاب‌کردن» و «انتخاب شدن» تجلی می‌یابد، از جمله حقوق سیاسی است که زنان نیز در این مجموعه قرار می‌گیرد. حق رأی برای

شهروندان از طریق برگزاری انتخابات آزاد، بدون مداخله حمایتی دولت ممکن نیست و براساس اصل عدم تبعیض همه افراد، اعم از زن و مرد، باید بتوانند در شرایطی برابر حق خود را اعمال کنند. در این گفتار به‌حق رأی (حق انتخاب‌کردن و انتخاب شدن) پرداخته خواهد شد.

۱. مبانی نظری حق رأی

حق رأی وسیله مشارکت افراد در تعیین سرنوشت سیاسی است که برای آنان این امکان را فراهم می‌سازد تا زمام‌داران خود را انتخاب کنند. در واقع بحث و گفت‌وگو در مورد مبانی حق‌ها سال‌هاست که در میان مکتب‌های متعدد ادامه دارد و هیچ‌کدام از ایده‌های رقیب هنوز موفق نشده است تا دیگری را کاملاً از صحنه خارج کند. در این بند، به مبانی اخلاقی حق انتخاب‌کردن و انتخاب شدن به‌طور جداگانه به‌عنوان مهم‌ترین حق‌ها و آزادی‌های مطرح در حق مشارکت سیاسی پرداخته خواهد شد.

۱-۱. مبانی اخلاقی حق انتخاب‌کردن

حق انتخاب‌کردن متصدیان حکومت ریشه در اصل اخلاقی عدم ولایت دارد. بدین معنا که انسان‌ها، اعم از زن و مرد، از قید سرپرستی و ولایت افراد دیگر آزادند و هیچ‌کس حق ندارد بدون رضایت شخص در حوزه اختیارات او دخل و تصرف کند. از جنبه دیگر، می‌توان این حق را به اصل برابری انسان‌ها تقلیل داد. یعنی از آن‌جا

که همه افراد در انسان بودن با هم مساوی‌اند، حکم راندن و محدود کردن آزادی انسان‌ها بدون رضایت و انتخاب آن‌ها از نظر اخلاقی قابل قبول نیست.

به نظر می‌رسد که نگاه کانتی به اصل آزادی اولیه که تجلی آن، اصل اخلاقی عدم ولایت افراد بر یک‌دیگر است، بهترین تفسیری باشد که نظریه پردازان اخلاقی از این اصل ارائه داده‌اند. کانت با طرح اصل بنیادین اخلاقی «غایت بودن انسان» که روی دیگر آن اصل منع استفاده ابزاری از انسان است، بنای مستحکم‌تر و سازگارتری را نسبت به جان لاک پایه‌گذاری کرد. جان‌لاک اصل اولیه آزادی را در پیوند با وضع طبیعی انسان‌ها می‌دید. هرچند نظریه قرارداد اجتماعی لاک بر مبنای همان اصل اولیه آزادی و عدم ولایت بنا نهاده شد، اما نمی‌توان بر مبنای دیدگاه او نظریه عدالتی ارائه کرد که به‌صورت سازگار توانایی پوشش همه ابعاد حق انتخاب را داشته‌باشد. یکی از نویسندگان با اشاره به دیدگاه کانت در مورد مبنای اخلاقی حق انتخاب‌کردن بیان می‌دارد: «ارجاع و تفسیر حیثیت و کرامت انسانی به‌حق انتخاب و آزادی اراده در تعیین سرنوشت فردی چنان بنای مستحکم اخلاقی‌ای برای این جلوه از حیات انسانی فراهم کرده که راه گریز از به رسمیت‌شناختن این حق را برای هر آن‌که به انسان اخلاقی و عدالت اجتماعی می‌اندیشد، بسته‌است. به دیگر سخن اساساً نمی‌توان از یک‌سو از انسان مسؤول و اخلاقی و هم‌چنین نظام اجتماعی عادلانه سخن گفت و در عین حال آزادی انتخاب افراد را انکار کرد. اخلاقی بودن انسان و عادلانه بودن نظام‌های اجتماعی در گرو ایده قدرتمند حق انتخاب است» (قاری سیدفاطمی، ۱۳۹۶: ۷۶-۷۵).

اصل غایت بودن انسان که در حق انتخاب فردی زن و مرد تجلی می‌یابد، در عرصه قواعد هنجاری سیاسی نقش مهمی دارد. طبق این اصل، افراد دیگر نمی‌توانند برای انسان بالغ و عاقل تصمیم بگیرند؛ زیرا تصمیم‌گیری دیگران به‌معنای نادیده گرفتن انسانیت انسان و استفاده ابزاری از او است. شخص عاقل و بالغ در صورتی مسؤول است که خود تصمیم‌گیرنده باشد و زمانی می‌توان عمل او مستحق مدح یا ذم اخلاقی دانست که با اراده آزاد انتخاب شده باشد. نتیجه حقوقی این حق اخلاقی، ممنوعیت ولایت سیاسی و به رسمیت‌شناختن حق انتخاب آزاد در تعیین سرنوشت سیاسی است (قاری سیدفاطمی، ۱۳۹۶: ۷۶).

۲-۱. مبانی اخلاقی حق انتخاب شدن

پذیرش اصل عدم ولایت و اصل غایت بودن انسان به همان اندازه که مبنای مستحکم اخلاقی برای حق انتخاب‌کردن تدارک می‌بیند، بنای محکم و سازگاری برای حق انتخاب شدن نیز فراهم می‌کند. همان طوری که کسی حق انتخاب‌کردن به‌جای دیگران را ندارد، به همان ملاک حق ندارد به‌جای افراد دیگر تصمیم بگیرد که چه کسی می‌تواند یا نمی‌تواند به‌عنوان نماینده او انتخاب شود و جنسیت به‌هیچ‌وجه نمی‌تواند به‌عنوان مانع تلقی شود. ایجاد مانع در انتخاب شدن افراد به‌معنای تصمیم‌گیری به‌جای دیگران در انتخاب‌کردن است و اعمال ولایت سیاسی با حیثیت و کرامت انسانی که در آزادی انتخاب از یک‌طرف و منع استفاده ابزاری انسان از طرف دیگر تجلی

یافته‌است، در تعارض قرار دارد. اصل اولیه آزادی اقتضا دارد که افراد بالغ و عاقل دارای این اختیار باشند که خود را برای نمایندگی سایر افراد عرضه نمایند و کسانی دیگر اخلاقاً حق ندارند از اعمال این حق جلوگیری کنند؛ یعنی انسان‌ها، اعم از زن و مرد، به‌دلیل داشتن استقلال و آزادی می‌توانند تصمیم بگیرند که خود را برای انتخاب شدن عرضه کنند یا خیر. در حقیقت منع افراد از نامزد شدن، مداخله در حوزه انحصاری اختیارات فرد است (قاری سیدفاطمی، ۱۳۹۶: ۷۷-۷۶).

البته آزادی فرد در انتخاب‌کردن و انتخاب شدن، مطلق و بدون قید و شرط نیست؛ اما دو نکته مهم را باید در ارتباط این محدودیت‌ها در نظر داشت. اول، این محدودیت‌ها خلاف اصل است و باید کاملاً به‌نحوی استثنائی اعمال شوند. دوم، همین محدودیت‌های استثنائی باید عادلانه یا از نظر اخلاقی قابل توجیه باشند و چارچوب آزادی را صرفاً عدالت تعیین می‌کند. هرچند آزادی خود از عناصر و بلکه مبنای نظری نظریه عدالت است؛ اما این به‌معنای گرفتار شدن به‌دور باطل نیست. اصل اولیه آزادی انسان همان اصلی است که انسان‌ها براساس آن بر حدود آزادی برای داشتن زندگی مطلوب‌تر توافق می‌کنند. هرچند محصول توافق عقلانی افراد در تضمین آزادی خود به‌نحوی محدود کردن آزادی است؛ اما به‌دلیل آن‌که با هدف تضمین آزادی صورت گرفته اخلاقاً موجه است (قاری سیدفاطمی، ۱۳۹۶: ۷۸-۷۷).

۲. حق رأی در اسناد بین‌الملل

حق انتخاب‌کردن و انتخاب شدن در اسناد متعدد بین‌المللی بیان شده‌است که در اینجا به آن پرداخته می‌شود.

۱-۲. منشور ملل متحد (۱۹۴۵)

توسعه و اعتلای روابط دوستانه میان ملت‌ها براساس رعایت و احترام به اصل برابری حقوق و تعیین سرنوشت یکی از اهداف منشور ملل متحد[۱] است که در بند دوم ماده اول منشور بیان شده‌است. در بند سه همین ماده، همکاری بین‌المللی در تشویق رعایت و احترام به حقوق و آزادی‌های بنیادین افراد بدون هر نوع تبعیض نژادی، جنسیتی، دینی و مذهبی از جمله اهداف سازمان ملل شمرده شده‌است. هرچند استفاده عبارت «حق تعیین سرنوشت» در کنار واژه «مردم»، حق تعیین سرنوشت ملت‌ها یا حق بر استقلال و خودمختاری را به ذهن متبادر می‌سازد، اما یکی از نویسندگان معتقد است که حق تعیین سرنوشت ماهیت فردگرایانه دارد و حق تعیین سرنوشت جمعی در نهایت به حق‌های فردی فروکاسته می‌شود و حق‌های جمعی در واقع حاصل جمع حق‌های فردی است. به سخن دیگر، حق تعیین سرنوشت ملت‌ها در نهایت حاصل جمع حق تعیین سرنوشت افراد است. حق انتخاب افراد در قلمرو سرزمینی در نهایت به مثابه حق تعیین سرنوشت ملت‌ها نمود خواهد یافت. در واقع حق تعیین سرنوشت ملت‌ها بدون قبول کردن حق انتخاب فردی، بنیاد

1- . Charter of the United Nations

نظری خود را از دست می‌دهد. به این دلیل است که منشور ملل متحد حق تعیین سرنوشت را در کنار ضرورت احترام و رعایت حقوق و آزادی‌های بنیادین فردی ذکر کرده است (قاری سیدفاطمی، ۱۳۹۶: ۸۰-۷۹).

۲-۲. منشور بین‌المللی حقوق بشر

تبدیل اعلامیه جهانی به معاهدات قابل‌اجرا زمانی انجام شد که قدرت‌های بزرگ درگیر جنگ سرد بودند. از این رو نزدیک به دو دهه (۱۹۴۸-۱۹۶۶) را در برگرفت تا میثاق بین‌المللی حقوق مدنی و سیاسی و میثاق بین‌المللی حقوق اقتصادی، اجتماعی[1] و فرهنگی تکمیل شود. این دو سند مهم بین‌المللی حقوق بشر در حقیقت بر مبنای اعلامیه مزبور تدوین شده و استانداردهای اعلامیه را توسعه داده و مشخصه الزام‌آور به‌منظور عملیاتی کردن آن ارائه داده‌اند. مجموعه اعلامیه و هر دو میثاق امروزه به‌عنوان منشور بین‌المللی حقوق بشر[2] شناخته می‌شود.

اعلامیه جهانی حقوق بشر در بند یک و سه ماده ۲۱، با اشاره به‌حق ایفای نقش و مشارکت سیاسی در امور حکومت‌داری از طریق انتخاب‌کردن و انتخاب شدن، اراده و خواست مردم را مبنا و اساس حکومت می‌داند که از طریق انتخابات حقیق و دوره‌ای

۱-. باید توجه داشت که حقوق اقتصادی و اجتماعی از مقولهٔ نسل دوم حقوق بشر و از سنخ حقوق مثبت هستند و مربوط به حقوق سیاسی زنان نمی‌شوند. گاهی که در این تحقیق از میثاق حقوق اقتصادی، اجتماعی و فرهنگی نام برده می‌شود به این دلیل است که این میثاق مربوط به اعلامیهٔ جهانی حقوق بشر است و در برخی از موضوعات مانند اصل کرامت انسانی و اصل عدم تبعیض جنسیتی با میثاق حقوق مدنی و سیاسی هم‌پوشانی دارد.

2- . International Bill of Human Rights

در فرایند رأی‌گیری آزادانه ابراز خواهد شد. میثاق بین‌المللی حقوق مدنی و سیاسی به جزئیات بیشتری پرداخته و در بند نخست ماده ۱ مقرر می‌دارد: «همه مردمان حق تعیین سرنوشت دارند و از طریق این حق، آنان وضعیت سیاسی خود را آزادانه تعیین کرده، توسعه اقتصادی، اجتماعی و فرهنگی خویش را آزادانه تأمین می‌کنند». حق تعیین سرنوشت مردمان معنای فراتر از حق بر خودمختاری و استقلال دارد و اعمال حق انتخاب در حوزه‌های داخلی انعکاسی از حق تعیین سرنوشت افراد است. ماده ۲۵ میثاق بین‌المللی حقوق مدنی و سیاسی با اشاره به اصل عدم تبعیض، مصرح در ماده ۲ همین میثاق، نیز به‌حق انتخاب‌کردن و انتخاب شدن و تضمین انتخابات آزاد و دوره‌ای تصریح کرده است. البته اصل عدم تبعیض که از اصول بنیادین حقوق بشر است تمام حق‌های مصرح در میثاق را شامل می‌شود. تأکید و تصریح مجدد بر اصل برابری و عدم تبعیض نسبت به‌حق انتخاب در ماده ۲۵ میثاق، شاید به‌دلیل این باشد که امکان نقض تبعیض‌آمیز این ماده نسبت به‌حق‌ها و آزادی‌های دیگر بنابر تجربه بیشتر جوامع بوده است. میثاق حقوق اقتصادی، اجتماعی و فرهنگی نیز در بند اول ماده یک، دقیقاً همان رویکرد و عبارات میثاق بین‌المللی حقوق مدنی و سیاسی را به کار گرفته است که تکرار آن لازم نیست. هر سه سند بین‌المللی، انتخاب‌کردن و انتخاب شدن را دو جلوه مهم مشارکت سیاسی و تعیین سرنوشت برشمرده‌اند.

اعلامیه جهانی حقوق بشر و هر دو میثاق آن، حق انتخاب‌کردن و انتخاب شدن را حق مطلق و غیر مشروط تلق نمی‌کنند. طبق بند دوم ماده ۲۹ اعلامیه حقوق بشر، انسان‌ها در اجرای حقوق و آزادی‌های

خود صرفاً تابع محدودیت‌هایی‌اند که به‌وسیله قانون و در جهت تضمین و رعایت حقوق و آزادی‌های سایر افراد مقرر شده‌است. هم‌چنان این ماده، حق‌ها و آزادی‌های افراد را به مقتضیات اخلاق حسنه، نظم عمومی و رفاه همگانی قید کرده است. نکته قابل توجه در این ماده آن است که این محدودیت‌ها الزاماً باید توسط قانون پیش‌بینی شوند، آن هم قانونی که در یک نظام سیاسی دموکراتیک وضع‌شده است. قید وضع قانون در نظام مبتنی بر دموکراسی تا حدودی برای رفع نگرانی احتمال سوء استفاده پیش‌بینی شده‌است. اما گاهی حتی در نظام‌های دموکراتیک که ملاک و معیار وضع قانون منافع عمومی است، امکان نقض و قربانی شدن حقوق اقلیت به نفع اکثریت وجود دارد.

۳-۲. کنوانسیون حقوق سیاسی زنان (۱۹۵۲)

«کنوانسیون حقوق سیاسی زنان»[1] به منع تبعیض و برابری در بهره‌مندی از حقوق سیاسی می‌پردازد و با تأکید به اجرای اصل برابری حقوق زنان و مردان مصرح در منشور سازمان ملل متحد از دولت‌ها می‌خواهد که حق همه افراد به مشارکت سیاسی مستقیم یا غیرمستقیم را به رسمیت شناخته و موقعیت زنان و مردان را در برخورداری از حق‌های سیاسی با توجه به منشور ملل متحد و اعلامیه جهانی حقوق بشر برابر سازند. این کنوانسیون تصریح می‌کند که زنان باید بتوانند در هر انتخاباتی در شرایط برابر با مردان

1- .Convention on the Political Rights of Women (1952).

و بدون هیچ‌گونه تبعیضی از جمله تبعیض جنسیتی[1] انتخاب کنند و انتخاب شوند.

۴-۲. اعلامیه رفع تبعیض علیه زنان (۱۹۶۷)

اعلامیه رفع تبعیض علیه زنان[2] بر اصل منع تبعیض و برابری حقوق زنان و مردان مجدداً تأکید کرده و تبعیض نسبت به زنان را مخالف کرامت انسانی تلق می‌کند. در ماده اول این اعلامیه آمده است که تبعیض نسبت به زنان که برابری آنان را با مردان در بهره‌مندی از حق‌ها و آزادی‌های شان محدود کرده یا نادیده بگیرد، اساساً ناعادلانه و مخالف کرامت انسانی است.

براساس این اعلامیه، دولت‌ها باید تمامی اقدامات مناسب برای محو قوانین، عرف‌ها و اعمال تبعیض‌آمیز نسبت به زنان را انجام دهند و از حقوق برابر بشری و سیاسی زنان و مردان به‌صورت کافی حمایت قانونی نمایند. به سخن دیگر، از الزامات اصل منع تبعیض در نظام‌های مختلف دولت‌ها، برداشتن قوانین تبعیض‌آمیز، تصویب قوانین رفع تبعیض و اجرای آن قوانین است که منجر به برابری در حقوق و آزادی‌های افراد اعم از زن و مرد می‌شود که در این سند به آن تأکید شده‌است. بنابراین، زنان باید بتوانند در شرایط برابر با مردان و بدون هرگونه مانع قانونی به‌عنوان رأی‌دهنده و یا رأی‌گیرنده در همه‌پرسی‌ها شرکت کنند.

1-. Gender Discriminatin

2- . Declaration of the Elimination of Discrimination Against Women (1967).

۲-۵. کنوانسیون رفع هرگونه تبعیض علیه زنان (۱۹۷۹)

«کنوانسیون رفع هرگونه تبعیض علیه زنان»[۱] که به آن کنوانسیون حقوق زنان نیز اطلاق می‌شود، برای دستیابی زنان به برابری عملی و حقوقی با مردان و بهره‌مندی آنان از حقوق و آزادی‌های بشری و سیاسی شان است. این سند در بردارندۀ این اندیشه است که تبعیض موجود علیه زنان با جهت‌گیری‌های بی‌طرفانه قوانین و مقررات داخلی و بین‌المللی قابل رفع نیست؛ لذا خواستار تدوین و تنظیم مقرراتی در سطح داخلی دولت‌ها شده‌است که براساس آن زمینه بهره‌مندی برابر زنان از حق‌های مدنی و سیاسی و رفع تبعیض‌های پیشین فراهم شود. طبق ماده ۱۷ کنوانسیون مذکور، کمیته رفع تبعیض علیه زنان به هدف نظارت بر اجرای مقررات کنوانسیون ایجاد شد. البته پیش از تدوین این کنوانسیون، مجمع‌عمومی سازمان ملل متحد اعلامیه رفع تبعیض علیه زنان را در سال ۱۹۶۷ تدوین کرد؛ اما چون اعلامیه‌ها بیانیه اخلاقی و سیاسی بدون الزام معاهداتی هستند، این سازمان به تدوین یک سند الزام‌آور اقدام کرد.

کنوانسیون رفع هرگونه تبعیض علیه زنان در مقدمه خود بیان می‌دارد که به‌رغم وجود اسناد متعدد حمایتی حقوق بشر، تبعیض گسترده علیه زنان هم‌چنان ادامه دارد؛ یعنی حمایت ضمنی از حقوق

۱-. در مادۀ اول این کنوانسیون، تبعیض علیه زنان چنین تعریف شده است: «از نظر این کنوانسیون، عبارت «تبعیض علیه زنان» به معنای قایل‌شدن هرگونه تمایز، استثناء یا محدودیت براساس جنسیت است که بر به رسمیت شناختن حقوق بشر زنان و آزادی‌های اساسی آن‌ها و بهره‌مندی و اِعمال آن حقوق، بر پایۀ مساوات با مردان، صرف نظر از وضعیت تأهل آن‌ها، در تمام زمینه‌های سیاسی، اقتصادی، اجتماعی، فرهنگی، مدنی و دیگر زمینه‌ها اثر مخرب دارد یا اصولاً، هدفش از بین بردن این وضعیت است».

زنـان در قالـب اصل عـدم تبعیض مندرج در اعلامیه جهانی حقوق بشر و دو میثـاق بین‌المللی کارسـاز نیسـت و بـه ایـن دلیـل اعضـای جامعـه بین‌الملل کنوانسـیون مسـتقلی را تدویـن و تصویـب کرده‌انـد. کنوانسیون حقـوق زنـان در مـاده هفتم به رفع تبعیض در زندگی سیاسی و عمومی در سطح ملی و تضمین آن، حقـوق زیـر را بـرای زنـان تأکید کرده است: ۱. حـق رأی، ۲. حـق مشـارکت در تشـکیل سیاسـت‌های حکومـتی یـا حـق انتخـاب شـدن به‌عنـوان سیاسـت‌گزار حکومـتی در عرصه‌هـای مختلـف سیاسـی و ۳. حـق مشـارکت در سـازمان‌های حکومـتی.

بـه نظـر می‌رسـد کـه کنوانسـیون رفـع هرگونـه تبعیـض علیـه زنـان، کامل‌تریـن سـند بین‌المللی اسـت کـه به‌طـور خـاص بـه حقـوق زنـان و حمایت از آن‌ها اختصاص دارد. ایـن کنوانسیون به اصـل عـدم تبعیض نسـبت بـه زنـان تصریـح کـرده و تقریبـاً همـه زمینه‌هـا، به‌ویـژه حـوزه حقـوق سیاسـی، را در بـر می‌گیـرد.

۶-۲. اعلامیه کنفرانس جهانی حقوق بشر وین (۱۹۹۳)

«اعلامیـه کنفرانـس جهانی حقـوق بشـر ویـن»[1] بـه حقـوق برابـر زنـان و مردان توجـه کـرده و از تبعیض و خشـونت که در سراسـر جهـان نسـبت بـه زنـان اعمـال می‌شـود ابـراز نگرانی کـرده اسـت.

اعلامیـه در ادامـه ضمـن تأکیـد براین‌کـه احتـرام بـه حقـوق بشـر و آزادی‌هـای اساسـی، بـدون تبعیـض از هـر نظـر یـک قاعـده اساسـی حقوق بشـر جهانی اسـت، حق‌هـای بشـری و سیاسـی زنـان را جـزء جداناشـدنی

1-. Vienna Declaration on Human Rights (1993).

و تفکیک‌ناپذیر حقوق بشر بین‌المللی می‌داند و مشارکت کامل آنان در زندگی سیاسی، به‌ویژه در انتخاب‌کردن و انتخاب شدن و محو همه اشکال تبعیض مبتنی بر جنسیت را از اهداف برتر جامعه بین‌المللی برمی‌شمارد.

اعلامیه در یک مبحثی که با عنوان «برابری، کرامت، بردباری» دارد، حقوق و موقعیت مساوی زنان و مردان را مورد توجه قرار داده و بهره‌مندی کامل و برابر آنان را از تمام حقوق و اولویت این امر را نزد کشورها و سازمان ملل متحد توصیه کرده است. بنابراین تقریباً تمام اسناد بین‌الملل حقوق بشری، به شمول این اعلامیه، به‌نحو صریح یا ضمنی بر حق انتخاب‌کردن و انتخاب شدن زنان به‌صورت مساوی اشاره دارند.

لازم به یادآوری است اسنادی که به‌حق انتخاب‌کردن و انتخاب شدن و منع تبعیض جنسیتی در برخورداری از حقوق سیاسی اشاره دارند، محدود به اسناد مذکور در این گفتار نیست؛ اما نگارنده به‌دلیل خودداری از اطاله کلام به آن‌ها نمی‌پردازد.

گفتار دوم: حق تصدی مناصب عمومی

حق تصدی مناصب عمومی جلوه‌ای از حق مشارکت سیاسی است. حق مشارکت سیاسی از یک‌نظر در حقِ انتخاب‌کردن و انتخاب شدن تجلی می‌یابد و از نظر دیگر، در حق تصدی امور عمومی و حکومتی. حق مشارکت سیاسی مفهوم نسبتاً گسترده است که به اعمال قدرت سیاسی و برخورداری از اختیارات نهادهای قانون‌گذاری، اجرایی و

ادارای مربوط می‌شود. حق اداره امور عمومی همانند سایر حق‌های سیاسی ماهیتاً باید در شمار حق-ادعاها طبقه‌بندی شود که لازمه آن، وجود مکلف و متعهدی در مقابل این حق است. در مورد این حق، شهروندان صاحب حق و دولت متعهد به تضمین این حق است. در واقع، مداخله حمایتی دولت عمل به تعهد و تکلیف ناشی از حق شهروندان است و نه مثبت یا حمایتی بودن این حق.

۱. مبانی نظری حق تصدی مناصب عمومی

شایستگی زنان در تصدی مناصب حکومتی بر مبانی گوناگون توجیه‌پذیر است؛ اما در این بند صرفاً به مکتب اخلاق کانتی و قاعده عدالت اشاره می‌شود.

۱-۱. مکتب اخلاق کانتی

ایمانوئل کانت تلاش می‌کند این اصل را که با همه انسان‌ها به‌عنوان غایت بالذات رفتار کنید به مثابه یک اصل اخلاقی اثبات کند. او معتقد است که اصول اخلاقی آن است که بتواند به قاعده عام و فراگیر تبدیل شود. برای مثال، اگر شما از دیگری انجام کاری را می‌خواهید، در صورتی می‌تواند اخلاقی باشد که آن شخص بتواند انجام همان کار را در همان موقعیت که خود آن شخص قرار دارد از دیگران، از جمله از خود شما، طلب کند. در واقع قابلیت تعمیم و تبدیل شدن یک خواست به قاعده عمومی ملاک و معیار عینی‌تر برای ترسیم اصول اخلاقی ارائه می‌دهد. به باور او هر دستوری که نتوان

آن را بدون تناقض تعمیم داد دستور غیراخلاقی است. از این رو کانت با این آموزه بنیادین شروع می‌کند که: براساس فرمانی عمل کن که مایلی آن فرمان قاعده و قانون فراگیر باشد. قاعده و قانون فراگیر در واقع چیزی نیست جز ترجمان عقلانی توافق انسان‌ها بر اصول و هنجارهای مقبول و مطلوب؛ یعنی آموزه بنیادین کانت راهکار عملی و عینی برای به توافق رسیدن آدمیان بر سر اصول اخلاقی به‌دست می‌دهد. کانت می‌کوشد کشف کند که وجدان اخلاقی جامعه در یک فرآیند عقلانی چگونه و بر سر چه اصول اخلاقی حکم کرده و به توافق می‌رسد. دقیقاً در همین راستا، در کنار قانون فراگیر، اصل غایت بودن انسان را نیز افزود. مقتضای قاعده و قانون عام و فراگیر و غایت بودن انسان، برابری انسان‌ها در حیثیت انسانی است. چون هر حکمی که هریک از ما به‌عنوان قاعده عام و فراگیر صادر کنیم، باید خود نیز از آن پیروی کنیم.

اخلاق انسان‌مدار کانتی از نظر عقلانی و اخلاقی مستحکم‌ترین مبنا برای کلیه حقوق و آزادی‌های سیاسی از جمله حق بر تصدی پست‌های عمومی فراهم می‌نماید. اصل بنیادین غایت بودن انسان، اصل استقلال فردی را به‌دنبال دارد و اصل استقلال فردی به‌حق مشارکت سیاسی منتهی خواهد شد. احترام به خواسته‌ها و تمایلات افراد به‌عنوان غایت بودن و موجود خودسامان و برخوردار از استقلال اراده و کرامت ذاتی و قابلیت تصمیم‌گیری عقلانی، اقتضای جواز تصدی پست‌های سیاسی و حکومتی را دارد و سلب این حق به‌معنای نادیده گرفتن استقلال فردی شخص و در نهایت، گونه‌ای استفاده و رفتار ابزاری نسبت به اوست (قاری سیدفاطمی، ۱۳۹۶:

۱۴۲). کانت با استناد به اصل احترام به شخصیت انسان و تلقی او به‌عنوان غایت، با حکومت دموکراتیک هم‌دلی نشان می‌دهد. از نظر او، نظام دیکتاتوری و حاکمان ستمگر از زیردستان خود صرفاً به‌عنوان وسیله برای اهداف خود استفاده می‌کنند. در حالی که روی دیگر غایت بالذات اصل منع استفاده ابزاری از انسان است. بنابراین انسان‌ها حق دارند تا از عملی که غایت بودن آنان را نادیده می‌گیرد و یا عملی که برابری آنان را در حیثیت انسانی مخدوش می‌کند، مصوون باشد. پس این دو قاعده، یعنی رفتار با تمام انسان‌ها به‌عنوان افراد برابر و عدم تنزیل آنان در حد یک وسیله، می‌توانند پایه و مبنای احکام و قوانین قرار گیرد.

۲-۱. اصل عدالت

حق بر تصدی مناصب حکومتی به‌خوبی براساس قاعده عدالت توجیه‌پذیر است. از آن‌جا که عدالت در حوزه روابط انسانی یک مفهوم بسیار پیچیده است و تنوع حوزه‌های مناسبات اجتماعی مفاهیم متعددی از عدالت را مطرح کرده است، به نظر می‌رسد که ارائه تعریفی مورد اتفاق از عدالت غیرممکن باشد. اما براساس تعریف مشهور ارسطو مفهوم اجمالی عدالت عبارت است از «رفتار برابر با برابرها و رفتار نابرابر با نابرابرها در ارتباط با میزان تفاوت‌های نسبی آن‌ها» و یا «به هرکس سهم مناسب و مقتضی‌اش را باید داد». این تعریف از عدالت کاملاً شکلی و نقطه شروع در تعریف اجمالی از عدالت است. از آن‌جا که عدالت مفهوم زمینه‌محور است، در اینجا

صرفاً به عدالت حقوقی اشاره می‌شود. عدالت حقوقی بر بی‌طرفی تکیه دارد و براساس آن با مردم به مثابه افراد برابر رفتار می‌شود. عنصر مهم بی‌طرفی در حوزه حقوق مقتضای این است که در اجرای قواعد حقوقی، عوامل نامربوط تأثیرگذار نباشند و گروه‌های مشمول یک قاعده حقوقی، باید به‌صورت برابر مشمول اجرای آن باشند. در واقع، مفهوم عدالت حقوقی در حوزه حقوق بشری و سیاسی زنان با دو مؤلفه آزادی و برابری پیوند محکم دارد که مستلزم وجود نظام‌های قانون‌مداری است که رسالت خود را تضمین حقوق و آزادی‌های بنیادین و برابر شهروندان بدانند. عدالت حقوقی اقتضا دارد که نظام حقوقی در برخورداری افراد از حقوق شان به‌صورت بی‌طرفانه حمایت کند. در این نگاه، عدالت حقوقی برابری افراد در مقابل قانون است و هر فرد با فرد دیگر قطع نظر از جنسیت، نژاد، اعتقادات دینی و طبقه اجتماعی برابر دانسته می‌شود و دسترسی به فرصت‌ها به‌صورت برابر در اختیار همه قرار می‌گیرد. پس هرگونه رفتار نابرابر در بهره‌مندی افراد از حق‌ها و آزادی‌های بنیادین از جمله حق تصدی مناصب عمومی نقض بی‌طرفی و در نتیجه نادیده‌گرفتن عدالت حقوقی خواهد بود (قاری سیدفاطمی، ۱۳۹۶: ۷۸-۶۶).

۲. حق تصدی مناصب عمومی در اسناد بین‌الملل

معاهدات بین‌المللی بر بهره‌مندی زنان از حق تصدی مناصب حکومتی توجه داشته و به اصل برابری و منع تبعیض جنسیتی به‌عنوان هنجار حقوق بشری در این زمینه تأکید می‌ورزد. در این بند، حق

اشتغال زنان به پست‌های عمومی صرفاً در سه سند خاص بین‌المللی (اعلامیه رفع تبعیض علیه زنان، کنوانسیون رفع هرگونه تبعیض علیه زنان و کنوانسیون حقوق سیاسی زنان) پرداخته می‌شود.

۱-۲. حق تصدی امور عمومی در اسناد رفع تبعیض از زنان

منابع بین‌المللی حق تصدی پست‌های عمومی را مورد توجه قرار داده و با تأکید بر حق دسترسی تمام افراد به مشاغل سیاسی و حکومتی در شرایط مساوی، تبعیض بر مبنای جنسیت را ممنوع اعلام می‌کنند. ماده ۴ اعلامیه رفع تبعیض علیه زنان، اتخاذ تمام تدابیر لازم را برای تضمین حقوق زنان بدون هیچ‌گونه تبعیض و تمایز در مورد ورود به مشاغل سیاسی به دولت‌ها موکداً توصیه کرده است. هم‌چنان، بند «ب» ماده ۷ کنوانسیون رفع هرگونه تبعیض علیه زنان، اشتغال به مناصب عمومی را برای زنان در شرایط مساوی با مردان پیش‌بینی کرده است. طبق این ماده، زنان باید در تدوین سیاست‌های دولتی و اجرای آن‌ها و به عهده گرفتن سمت‌های دولتی و انجام کلیه وظایف عمومی در تمام سطوح دولتی مشارکت داشته‌باشند و دولت‌های عضو مکلف‌اند این حق‌ها را تضمین نمایند. از آن‌جا که توازن شرکت زنان و مردان در عرصه‌های مختلف سیاسی و عمومی از شاخصه اجرای کامل این حق است، دولت‌های متعاهد ملزم‌اند تمام اقدامات لازم مانند قانون‌گذاری، سیاست‌گذاری و تصمیم‌گیری را انجام دهند تا برابری عملی و حقوقی را در این زمینه ایجاد نمایند.

حق نمایندگی زنان در سطح بین‌المللی که ادامه حق مشارکت

سیاسی زنان است در ماده ۸ کنوانسیون رفع هرگونه تبعیض علیه زنان پیش‌بینی شده‌است. طبق این ماده، زنان باید بتوانند در شرایط برابر با مردان و بدون هرگونه تبعیض مبنی بر جنسیت به‌عنوان نماینده دولت خود در سطح بین‌المللی شرکت کنند و در فعالیت سازمان‌های بین‌المللی نقش داشته‌باشند. اعضای کنوانسیون نیز مکلف‌اند که اقدامات بیشتری را برای اجرای کامل این حق و تضمین شرایط مساوی برای زنان و مردان انجام دهند.

۲-۲. حق تصدی امور عمومی در کنوانسیون حقوق سیاسی زنان

کنوانسیون حقوق سیاسی زنان، که از جمله اسناد الزام‌آور بین‌المللی است، بعد از پیش‌بینی شایستگی زنان برای انتخاب‌کردن و انتخاب شدن، در ماده سوم مقرر می‌دارد: «زنان صلاحیت تصدی سمت‌های عمومی و ایفای تمام وظایف عمومی که توسط قوانین ملی ایجاد شده‌اند، در شرایط برابر با مردان، بدون هیچ تبعیضی را خواهند داشت». این ماده نیز بر صلاحیت زنان برای تصدی مشاغل حکومتی در شرایط برابر با مردان تأکید می‌ورزد. اصل عدم تبعیض جنسیتی اقتضا دارد که دولت‌ها تمامی اقدامات مناسب را برای رفع سیاست‌ها، قوانین و اعمال تبعیض‌آمیز نسبت به زنان انجام دهند و از حقوق برابر زنان و مردان در اشتغال مناصب عمومی حمایت کنند. هم‌چنان کشورها باید حقوق سیاسی زنان را در قوانین اساسی و سایر قوانین ملی خود بگنجانند.

در واقع کلیه اسناد بین‌المللی، که به صلاحیت زنان برای اشتغال به

مناصب سیاسی و حکومتی پرداخته‌اند، به شرایط برابر زنان و مردان و عدم تبعیض جنسیتی نیز در همان ماده تصریح کرده‌اند. به سخن دیگر، اصل عدم تبعیض مبنی بر جنسیت در تمام حقوق مدنی و سیاسی زنان جاری است. علاوه براین سه سند فوق، برخی از اسناد بین‌الملل حقوق بشری دیگر نیز حق تصدی مناصب عمومی زنان را به رسمیت شناخته و آنان را مستحق اشتغال در پست‌های سیاسی، قضائی و نظامی می‌دانند. برای مثال، میثاق بین‌المللی حقوق مدنی و سیاسی نیز در ماده ۲۵ بر زندگی عمومی افراد فارغ از هرگونه تبعیض صراحت دارد؛ اما از آن‌جا که تقریباً در تمام اسناد زبان مشترک به کار رفته‌است، نگارنده به سه سند فوق در مورد این مصداق از حقوق سیاسی زنان بسنده می‌کند.

گفتار سوم: حق آزادی بیان

از نظر ارسطو، منطق و بیان ویژگی اصلی انسان است، در نظام‌های جبار انسان تبدیل به حیوان زبان‌بسته می‌شود و دستیابی به فضایل سیاسی بدون آزادی بیان ممکن نیست. آزادی بیان بنای اصلی جامعه مدنی است که زمینه را برای مشارکت سیاسی شهروندان آماده ساخته و راه را بر خودکامگی سیاسی و انحصار قدرت می‌بندد.

آزادی بیان مفهوم موسع‌تر و جامع‌تری نسبت به آزادی سخن گفتن دارد. امروزه تولید آثار هنری از قبیل نقاشی، کاریکاتور، فیلم و موسیقی جلوه‌های بارز آزادی بیان است و نباید در شمول مفهوم آزادی بیان نسبت به فرآورده‌های هنری تردید کرد. بیان، شیوه‌ای

است که انسان‌ها به‌وسیله آن اندیشه‌های خود را به دیگران منتقل می‌کنند، اعم از این‌که این دیدگاه و اندیشه، سیاسی یا اجتماعی و یا حتی صرفاً یک ایده هنری باشد. برخی از نویسندگان تجمعات را نیز به‌عنوان جلوه از آزادی اظهار نظر و بیان مطرح کرده‌اند؛ اما سؤال این است که آیا توسعه مفهومی آزادی بیان، مرزهای آزادی تجمعات مدنی و آزادی بیان را مخدوش نمی‌کند؟ در پاسخ می‌توان آزادی تجمعات سیاسی را به‌عنوان یک آزادی دو ارزشی برشمرد که از یک‌طرف خود به حیث حق بر تجمع مسالمت‌آمیز، یک حق و آزادی مستقل انسانی است و از طرف دیگر می‌تواند به‌عنوان یکی از مصادیق آزادی بیان مطرح باشد (قاری سیدفاطمی، ۱۳۹۶: ۹۵-۹۴). یکی از نویسندگان در مورد اهمیت و گستره معنایی آزادی بیان می‌گوید: «آزادی بیان اساسی‌ترین آزادی عمومی است که بدون آن سایر آزادی‌های عمومی بی‌معنا هستند. در واقع همه آزادی‌های عمومی از جمله آزادی مطبوعات، مذهب، اجتماعات و تشکیلات و همین طور آزادی شرکت در انتخابات به‌نوعی به آزادی بیان بر می‌گردند. خود آزادی بیان نیز مصادیق متنوعی دارد: از جمله آزادی گفتار سیاسی که شامل انتقاد و اعتراض به اعمال و رفتار و تصمیمات حکومت است. آزادی قلم، هنر و پوشش، همگی از مصادیق آزادی بیان هستند» (اسلامی، ۱۳۹۷: ۱۳۴). نویسنده دیگری ضمن اشاره به محدودیت‌های آزادی بیان، چنین تصریح می‌کند: «آزادی بیان- مانند آزادی سخن گفتن و آزادی مطبوعات - از تعدی حکومت در حق افراد نسبت به اظهار افکار سیاسی، هنری و فرهنگی شان جلوگیری می‌کند. در یک جامعه متکثر تمام اعضا تا وقتی که این

بیانات از مرزهای نجابت عبور نکرده و یا مشتمل بر دروغ‌هایی نباشد که به دیگران آسیب می‌زند، باید از آزادی بیان، افکار و دیدگاه خود برخوردار باشند.» (Maddex, ۲۰۰۰: ۱۳۴).

به‌صورت کلی آزادی بیان به‌معنای آزادی ارتباط میان شهروندان به‌صورت شفاهی یا مکتوب است و ممکن است از طریق کتاب‌ها، روزنامه‌ها، شبکه‌های اجتماعی و سایر و سایل ارتباط جمعی دیداری و شنیداری صورت گیرد. از این رو در نظام دموکراتیک فرهنگ، هنر و ادبیات، حوزه آزادی بیان و خارج از حیطه اقتدار دولتی است و افراد را نمی‌توان به‌دلیل داشتن عقاید مختلف و مخالف با حکومت، مورد آزار و شکنجه قرار داد. البته آزادی بیان مستلزم آزادی و اختیار در تصرف و تملک و سایل آن نیز هست (بشیریه، ۱۳۸۲: ۳۳۹). در واقع می‌توان گفت که آزادی بیان شامل دو عنصر تشکیل‌دهنده است: بخش اول شامل حق بر جست‌وجو و کسب اطلاعات و افکار و اندیشه‌هاست. بخش دوم ابراز و انتقال آزادانه اندیشه‌ها و محتویات ذهنی به سایر افراد است. این انتقال می‌تواند از طریق نوشتار یا گفتار و یا ابزارهای هنری صورت گیرد.

آزادی بیان در شمار حق‌های منفی طبقه‌بندی می‌شود و دولت در اعمال و تحقق آزادی بیان افراد، دو تکلیف دارد، یکی سلبی و دیگری ایجابی. از یک‌سو دولت مکلف به عدم مداخله تحدیدی است جز در موارد موجه، و از سوی دیگر موظف به استفاده از ابزارهای لازم در جهت تضمین حق شهروندان در برابر تهدیدهای احتمالی است.

۱. مبانی نظری آزادی بیان

توجیه‌های نظری متفاوت در دفاع از آزادی بیان وجود دارد؛ اما نگارنده صرفاً به توجیه‌هایی که دارای قدرت اقناعی بیشتر است خواهد پرداخت.

۱-۱. توجیه غایت مدارانه انسانی

اصل غایت بودن انسان مستحکم‌ترین مبنای حقوق بشر معاصر است. این اصل که در نظام اخلاق کانتی، اصل استقلال فردی را به‌دنبال دارد، در آزادی بیان نیز قابل اعمال است. یعنی انسان به‌عنوان یک موجود مستقل و غایت بالذات، خود می‌تواند نسبت به‌بیان یا بیان نکردن اندیشه‌ها و خواسته‌هایش تصمیم بگیرد. تعیین تکلیف برای یک فرد در بیان کردن و یا بیان نکردن اندیشه‌هایش توسط دولت یا فرد دیگر عدم توجه به استقلال فردی شخص و نوعی استفاده ابزاری نسبت به اوست. غایت بودن انسان در این نگاه در پیوند نزدیک با عقلانیت او است. انسان به‌دلیل بهره‌مند بودن از عقل است که به‌عنوان غایت بالذات تلقی می‌شود. در واقع آزادی بیان هم تجلی عقلانیت انسان است و هم ابزاری ارزیابی صحت و خطای آن.

هرچند اصل غایت بودن ذاتی انسان می‌تواند مبنای مستحکمی برای توجیه آزادی بیان فراهم کند؛ اما محدودیت‌های این آزادی نیز باید در قالب همین اصل اعمال شود. امتیاز این اصل به‌عنوان مبنای آزادی بیان، گستردگی ساحت مفهوم بیان است. در واقع بر

اساس این اصل بنیادین اخلاق می‌توان انواع بیان‌ها را پوشش داد. پس آزادی بیان با نگاه غایت‌مدارانه انسانی توجیه‌پذیر است.

۲-۱. توجیه بر اساس حقوق طبیعی

با استناد به تفسیری غایت‌مدارانه از حقوق طبیعی، می‌توان توجیه مشابهی از آزادی بیان ارائه کرد. با این توضیح که آزادی بیان به‌معنای عام، حق طبیعی افراد انسانی است و هرگونه محدودیت و قید و بند ذاتاً برخلاف طبیعت انسانی است، مگر این‌که دلیل موجه در چارچوب همین نظام نظری بر آن ممنوعیت و قید و بند وجود داشته‌باشد. از آن‌جا که آزادی بیان از جمله مهم‌ترین جلوه‌های آزادی انسانی است، طبیعت انسانی اقتضا دارد که فرد بتواند ادراکات، یافته‌ها و خواست‌های خود را طبق میلش بیان کند (قاری سیدفاطمی، ۱۳۹۶: ۹۹). مسلم است که انسان آزاد نیست که هرچه مایل است بگوید و ممکن است در این صورت حقوق طبیعی دیگران نقض شود؛ اما اینجا سخن از محدودیت نیست، بلکه سخن از دفاع موجه براساس طبیعت انسانی و در اصل بهره‌مندی افراد از آزادی بیان است.

توجیه آزادی بیان براساس حق طبیعی با تفسیر غایت‌مدارانه نیز گستردگی ساحت این مفهوم است. مفهوم آزادی بر مبنای این تفسیر، شامل همه حوزه‌ها و همه انواع بیان می‌شود. نطق و سخن گفتن به میزان تولید نوشتاری و هنری در پیوند با طبیعت انسان است. بنابراین طبیعت انسانی اقتضا دارد آزاد سخن بگوید، بنویسد،

یا ادراکات ذهنی خود را در قالب نقاشی، فیلم و تئاتر بیان کند.

۲. آزادی بیان در اسناد بین‌الملل

آزادی بیان در اسناد بین‌المللی، از جمله حقوق و آزادی‌های نسل اول حقوق بشر است و اسناد جهانی عام و خاص متعدد به آن پرداخته‌اند. نگارنده به بررسی این حق فقط در چند سند مهم بسنده می‌کند.

۲-۱. آزادی بیان در اعلامیه جهانی حقوق بشر

در ماده ۱۹ اعلامیه جهانی حقوق بشر در رابطه به‌حق آزادی بیان آمده است: «هرکس حق آزادی نظر و بیان دارد و این حق شامل آن است که بدون دخالت و آزادانه نظرات خود را نگه دارد و از طریق رسانه‌ها و بدون توجه به مرزها اطلاعات و افکار را جست‌وجو، دریافت و بیان کند». این ماده بین حق بر داشتن دیدگاه و نظر و حق آزادی بیان تفکیک کرده است. ماده ۱۹ از حق مطلق بر داشتن دیدگاه سیاسی بدون هرگونه مداخله صراحتاً حمایت کرده و حال آن‌که در مورد آزادی بیان چنین رویکرد مطلق گرایانه‌ای ندارد. با استفاده از واژه بیان، این ماده دلالت بر مفهوم موسع آزادی بیان دارد، هرچند اعلامیه جهانی، میان آزادی بیان به مفهوم مضیق آن و آزادی تجمعات سیاسی که خود نوعی بیان است، تفکیک قایل است. اعلامیه آزادی بیان را مستقلاً در ماده ۲۰ مورد توجه قرار داده است. پس می‌توان گفت آزادی بیان مورد توجه اعلامیه، از یک‌سو تمام انواع بیان اعم از

کلامی و قلمی را در بر دارد، اما از سوی دیگر، شامل آزادی تجمعات مسالمت‌آمیز نمی‌شود.

نفی صریح مرزهای سرزمینی به‌عنوان توجیه اعمال محدودیت بر دریافت و یا انتقال اطلاعات و ایده‌ها، با توجه به حساسیت این مسأله صورت گرفته است. در واقع تنظیم‌کنندگان اعلامیه جهانی به‌خوبی به این نکته واقف بوده‌اند که بسیاری از محدودیت‌های ناموجه در رابطه به آزادی بیان، پیامد نظام بین‌الملل کشور محور است که مرزهای سرزمینی تفکیک‌کننده واحدهای آن است. بنابراین در اعلامیه تلاش شده‌است از قدرت نظام بین‌المللی کشور محور در محدود کردن آزادی‌های بنیادین انسانی کاسته شود (قاری سیدفاطمی، ۱۳۹۶: ۱۰۴).

۲-۲. آزادی بیان در میثاق بین‌المللی حقوق مدنی و سیاسی

ماده ۱۹ میثاق بین‌المللی حقوق مدنی و سیاسی با تفصیل بیشتر به آزادی بیان پرداخته و چنین مقرر می‌دارد: «۱. همه افراد حق داشتن دیدگاه و نظر بدون مداخله دیگران را خواهند داشت. ۲. همه افراد حق بر آزادی بیان دارند؛ این حق شامل آزادی جست‌وجو، دریافت و دادن همه انواع اطلاعات و ایده‌ها بدون توجه به مرزهای سرزمینی می‌گردد، خواه این ایده‌ها و اطلاعات به‌صورت شفاهی، کتبی یا به‌صورت چاپی یا این‌که در قالب و شکل هنری بوده یا این‌که از طریق رسانه‌های گروهی یا هر وسیله دل‌خواه دیگر باشد».

در این ماده دو نکته نسبت به ماده ۱۹ اعلامیه جهانی حقوق

بشر قابل‌ذکر است: اول آن‌که ماده ۱۹ دو حق داشتن دیدگاه و نظر و حق بر اظهار و بیان دیدگاه را به‌صورت صریح و روشن تفکیک کرده است. در حالی که کشورهای عضو میثاق، حق اول را به‌صورت مطلق پذیرفته و هر نوع مداخله در تحدید آن را منع کرده‌اند و حق بر اظهار و بیان را طبق بند ۲ همین ماده مشمول برخی محدودیت‌ها دانسته‌اند که در بند بعد به آن پرداخته خواهد شد.

دوم این‌که ماده ۱۹ میثاق به شمول آزادی بیان، فرآورده‌های هنری را مورد توجه قرار داده است. از آن‌جا که حوزه هنر بسیار وسیع است که در قالب‌های گوناگونی متجلی می‌شود، آزادی بیان می‌تواند شامل تمام جلوه‌های هنری اعم از نقاشی، عکاسی، سینما و تئاتر شود.

برابری و عدم تبعیض در آزادی بیان نیز یک اصل است و اصل برابری در قانون و برابری در مقابل قانون باید رعایت شود. اصل برابری در قانون به این معناست که قانون‌گذار زمانی که قانون‌گذاری می‌کند باید آن دسته از قوانینی که بیشتر بهره‌مندی برابر زنان و مردان از حق آزادی بیان را تضمین می‌کنند، مورد توجه قرار دهد. اصل برابری در مقابل قانون را باید نهادهای اداری، محاکم و دادگاه‌ها رعایت نموده و قانون را به‌طور برابر در مورد زنان و مردان اعمال کنند (رواسیان کاشی، ۱۳۸۸: ۷۸).

اسناد متعدد بین‌المللی و منطقه‌ای؛ مانند: کنوانسیون اروپایی حقوق بشر، کنوانسیون آمریکایی حقوق بشر و منشور آفریقایی حقوق بشر و خلق‌ها به آزادی بیان توجه داشته‌اند؛ اما نگارنده برای جلوگیری از زیاد شدن حجم این نگارش، به دو سند بین‌المللی فوق بسنده می‌کند.

۳. محدودیت‌های آزادی بیان

اسناد بین‌المللی، حق بر عقیده و دیدگاه را به‌صورت مطلق پذیرفته‌اند؛ اما آزادی بیان حق مطلق و بدون قید و شرط نیست. ملاک تفکیک این دو حق در این است که دیدگاه و نظر امر درونی و شخصی است. براین اساس نمی‌تواند موضوع قید و محدودیت بیرونی باشد. اما در صورتی‌که دیدگاه و نظر در قالب‌های کلامی، قلمی و هنری بیان شود، جنبه درونی و خصوصی خود را از دست می‌دهد و جنبه عمومی به خود می‌گیرد. بنابراین، حق بر داشتن دِیدگاه و نظر که در ماده ۱۹ میثاق بین‌المللی حقوق مدنی و سیاسی مطلق و بدون قید و شرط تلق شده‌است و حق بر آزادی بیان مقید و محدود شده‌است، موجه و پذیرفتنی است. اگر آزادی بیان مطلق و بدون قید و شرط دانسته شود، از یک‌سو حق‌های افراد دیگر جامعه را که همانا حق بر آبرو و حیثیت است، به‌صورت ناموجهی به خطر می‌اندازد، از سوی دیگر به امنیت و منافع ملی یک کشور صدمه می‌زند. هم‌چنان برخی از جلوه‌های آزادی بیان، اعم از کلامی، قلمی و هنری می‌تواند آسیب جدی به عواطف و احساسات افراد جامعه وارد کند. مسأله اصلی صرفاً بحث از محدودیت‌های آزادی بیان نیست؛ بلکه محدودیت‌های موجه و قابل قبول نسبت به اِعمال این حق نیز مورد نظر است. یکی از نویسندگان محدودیت را به عام و خاص دسته‌بندی کرده و چنین بیان می‌دارد: «محدودیت‌های آزادی بیان بر دو دسته است: محدودیت‌های عام که این حق را همانند اکثر حق‌های انسانی محدود می‌کنند و محدودیت‌های خاص، که به‌دلیل

ماهیت خاص آزادی بیان، بیشتر نسبت به این آزادی قابل طرح اند» (قاری سیدفاطمی، ۱۳۹۶: ۱۱۰).

۱-۳. توجیه نظری محدودیت‌های آزادی بیان

آزادی بیان حق است که در برخی موارد باید آن را به‌صورت موجه‌ی محدود کرد. اصل عقلانی و اخلاقی لاضرر یکی از ملاک‌های موجه و قابل قبولی است که می‌توان بر مبنای آن، محدودیت آزادی بیان را پذیرفت. البته اصل لاضرر خود نیازمند تعریف است و اگر این اصل در چارچوب نظری تعارض حق‌ها به گونه نامتعادل به کار گرفته شود، ماهیتی فایده‌گرایانه خواهد یافت. از همین رو تفسیر موسع و حق‌مدارانه از ضرر، ناصواب خواهد بود و تفسیر کاملاً مضیق از ضرر به‌نحوی که آزادی بیان را اصل و محدودیت را کاملاً استثنا تلقی کنیم ضروری است. در این نوع تفسیر، عدم نفع را نمی‌توان به‌عنوان ضرر تفسیر کرد و در نتیجه برای تحدید آزادی بیان به آن استناد کرد. بنابراین یک رویکرد کاملاً استثنائی و حداقلی در محدود کردن اعمال آزادی بیان، ضروری است. خلاصه آن‌که، آزادی بیان براساس اصولی که تبیین می‌شود، محدودیت این آزادی به‌طور عام بر همان اصول نیز توجیه می‌شود (قاری سیدفاطمی، ۱۳۹۶: ۱۱۲-۱۱۱).

۲-۳. محدودیت‌های آزادی بیان در اسناد بین‌الملل

اعلامیه جهانی حقوق بشر و میثاق بین‌المللی حقوق مدنی و سیاسی به‌صورت مفصل به محدودیت‌های آزادی بیان پرداخته‌اند که در این

بند بررسی می‌شود.

۱-۲-۳. محدودیت‌های آزادی بیان در اعلامیه جهانی حقوق بشر

علاوه براین‌که مفهوم آزادی بیان در جهان امروز و در نظام بین‌الملل به‌صورت عمومی پذیرفته شده‌است، توافق عمومی نیز براین صورت گرفته است که باید برای آزادی بیان حد و مرزی مشخص شود. بنابراین آزادی بیان بخشی از حقوق مقید و مشروط است و نباید خارج از چارچوب‌های شناخته‌شده هنجاری و قانونی اعمال شود. چنان‌که بیان شد، ماده ۱۹ اعلامیه جهانی حقوق بشر به آزادی بیان اختصاص یافته‌است؛ اما این ماده صرفاً بین حقِ داشتنِ نظر و دیدگاه و آزادی بیان تفکیک کرده است با این تفاوت که حق اولی را به‌صورت مطلق و بدون هیچ‌گونه مداخله دولت پذیرفته؛ اما به‌حق دومی رویکرد مطلق‌گرایانه و بدون قید و شرط ندارد. هرچند این ماده هیچ محدودیتی را نسبت به آزادی بیان مقرر نداشته‌است؛ اما این به‌معنای مطلق دانستن این حق نیست. بند دوم ماده ۲۹ اعلامیه جهانی حقوق بشر به محدودیت‌های حقوق و آزادی‌های مقرر می‌پردازد. در صورتی‌که مفاد متن اعلامیه به مطلق بودن حق دلالت نکند، می‌توان گفت که قلمرو آن حق، شامل محدودیت‌های مقرر در ماده ۲۹ می‌شود. غیر از آزادی عقیده، منع برده‌داری و منع شکنجه که حق‌های مطلق و غیرمقیدند، حقوق و آزادی‌های دیگر مقرر در اعلامیه، مشمول محدودیت‌های ماده ۲۹ می‌شوند.

طبق بند دو ماده ۱۹، اجرای حقوق و آزادی‌های افراد صرفاً

تابع محدودیت‌هایی که برای تضمین شناسایی و رعایت حقوق و آزادی‌های سایر افراد است خواهد بود. هم‌چنان نظم، رفاه و اخلاق عمومی از جمله قیودی دیگر هستند که می‌توانند حقوق و آزادی‌های دیگران را محدود کنند. هم‌چنان براساس بند سه از ماده ۲۹، حقوق و آزادی‌های مقرر در این اعلامیه نباید در هیچ موردی مخالف اصول و اهداف ملل متحد به کار گرفته شوند. البته قابل‌ذکر است چنان‌که بند دو ماده ۲۹ تصریح می‌کند، اعمال محدودیت برای حقوق و آزادی‌ها، باید صرفاً توسط قانون صورت گیرد، آن هم قانونی که در یک جامعه دموکراتیک وضع و تصویب شده باشد. این ماده شرط شکلی «قانونی‌بودن، آن هم قانون وضع‌شده در نظام دموکراتیک» را در کنار سایر محدودیت‌های ماهوی به این دلیل مطرح می‌کند که محدودیت‌ها نباید چنان فراگیر شوند که خود دموکراسی را به مخاطره اندازد. از آن‌جا که اساساً آزادی بیان از جمله اولین قربانیان نقض حقوق بشر است و اهل قلم و بیان را به‌دلیل آسیب‌پذیر بودن آنان می‌توان آسان‌تر از صحنه خارج کرد، شرط شکلی «محدودیت بر مبنای قانون تصویب شده در نظام دموکراتیک»، تا حدود زیادی از سوء استفاده‌های احتمالی که ممکن است از قیود کلی و مبهمی دیگری که در ماده ۲۹ آمده است، بکاهد. «وجود محدودیت‌های بسیار کلی و مبهمی همچون امنیت و نظم عمومی یا اخلاق حسنه، بدون پیش‌بینی نظام تقنین موجه‌ی که بتواند از استبداد جلوگیری کند، به‌سادگی می‌تواند آزادی بیان را مورد تهدید و تحدیدهای ناروا قرار دهد. از همین رو قید قانونی‌بودن وضع قانون در جامعه دموکراتیک، به‌ویژه نسبت به آزادی بیان اهمیت بیشتری خواهد داشت» (قاری

سیدفاطمی، ۱۳۹۶: ۱۱۵-۱۱۴).

۲-۲-۳. محدودیت‌های آزادی بیان در میثاقین

در فرایند تدوین ماده ۱۹ میثاق بین‌المللی حقوق مدنی و سیاسی، اختلاف‌نظر قابل توجهی میان تدوین‌کنندگان در مورد محدودیت‌های آزادی بیان وجود داشته است که حکایت از ماهیت حساس حق آزادی بیان و اهمیت وافر آن دارد؛ اما محصول این دیدگاه‌ها این است که محدودیت‌ها نباید تبدیل به تهدیدی برای اصل آزادی بیان شوند و برخورداری از آزادی بیان به‌عنوان یک اصل و اعمال محدودیت به حیث استثنا باید حفظ شود. با توجه به ماده ۱۹ میثاق، می‌توان برای اعمال محدودیت آزادی بیان دو شرط اساسی برشمرد: اول این‌که اعمال محدودیت باید قانونی باشد و آزادی بیان ممکن است تابع محدودیت‌هایی شود که در قانون تصریح شده‌است. بنابراین مقامات حکومتی و اداری نباید آزادی بیان را به‌صورت خودسرانه و خارج از چارچوب قانونی محدود سازند. این یک شرط شکلی است و دولت‌ها می‌توانند بعد از طی مراحل قانونی برخی محدودیت‌های لازم را در مورد حق آزادی بیان وضع کنند.

شرط دوم مربوط به ماهیت محدودیت‌ها است و اعمال محدودیت می‌تواند در حوزه آزادی بیان صرفاً برای تأمین برخی از اهداف خاص باشد. طبق بند سه ماده ۱۹، اعمال حق آزادی بیان، مستلزم حقوق و مسؤولیت‌های خاصی است و لذا ممکن است تابع محدودیت‌های معینی شود که برای امور ذیل ضروری باشند: الف) احترام به حقوق

و حیثیت دیگران. ب) حفظ امنیت یا نظم عمومی، سلامت و اخلاق عمومی.

هم‌چنین ماده ۲۰ میثاق حقوق مدنی و سیاسی تصریح می‌کند که هرگونه تبلیغ برای جنگ باید توسط قانون منع شود. بند دو از ماده ۲۰ نیز هرگونه توصیه و حمایت از خشونت و نفرت ملی، نژادی یا مذهبی که منجر به تبعیض، خشونت و دشمنی شود را منع می‌کند. محدودیت‌های ماهوی میثاق در رابطه به آزادی بیان عبارتند از:

۱. عدم نقض حقوق و حیثیت دیگران؛ ۲. عدم تهدید امنیت‌ملی، نظم و اخلاق عمومی؛ ۳. عدم تبلیغ برای جنگ و خشونت؛ ۴. عدم اشاعه نفرت‌های ملی، مذهبی و نژادی.

این نکته قابل توجه است که، گرچه شرط شکلی در میثاق حقوق مدنی و سیاسی و اعلامیه جهانی، قانونی‌بودن محدودیت‌ها است؛ اما میثاق برخلاف اعلامیه، شرط خاصی برای قانونِ محدودکننده قایل نشده است. چنان‌که بیان شد، اعلامیه جهانی حقوق بشر در صورتی قانون محدودکننده را موجه می‌داند که در چارچوب نظام دموکراتیک وضع و تصویب شده باشد.

یکی از نویسندگان براین باور است که مفهوم تعرض به حیثیت دیگران را باید در کنار مفهوم حق بر حریم خصوصی مقرر در ماده ۱۷ میثاق مورد توجه قرار داد. طبق این ماده، افراد و مقامات دولتی و اداری نباید حریم خصوصی، خانواده، خانه و مراسلات افراد را مورد مداخله خودسرانه و غیرقانونی قرار دهد. این ماده نیز هرگونه حمله و تعرض به آبرو و حیثیت دیگران را به‌شدت منع می‌کند. افشای جنبه‌های خصوصی انسان‌ها یا استفاده از کلمات عرفاً توهین‌آمیز

از جمله مصادیق بارز تعرض به «آبرو و حیثیت دیگران» است. در واقع این مفهوم از حیثیت، از یک‌طرف نوعی توسعه و از طرف دیگر نحوی تضییق نسبت به آزادی بیان است (قاری سیدفاطمی، ۱۳۹۶: ۱۱۹-۱۱۸).

گفتار چهارم: حق بر آزادی تجمع و تشکیلات

«حق بر آزادی تجمع»[۱] و «آزادی تشکیلات»[۲] از جمله حق‌های بشری و قانونی شهروندان در حوزه حقوق سیاسی و از نمادهای جامعه دموکراتیک است که ریشه در دکترین حقوق بشر داشته و مستلزم عدم مداخله تحدیدی از سوی دولت‌هاست. این گفتار به‌بیان این دو حق می‌پردازد.

۱. حق بر آزادی تجمع

حق تجمع ماهیتاً حق و آزادی فردی است که به‌صورت گروهی قابلیت اِعمال دارد و زمینه مشارکت در تعیین سرنوشت و توسعه دموکراسی را فراهم می‌کند. زن و مرد باید از این حق در حوزه عمومی برخوردار باشند و بتوانند با حضور مستقیم در صحنه سیاسی، اداره امور جامعه را تحت‌تأثیر بیان مطالبه‌ها و خواسته‌های جمعی خود قرار دهند و نیازها و منافع مشترک شان را در مسائل سیاسی، دینی، اجتماعی، اقتصادی، فرهنگی و شغلی به‌صورت جمعی در مقابل قدرت‌های

1-. Right to Freedom of Assembly
2-. Right to Freedom of Association

سیاسی ابراز کنند و از آن‌ها دفاع نمایند.

حق آزادی اجتماعات در برگزاری راهپیمایی‌ها و گردهمایی‌های[1] گروهی تجلی می‌یابد و گروهی از افراد با گردهم آمدن در معابر عمومی و استفاده از فرصت نمایشی به‌بیان خواسته‌های جمعی خود می‌پردازند. این حق به‌معنای آن است که زنان نیز مانند مردان بتوانند به‌صورت آزادانه و مسالمت‌آمیز برای تبادل افکار یا دفاع از منافع مشترک خود در اجتماع مانند سخنرانی و تظاهرات خیابانی که از طرف اشخاص معین ترتیب داده‌می‌شود، شرکت کنند. به تعبیر جامع‌تر «آزادی اجتماعات یعنی این‌که افراد آزاد هستند آگاهانه، عامدانه و به‌صورت مسالمت‌آمیز در کنار یک‌دیگر به‌طور موقت و بدون هراس از مداخله دولت، برای رسیدن به اهداف خاصی در زمینه‌های مختلف گردهم آیند و به‌بیان خواسته‌های خود از این طریق بپردازند» (اسلامی، ۱۳۹۴: ۲۵). پس می‌توان گفت که ارادی، موقتی و مسالمت‌آمیز بودن از جمله ویژگی‌های تجمعی است که به‌عنوان یکی از حق‌های بشری مطرح است.

تجمعات سیاسی امروزه در بسیاری از موارد، به‌عنوان وسیله اظهار نظر سیاسی و انتقال دیدگاه گروه‌های انسانی، جایگاه خاصی در تأثیرگذاری‌های سیاسی و اجتماعی پیدا کرده‌اند. چنان‌که بیان شد، برخی از نویسندگان تجمعات را به‌عنوان گونه‌ای اظهار نظر و بیان

۱-. به تجمعی در حال حرکت افراد در معابر عمومی راهپیمایی یا تظاهرات گفته می‌شود؛ اما گردهمایی به تجمعی ثابت اطلاق می‌شود که افراد به صورت محفلی برای تبادل نظر و یا هماهنگی برای دفاع از منافع مشترک در زمان و مکان مشخص گردهم می‌آیند. افراد در راهپیمایی‌ها به دنبال نشان دادن، بیان و اعلام مواضع و اعتراضات خود هستند؛ اما در مجامع و گردهمایی‌ها در صدد هماهنگی و تبادل نظر در موضوع مورد مناقشه‌اند. این دو بارزترین مصداق آزادی اجتماعات شمرده می‌شوند (نک: آموزگار، ۱۳۹۶: ۱۹۴-۱۹۵).

مطرح کرده‌اند و معتقدند که آزادی تجمعات می‌تواند به حیث آزادی دو ارزشی و دو جلوه‌ای به‌شمار آید که از طرفی خود به‌عنوان حق بر تجمع مسالمت‌آمیز، یک حق و آزادی مستقل انسانی است و از طرف دیگر از جمله مصادیق آزادی بیان مطرح باشد (قاری سیدفاطمی، ۱۳۹۶: ۹۵). در این گفتار، حق بر آزادی تجمعات و تشکیلات مورد بررسی قرار می‌گیرد.

۲. حق بر آزادی تشکیلات

یکی دیگر از آزادی‌ها و حق‌های سیاسی که در مورد زنان نیز وجود دارد، حق بر آزادی تشکیلات[1] است. این حق شمولیت و گستره معنایی وسیع دارد و از جمله شامل تأسیس احزاب، شمولیت در تشکیلات سیاسی مختلف و فعالیت مستمر در نهادهای سیاسی جامعه می‌شود. حق بر آزادی تشکیلات به این معناست که افراد و شهروندان بتوانند نهادها و سازمان‌های مورد نظرشان را به‌صورت آزادانه تأسیس کنند و یا عضویتِ نهادها، تشکیلات و انجمن‌های مختلف را به‌دست آورند. تشکّل در واقع میثاقی است که براساس آن گروهی از افراد، با داشتن علایق و آرمان‌های مشترک، فعالیت‌های خود را تنظیم می‌کنند و موضع مشترکی به‌صورت استمرار اتخاذ می‌کنند، بدون آن‌که هدف

۱-. به نظر می‌رسد که واژه‌های انجمن و تشکیلات مناسب‌ترین واژه‌هایی هستند که می‌توانند مفهوم واژه انگلیسی Associationرا منتقل کنند که معادل آن در این نوشته از این دو کلمه استفاده می‌شود. البته از آن‌جا که واژهٔ انجمن بیشتر به نهادهای مدنی و غیرسیاسی اشاره دارد و ممکن است نتواند جامعیت معنای این واژهٔ انگلیسی را منتقل کند، در اینجا از آن کمتر استفاده می‌شود. هرچند واژهٔ تشکیلات جمع عربی واژه تشکیل است اما در اصطلاح زبان فارسی معنای مفرد داشته و به معنای سازمان و نهاد سازمان یافتهٔ جمعی استفاده می‌شود و بهتر از واژه‌های دیگر می‌تواند معنای جامع و فراگیر Association را منتقل کند. (نک: حیدری، ۱۳۹۷: ۹۳-۹۴).

سودجویانه اقتصادی داشته‌باشند. بنابراین، سه ویژگی مهم برای تشکیلات موضوع بحث این نوشتار (احزاب و تشکیلات سیاسی نه انجمن‌های مدنی و غیرسیاسی) عبارتند از: داشتن موافقت قراردادی تعهدآور، استمرار (به تشکیلات جنبه نهادی و سازمانی می‌بخشد و آن را از اجتماعات موقتی متمایز می‌سازد) و غیرانتفاعی بودن (وجه تمایز با شرکت‌های تجاری). دایمی بودن مهم‌ترین وجه تمایز بین آزادی تشکیلات و آزادی تجمع است. در حقیقت تشکیلات یک تجمع دایمی است؛ و حال آن‌که اجتماعات نوعی همایش گروهی و موقتی است که فاقد شخصیت حقوقی بوده و اجتماع‌کنندگان پس از تبادل افکار و اندیشه و یا اعتراض‌ها و دفاع از منافع مشترک شان متفرق می‌شوند.

۳. مبانی نظری حق بر آزادی تجمع و تشکیلات

حق بر آزادی تجمع و تشکیلات براساس مبانی متعدد قابل دفاع است؛ اما قلمرو کاربرد این توجیه‌ها و قدرت اقناعی آن‌ها متفاوت هستند. نگارنده صرفاً به دو مبنای حق بر آزادی اجتماع و تشکّل می‌پردازد.

۳-۱. رویکرد عمل‌گرایانه

وجود ده‌ها و بلکه صدها سند حقوق بشری که تعدادی از حق‌های بنیادین و از جمله حق برگزاری تجمع در آن‌ها تکرار شده، نشان از توافق دولت‌ها بر بهره‌مندی و استحقاق انسان‌ها از مجموعه‌ای

حق‌ها دارد. در نهایت از هر منظر که بر بنیان حق استدلال کنیم یا همچون عمل‌گرایان، توافق‌های موجود را به‌عنوان مبنای شناسایی حق‌ها بدانیم، حق‌ها مورد پذیرش و شناسایی قرار گرفته و باید رعایت و احترام شوند. حق بر آزادی تجمع از جمله حق‌هایی است که از پشتیبانی نظریه‌های اندیشمندان زیادی برخوردار است. وجود اسناد متعدد بین‌المللی در زمینه حقوق بشر که مورد پذیرش اکثر قریب به اتفاق دولت‌ها قرار گرفته، حکایت از این شِبه اجماع جهانی دارد. قوانین اساسی دولت‌ها را که تقریباً اکثر قریب به اتفاق آن‌ها به‌گونه‌ای حق بر آزادی تجمع را به رسمیت شناخته‌اند، باید براین فهرست افزود و در نهایت نتیجه گرفت که حتی با نگاهی صرفاً اثبات‌گرایانه نیز حق بر آزادی تجمع حداقل واجد بنیاد توافق است.

۲-۳. دموکراسی و ضرورت حق بر تجمع و تشکیلات

نظام دموکراتیک و مردم‌سالار اقتضای حق بر تجمع و تشکیلات را دارد. اصل دموکراسی بدون حق برگزاری اجتماعات و تأسیس احزاب و تشکیلات سیاسی مورد تردید است. این استدلال براین فرضیه استوار است که همه روی اصل ارزشمند بودن دموکراسی توافق دارند. به نظر می‌رسد که در عصر حاضر، دموکراسی (حداقل از نظر اخلاقی و هنجاری) مورد توافق اخلاقی اکثریت قاطع افراد باشد. منظور از دموکراسی اخلاقی و هنجاری، نظامی است که شهروندانِ آن از حق انتخاب‌کردن و انتخاب شدن، به‌عنوان بنیادی‌ترین حق انسانی، برخوردار باشند (نک: قاری سیدفاطمی، ۱۳۹۶: ۱۰۰).

تضمین حق بر اجتماعات و تشکیلات و رعایت آن به‌عنوان یک حق بنیادین از مبانی حیاتی نظام دموکراتیک و یکی از شرایط اساسی ارتقای دموکراسی و ارزیابی عملکرد حاکمان تلقی می‌شود. در واقع میزان توجه و احترام دولت‌ها به‌حق آزادی تجمع و انجمن بیانگر دموکراتیک بودن نظام است؛ زیرا اجتماعات و احزاب سیاسی به شهروندان فرصت می‌دهند تا با حضور مستقیم خود در صحنه، از رفتن حکومت‌ها به‌سمت دیکتاتوری جلوگیری نمایند.

۴. حق بر تجمع و تشکیلات در اسناد بین‌الملل

حق آزادی تجمع و تشکیلات از جمله مهم‌ترین حق‌های سیاسی است که در نظام بین‌المللی حقوق بشر برای زن و مرد به رسمیت شناخته‌شده و در اسناد متعددی گنجانده شده‌است. اعلامیه جهانی حقوق بشر نخستین سند بین‌المللی در حمایت از حق شهروندان برای تجمع و تشکیلات است و در ماده ۲۰ اعلامیه آمده است: «هرکس حق آزادی تجمع مسالمت‌آمیز و تشکیلات دارد. هیچ‌کس نباید به عضویت در تشکیلات مجبور شود.» در این سند، حق بر تجمع در کنار حق تشکیلات در یک ماده بیان شده‌است و عنوان تشکیلات (انجمن) عام بوده و به‌صورت طبیعی شامل تشکیلات سیاسی و احزاب نیز می‌شود. علاوه بر ظاهر متن، عام بودن عنوان تشکیلات در این ماده را می‌توان از بند ۴ ماده ۲۳ نیز استنباط کرد. این ماده که مربوط به‌حق کار است، موضوع تأسیس و عضویت در اتحادیه‌های صنفی را به‌صورت خاص بیان کرده است. بنابراین اگر موضوع ماده

۲۰ اعلامیه صرفاً محدود به انجمن‌های مدنی و غیرسیاسی بوده و احزاب و تشکیلات سیاسی از محدوده دلالت آن خارج تلق شود، محتوای بند ۴ ماده ۲۳، تکراری و عبث خواهد بود.

برخلاف اعلامیه جهانی، در میثاق حقوق مدنی و سیاسی حق تجمع و حق تشکیلات در دو ماده جداگانه آمده است. در ماده ۲۱ میثاق، حق بر تجمع مسالمت‌آمیز و محدودیت‌های قانونی آن، و در ماده ۲۲ حق تشکیلات بیان شده‌است: «هرکس حق آزادی تشکیلات همراه با دیگران را دارد، از جمله حق بنیان‌گذاری و عضویت در اتحادیه‌های صنفی به هدف حمایت از منافع خود».

۵. محدودیت‌های حق بر تجمع و تشکیلات

حق بر تجمع و تشکیلات از جمله حقوق طبیعی افراد و اصل بر آزادی انسان است؛ یعنی آزادی تجمعات و تشکیلات پیش از هرچیز حقوق بشر است و وضع محدودیت بر آن‌ها یک امر استثنائی می‌باشد. از آن‌جا که انسان‌ها در جامعه بشری و به‌صورت جمعی زندگی می‌کنند، نمی‌توانند از آزادی عمل مطلق برخوردار باشند. بنابراین، دولت‌ها با رعایت شرایط زیر می‌توانند برای بهره‌مندی عملی افراد از آزادی اجتماعات و تشکیلات محدودیت ایجاد کنند:

اولین شرط اِعمال محدودیت بر حق تجمع و تشکّل، قانونی‌بودن آن است. یعنی این دو حق را می‌توان صرفاً براساس قانون و طی مراحل تشریفات قانونی محدود کرد. بنابراین مقامات حکومتی و اداری نمی‌توانند به‌صورت خودسرانه و غیرقانونی این حق‌ها را محدود کرده

و مانع برگزاری اجتماعات و یا تأسیس تشکیلات شوند.

شرط دوم آن است که حمایت و حفاظت از امنیت‌ملی، نظم، سلامت و اخلاق عمومی و حقوق و آزادی‌های دیگران دلیل و انگیزه محدودیت باشد. به‌عبارت دیگر، محدود ساختن این دو حق صرفاً برای نفع عمومی مهم‌تر در جامعه قابل توجیه است و نمی‌توان حق بر تجمع و تشکیلات را برای مقاصد شخصی یا گروهی دیگر محدود کرد.

شرط سوم این‌که محدودیت‌هایی قابل قبول است که در یک نظام مردم‌سالار لازم باشد. پس یک نظام غیر دموکراتیک نمی‌تواند برداشت سلیقه‌ای خود از امنیت‌ملی، نظم، سلامت و اخلاق عمومی را مبنا قرار داده و در جهت تأمین منافع شخصی یا گروهی طبقه حاکم، حق بر آزادی تجمعات و تشکیلات را محدود کند. هم‌چنان، وضع محدودیت بر آزادی اجتماعات و تشکیلات باید تابع اصولی باشد که در اسناد بین‌الملل حقوق بشری گنجانده شده‌است؛ مانند اصل منع تبعیض در اعمال محدودیت‌ها، اصل ضروری و موجه بودن، اصل تناسب، اصل حسن نیت و تأمین هدف مشروع.

جمع‌بندی

سرانجام با توجه به آنچه در این فصل در مورد حقوق سیاسی زنان در اسناد بین‌المللی حقوق بشر بیان شد، در جمع‌بندی کوتاه می‌توان گفت:

۱. مصداق‌های حقوق سیاسی عبارتند از: حق رأی، حق احراز

پست‌های عمومی، حق آزادی بیان و حق تجمع و تشکیلات که در اسناد متعدد بین‌الملل حقوق بشری بیان‌شده‌اند و تمام انسان‌ها باید به‌صورت برابر و فارغ از هرگونه تبعیض و تمایز از آن‌ها برخوردار شوند. این حق‌ها مبتنی بر ارزش‌های اخلاقی و اصول مشترک جهانی‌اند که مورد توافق تمام فرهنگ‌ها قرار گرفته‌اند.

۲. دولت‌های عضو اسناد بین‌المللی حقوق بشر تعهد دارند که اصل احترام به حقوق سیاسی زن و مرد را رعایت نموده و کلیه اقدامات لازم را در سطح ملی انجام دهند تا تبعیض جنسیتی در قوانین، جامعه و سیاست‌گذاری‌ها از بین برود و زنان و مردان به‌صورت مساوی از حقوق و آزادی‌های سیاسی برخوردار شوند. در واقع تصویب معاهدات بین‌المللی حقوق بشر متضمن این امر است که دولت‌ها باید اصول بنیادین حقوق؛ مانند اصل کرامت و اصل برابری و عدم تبعیض را در قانون اساسی یا سایر قوانین خود بگنجانند و به‌وسیله وضع قانون یا ایجاد سازوکارهای مناسب دیگر، تحقق عملی این قواعد را تضمین کنند. زنان باید حمایت قانونی دولت‌ها را بر مبنای برابری در مقابل هرگونه اقدام تبعیض‌آمیز با خود داشته‌باشند و بتوانند در شرایط برابر با مردان از حقوق و آزادی‌های اساسی بهره‌مند شوند.

فصل چهارم

حقوق سیاسی زنان در اسلام

بهره‌مندی زنان از حقوق سیاسی برابر با مردان مربوط به دوران مدرن است و این مسأله در عصر پیامبر اسلام به صورت امروزی مطرحِ نبود. در صدر اسلام، بهبود وضعیت زنان مورد توجه اسلام بوده و پیامبر در گفتار و رفتار خود تلاش می‌کرد تا وضعیت زنان بهتر شود. باری، اندیشه و آرای فقهی در مورد حقوق سیاسی زنان نیز در بستر زمان همراه با تغییر و تحول بوده است. برای مثال، در مورد بنیان‌گذاران مذاهب شافعی و حنبلی گفته شده‌است که آرای فقهی خود را مکرراً تغییر می‌دادند و از امام احمد در مورد یک موضوع تا هفت رأی نقل شده‌است. در واقع فقه تطور یافته‌است و فقیهان هنگام صدور آرای فقهی شان متأثر از پیش‌فرض‌های معرفتی و عوامل فرهنگی و اجتماعی بوده‌اند. باری، تحول اندیشه‌های فقهی و فتواهای دینی در مورد حقوق سیاسی زنان طبقِ نیازهای زمان، مبانی

و مستندهای خاص و یا فهم خاصی از مبانی و مستندهای عام و مشترک بوده است که تا اندازه‌ای با اصول بین‌الملل حقوق بشری هم‌خوانی دارد.

محمد ارکون وحی قرآنی را متن نخستین و تفسیر و تأویل آن را متن دوم می‌نامد. به باور او، مسلمانان به‌دلایل و اسباب تاریخی مربوط به متن دوم از متن اول دور شده‌اند و متن دوم در عمل جایگزین متن نخستین شده‌است و آن‌چه در حوزه سیاسی و فرهنگی حاکم است با متن دوم هم‌خوانی دارد (ارکون، ۱۳۷۶: ۱۰۷-۱۰۵). برخی از اندیشمندان این موضوع را به‌شکل دیگری بیان کرده‌اند. آنان اسلام را به سه نوع دسته‌بندی می‌کنند: اولی از جنس متن است؛ یعنی مجموعه‌ای از مکتوبات و متون مقدس دینی مسلمانان یا همان قرآن و سنت (اسلام یک)، دوم، برداشت‌ها، تفسیرها و قرائت‌های موجود از متون دینی که به حوزه‌های معرفتی متفاوتی مربوط می‌شود (اسلام دو) و سوم، مجموعه‌ای از عمل‌ها و عکس‌العمل‌های مسلمانان به متون دینی و یا فرهنگ جوامع اسلامی (اسلام سه). از نظر آنان، به‌دلیل عدم توجه فقیهان به روند اصلاحات و بهبود وضعیت زنان که پیامبر پی‌گیری می‌کرد، هرچه از منابع اولیه اسلامی به‌سمت آرای عالمان دینی و فرهنگ جوامع اسلامی پیش می‌رویم، تلقی از زنان منفی‌تر می‌شود. آنان معتقدند در این سه نوع از اسلام، دیدگاه‌های موجود نسبت به زنان هم مردسالارانه است و هم فاقد یکپارچگی یا سازگاری درونی. بنابراین تفسیر و برداشت دینی یک‌دست و یک‌پارچه در مورد حقوق زنان در میان فقیهان و اندیشمندان اسلامی وجود ندارد و تعارض میان ارزش‌های حقوقی زنان در اسناد

بین‌الملل از جمله حقوق سیاسی آنان و برداشت‌های دینی احساس می‌شود. بسیاری از عالمان و نهادی‌های دینی برابری حقوق سیاسی میان زن و مرد را برخلاف احکام اسلامی می‌دانند. اعلامیه جهانی حقوق بشر و کنوانسیون بین‌المللی حقوق سیاسی زنان مورد تأیید کامل اکثر از علمای دینی نمی‌باشند؛ اما اندیشه‌های سیاسی برخی از فقیهان معاصر در چارچوب گفتمان اجتهاد تحول یافته‌است و آنان به برداشت‌های متفاوت از حقوق زنان رسیده و دیدگاه نسبتاً برابری طلبانه ابراز داشته‌اند. هم‌چنان نواندیشان دینی تلاش کرده‌اند که قرائت‌های دینی سازگار با هنجارهای حقوق بشری و سیاسی زنان ارائه نمایند. در این فصل، حقوق زنان از دیدگاه فقه و اندیشه دینی بررسی می‌شود و منظور از اسلام در این نوشتار «اسلام دو» است.

گفتار اول: سیمای زن در اسلام

محسن کدیور، روشنفکر دینی معاصر ایرانی، معتقد است که در ادبیات دینی دو سیما از زن وجود دارد: سیمای قرآنی و سیمای فقهی. احکامی که دلالت بر سیمای اول دارد در میان احکام عبادی، حقوق تجارت و برخی از مباحث حقوق مدنی قابل مشاهده‌است؛ اما سیمای دوم را در میان مباحث حقوق جزایی، حقوق سیاسی و بسیاری از مصادیق حقوق مدنی می‌توان یافت (کدیور، ۱۳۹۳: ۲۹۹-۲۹۸).

۱. سیمای قرآنی زن

محسن کدیور سیمای قرآنی و دینی زن را از سیمای فقهی و شرعی او تفکیک می‌کند. از نظر او، این چهره زن یک سیمای انسانی و مورد تأیید قرآن و شخص پیامبر است که امروز با آن هیچ مشکلی وجود ندارد. چهره‌ای که از مریم در قرآن دیده‌می‌شود و زنانی که در سنت دینی مسلمانان وجود دارد؛ مانند خدیجه کبری، فاطمه‌زهرا و زینب کبری مربوط به سیمای اول زن است.

نواندیشان اسلامی با طرد جزمیت در قرائت متن، پذیرش عقلانیت در فهم دین و به رسمیت‌شناختن ولایت عامه و حقوق سیاسی زنان، در تقویت سیمای قرآنی زن تلاش می‌ورزند و برداشت خود از اسلام را در چشم‌انداز گسترده‌تری در قالب اصلاح دینی ارائه می‌کنند. آنان سیمای قرآنی زن را براساس عدالت مساواتی ترسیم می‌کنند و آن را با روح قرآن و موازین اسلامی سازگارتر می‌دانند. از نظر آنان، عدالت استحقاقی که یکی از مبانی سیمای فقهی سنتی زن است، عدالت و کرامت بشری را نقض می‌کند.

محسن کدیور براین باور است که در گذشته عدالت استحقاقی و تساوی تناسبی اندیشه غالب بود و براین اساس جایگاه طبیعی زنان، بردگان و سیاهان فروتر از مردان، افراد آزاد و سفیدپوستان تشخیص داده می‌شد. این فرودستی حقوقی قرن‌ها عدالت شمرده شده و توجیه عقلی می‌شد؛ اما بعد از تصویب اعلامیه استقلال آمریکا (۱۷۷۶) و اعلامیه حقوق انسان و شهروند انقلاب کبیر فرانسه (۱۷۸۹)، تساوی تناسبی جای خود را به تساوی همه انسان‌ها به‌عنوان حق

الهی یا حق طبیعی داد. فهم آدمی از انسان و حقوق بشر تغییر یافته و انسان به‌خاطر انسان بودن و فارغ از جنسیت، نژاد، رنگ، دین، عقیده سیاسی و پایگاه اجتماعی دارای حق است. فهم انسان معاصر از عدالت، عدالت مساواتی است؛ یعنی رفتار مساوی با همه انسان‌ها بدون توجه به ویژگی‌های جنسیتی، فکری و عقیدتی آنان. هرچند تفاوت زن و مرد انکارناپذیر است؛ اما این تفاوت نمی‌تواند منشأ حقوق نامساوی باشد (کدیور، ۲۰۰۴).

نواندیشان دینی معتقدند احکامی که در کتاب‌های فقهی آمده است احکام ثابت اسلامی نیستند و برخی از این احکام متناسب با عرفِ زمان نزول وضع‌شده‌اند. برای آنان، صورت‌ها و قالب‌های فقهی در مورد زنان و عرف زمان نزول هیچ قداستی ندارند و صرفاً پیام اصلی دین دارای قداست است. آنان صورت‌بندی انعطاف‌ناپذیر از فقه و اصرار بر ظاهر احکام را در یک نظام حقوقیِ ثابت نفی می‌کنند و تأکید بر بازخوانی متون دینی، به‌ویژه در مورد حقوق سیاسی زنان، دارند تا سیمای قرآنی و مطابق با روح و پیام اصلی دین از زن ترسیم کنند.

سیمای قرآنی زن، سیمای انسانی و پیام اصلی اسلام است. احکام دینی که دلالت براین سیما دارد مبتنی بر کرامت ذاتی زن بوده و هیچ نوع تبعیض حقوقی برای زنان قایل نیست. هیچ صفت فرودستی برای زنان در سیمای قرآنی وجود ندارد و بخشی از احکام دینی که بر حقوق برابر و انسانی زن دلالت می‌کند در این سیما برجسته است (کدیور، ۱۳۹۳: ۲۹۹-۲۹۸). این سیمای از زن عادلانه تلقی شده و با اسناد بین‌الملل حقوق بشری سازگار است؛ زیرا برابری حقوقی و

کرامت ذاتی انسان پذیرفته شده‌است و تبعیض جنسیتی در این سیما جایی ندارد.

نواندیشان دینی براین باورند که وقتی گزاره‌های شرعی پیش روی زن مسلمان قرار می‌گیرد، او احساس می‌کند که برخی از این‌ها با مقتضیات دنیای جدید سازگاری ندارند، در نتیجه بین دوگانگی قرار می‌گیرد؛ یعنی تردید می‌کند در این‌که هم بخواهد دین و ایمانش را حفظ کند و هم این قواعد حقوقی را معقول بیابد؛ اما در سیمای قرآنی این دوگانگی احساس نمی‌شود، زیرا گزاره‌های دینی که ترسیم‌کننده سیمای اول زن است با مقتضیات عصر جدید سازگار می‌باشد.

با تأکید بر برابری حقوقی زن و مرد، جریان نواندیشی دینی بیان می‌دارد که برابری حقوقی عدالت است و تبعیض حقوقی ظلم. حُسن و قبح عدالت و تبعیض ذاتی است؛ اما طرف‌داران عدالت استحقاقی نه به حسن ذاتی برابری حقوق معتقدند و نه آن را از مصادیق عدالت می‌دانند.

به باور آنان عدالت با استحقاق تلازم دارد نه با تساوی. استحقاق یعنی حق دادن به هرکس به‌اندازه قابلیت و استعدادش و استحقاق زن همان حقوقی است که به او داده‌شده‌است. اما کدیور باور دارد که برابری حقوقی با کرامت انسان‌ها سازگار است. انسان‌ها دارای کرامت ذاتی‌اند و تبعیض حقوقی نادیده گرفتن اصل کرامت است. از منظر عقلانیت معاصر، کرامت و عدالت بدون برابری حقوقی هیچ معنایی ندارد. دیدگاه‌های فقیهان سنتی که بر تبعیض حقوقی زن و مرد صورت‌بندی شده‌اند نشان از مرجوحیت قطعی آن‌ها در برابر تساوی حقوقی زن و مرد است (کدیور، ۱۳۹۳: ۲۹۹-۲۹۸)

به‌صورت خلاصه، رویکرد اسلام نواندیش با قرائت جدید از نصوص دینی بر پایه عقلانیت، عدالت، اخلاق، تاریخ‌مندی و نگرش اجتهادی الگو محور، به ترسیم زن مسلمانی می‌پردازد که دارای کرامت و جایگاه انسانی والاست و از حقوق سیاسی برابر با مردان برخوردار است.

۲. سیمای فقهی زن

منظور کدیور از سیمای فقهی و شرعی زن، سیمایی است که از دل شریعت فقاهتی و برداشت‌های سنتی فقهی[۱] بیرون می‌آید و مبتنی بر تفاوت و تبعیض حقوقی است و صفت فرودستی به زنان می‌دهد و آنان را از بهره‌مندی حقوق سیاسی و ولایت عامه منع می‌کند. در این سیما، تفاوت حقوقی زن و مرد یکی از ضروریات اندیشه فقهی می‌باشد و این تفاوت‌ها صرفاً برگرفته از ذهن عالمان و فقیهان نیست؛ بلکه مستندهایی در متون دینی برای آن یافت می‌شود. این سیما، از زن یک چهره فرودست و آسیب‌پذیر و نیازمند حمایت مرد ارائه می‌کند.

نگارنده این سطور معتقد است که چند پیش‌فهم[۲] عام و مشترک میان اکثر فقیهان به‌ویژه فقیهان سنتی، در تفسیر متون دینی وجود دارد که قرائت غالب را در مورد حقوق سیاسی زنان شکل می‌دهد و سیمای فقهی زن مبتنی براین پیش‌فرض‌ها می‌باشد.

۱-. چنان‌چه تریبون اسلام بیشتر در دست فقیهان بوده است نه در دست عارفان و معلمان اخلاق، سیمای فقهی زن فربه‌تر از سیمای قرآنی او است و حکم و تکلیف در کشورهای اسلامی نسبت به حقوق برجسته‌تر اند.

2- .Presupposition

پیش‌فرض اول این است که در قرآن هیچ نوع عنصر بشری وجود ندارد؛ محتوا و صورت لفظی قرآن هر دو وحی است. قرآن به‌هیچ‌وجه متأثر از فرهنگ، زبان و تاریخ بشری نیست؛ بلکه یک کتاب فراتاریخی می‌باشد و گزاره‌های موجود در نصوص و متون مقدس دینی همه به‌صورت یکسان دینی‌اند. فهم عصری از کتاب و سنت ملاک استنباط نیست و باید فهم ممکن در زمان نزول را معیار قرار داد و مفسر نمی‌تواند الفاظ و اصطلاحات به کار رفته در آیات و روایات را بر معانی جدیدی حمل کند که بر اثر مرور زمان کسب کرده‌اند. بنابراین مفسر به سنت و موقعیت تاریخی خاص وابسته نیست و با رویکرد نص‌گرایانه و متن‌محور به تفسیر حقوق سیاسی زنان می‌پردازد.

دوم، بعضی برداشت‌های فقهی بر پایه این فرضیه استوار است که نقش اصلی زن همسرداری، پرورش فرزندان و خانه‌داری است و حوزه فعالیت‌های سیاسی بیشتر مربوط به مردان می‌شود. پیش‌فهم سوم عدالت استحقاقی[1] است که در ترسیم سیمای سنتی زن بسیار پررنگ می‌باشد. عالمان دینی عدالت را به عدالت استحقاقی بر مبنای تساوی تناسبی تفسیر کرده‌اند و زنان را به‌دلیل فرضیه استعداد

۱-. در این تحقیق از عدالت توزیعی و تساوی تناسبی یعنی دیدگاه ارسطو پذیرفته شده توسط متفکران مسلمان با عنوان «عدالت استحقاقی» یاد می‌شود و از عدالت توزیعی براساس تساوی بنیادی با عنوان «عدالت مساواتی» . مفهوم عدالت ارسطویی بدین معناست که «به هرکس سهم مناسب و مقتضی‌اش را باید داد.» اصل اولیه از نظر عدالت توزیعی - که یکی از مولفه های مهم عدالت اجتماعی است - برابری همه افراد در تخصیص امکانات اعم از ثروت و مناصب عمومی و برخورداری از آن‌هاست؛ اما این نوع عدالت در باز توزیع امکانات قایل به تفاوت‌گذاری میان افراد است و مشکل اصلی در توجیه برخوردهای نابرابر و زمینه‌هایی است که چنین برخوردهایی را موجه می‌کند. شاید بتوان تعریف مشهور ارسطویی از برابری (رفتار برابر با برابرها و رفتار نابرابر با نابرابرها در ارتباط با میزان تفاوت های نسبی آن‌ها) را به عنوان مقبول‌ترین مولفه در مفهوم اجمالی عدالت دانست.

ذاتی کمتر، مستحق حقوق کمتری دانسته‌اند. آنان تأکید می‌کنند که حقوق زنان متناسب با استعدادها و توانایی‌های آنان بوده و عادلانه است.

براساس این پیش‌فرض‌ها، در سیمای شرعی که در روایات فقهی و آیات‌الاحکام غیرعبادی سیمای غالب است، زنان صرفاً به‌خاطر جنسیت‌شان از حقوق کمتر نسبت به مردان برخوردارند. برای مثال، در حوزه حقوق مدنی زن نمی‌تواند بدون اجازه شوهرش از خانه خارج شود، حتی اگر حقوق شوهر را رعایت کند و هم‌چنان باید زوجه از زوج در انتخاب اقامتگاه تبعیت کند. نکته دیگر وجوب تمکین مطلق زن از مرد در نیازهای جنسی است؛ یعنی زن باید به‌صورت مطلق در هر زمان و مکانی از شوهر اطاعت کند، مگر در صورتی‌که عذر شرعی داشته‌باشد. در زندگی زناشویی مرد رئیس خانواده تلق می‌شود و این ریاست از نظر برخی از عالمان دینی ولایت مطلقه است و هرگاه زن خلاف کند، احکام ناشزه بر او جاری می‌شود.

در حوزه حقوق جزا، خون‌بهای زن کمتر از مرد است و در بسیاری از امور از قبیل اکثر حدود شرعی، شهادت زنان مطلقاً قبول نمی‌شود. در مورد حقوق سیاسی، زنان شایستگی قضاوت، رهبری و ریاست‌جمهوری را ندارند؛ یعنی زنان نمی‌توانند پنج مقام دینی را به عهده بگیرند که عبارتند از: رهبری و امارت سیاسی، قضاوت، مرجعیت تقلید، امامت جمعه و امامت جماعت.

سیمای شرعی زن براساس اسلام تاریخی شکل گرفته است که در آن انسان‌ها به‌صورت کلی فاقد حقوق ذاتی است و برابری حقوقی آنان قابل قبول نیست. در برداشت سنتی از اسلام، جنسیت مقدم بر

انسانیت است و هم‌چنان‌که تفاوت فیزیکی و روان‌شناختی زن و مرد بدیهی است، تفاوت حقوقی آنان نیز به همان میزان از بداهت بوده و زن نسبت به مرد به‌لحاظ حقوقی انسان درجه دوم محسوب می‌شود. بنابراین سیمای شرعی زن که در آن چهره فرودست، آسیب‌پذیر و نیازمند پاسداری مرد از زن ترسیم می‌شود، با اصول و هنجارهای بین‌المللی در تناقض آشکار قرار دارد؛ زیرا تبعیض جنسیتی و عدم برابری حقوقی انسان‌ها در اسناد بین‌المللی ناعادلانه و مخالف کرامت انسانی زن تلقی می‌شود.

گفتار دوم: دیدگاه‌های مختلف در مورد حقوق سیاسی زنان

در اسلام دسته‌بندی مشخصی در مورد مصادیق حقوق سیاسی زنان وجود ندارد، اما می‌توان در یک دسته‌بندی کلی حقوق زنان را براساس فقه اسلامی به «ولایت عامه» و «ولایت خاصه» تقسیم نمود. ولایت عامه که سرپرستی و سلطه در یکی از امور سیاسی مردم می‌شود، مانند قانون‌گذاری، قضاوت، اجرای قوانین و ریاست بر متصدیان این امور، همان حقوق سیاسی است؛ اما ولایت خاصه سلطه‌ای است که دارنده آن در یکی از اموری مخصوص به اشخاص معین حق دخل و تصرف دارد؛ مانند وصی بر صغار بودن، ولایت بر اموال، و نظارت بر اوقاف (قربانی و دیگران، ۱۳۳۹: ۶۱) و می‌توان آن را در دسته حقوق اجتماعی قرار داد. فقیهان نوع دوم از ولایت را

برای زنان تأیید و امضا نموده‌اند؛ اما در مورد ولایت عامه، که شامل مرجعیت سیاسی، مرجعیت قضائی و مرجعیت دینی می‌شود، بحث و مجادلات فقهی صورت گرفته است و فقیهان در مشروعیت ورود زن به فعالیت‌های سیاسی و شایستگی او بدان منظور اختلاف‌نظر دارند. در مورد حقوق زنان، سه نوع قرائت[1] از متون دینی وجود دارد: اول، قرائت سنتی فقهی مبتنی بر عدالت استحقاقی و تساوی تناسبی و توجیه تفاوت‌های حقوقی زن و مرد بر مبنای تفاوت‌های طبیعی؛ دوم قرائت نواندیشانه فقهی که در پی نوآوری در درون سنت فقهی است و سوم قرائت نواندیشانه دینی مبتنی بر عدالت مساواتی.

۱. قرائت سنتی فقهی

در اندیشه «اسلام سنتی» حقوق مدنی و سیاسی زنان براساس عدالت استحقاقی تبیین شده‌است. قایلان عدالت استحقاقی معتقدند که اختلاف حقوق زن و مرد عادلانه است؛ زیرا برخاسته از خصلت‌های ذاتی و اقتضای طبیعت این دو جنس است. از نظر آنان، اصل در حقوق و تکالیف زنان تساوی با مردان است؛ مگر در مواردی که طبیعت و فطرت شان اقتضای عدم اشتراک دارد و خصلت‌های ذاتی زن که او را از مرد متمایز می‌سازد دو چیز است: اول، باروری زن و اتکای بقای نوع انسان به او. دوم، نهاده شدن طبیعت او بر لطافت اندام، شدت عواطف و احساسات، و رقّت

۱-. قرائت به معنای «خوانش» و «برداشت» از معنای یک متن است و این اصطلاح در هرمنوتیک کاربرد گسترده‌ای دارد.

شعور و تعقل. از نظر آنان، زن به‌لحاظ خلقت از مرد ضعیف‌تر است و حقوق و وظایف شرعی او متناسب با استحقاق ذاتی او وضع‌شده و کاملاً عادلانه است.

نگاه سنتی مبتنی بر عدالت استحقاقی در مورد حقوق سیاسی زنان و تأکید بر تفاوت‌های طبیعی زن و مرد رویکرد غالب است؛ اما این رویکرد کاملاً یک‌دست نیست و در تفسیر این رویکرد و ترسیم حوزه نابرابری حقوق سیاسی زن، تفاوت‌های زیادی وجود دارد. در این گفتار به‌عنوان نمونه دیدگاه‌های برخی از مهم‌ترین فقیهان دینی که رویکرد سنتی مبتنی بر عدالت استحقاقی به حقوق سیاسی زنان داشته بررسی خواهد شد.

دیدگاه الهی‌دان و اندیشمند متأخر ایرانی، مرتضی مطهری، در مورد حقوق مدنی و سیاسی زنان مبتنی بر عدالت استحقاقی است. او طبق مبنای عدالت استحقاقی معتقد است که اسلام اصل مساوات میان زن و مرد را رعایت کرده است و ترجیح حقوقی برای مردان نسبت به زنان قایل نیست. از نظر او زن و مرد از دیدگاه اسلام در حیثیت و شرافت انسانی باهم برابرند و حقوق مساوی دارند؛ اما حقوق و تکالیف شرعی آن‌ها مشابه و یک‌نواخت نیست (مطهری، ۱۳۸۲: ۱۱۵-۱۱۴). مطهری مساوات را به‌معنای برابری مطلق نمی‌پذیرد و در تلاش ثبوت این امر است که تفاوت‌های حقوقی زن و مرد در شریعت اسلامی در تعارض با اصل مساوات نمی‌باشد. او تفاوت‌ها و ویژگی‌های فیزیکی و روان‌شاختی زن و مرد را «تناسب» و فارغ از هرگونه نقص و کمال می‌داند و معتقد است که خاستگاه تفاوت حقوقی زن و مرد، ویژگی‌های فطری و طبیعی آنان می‌باشد و قانون

خلقت خواسته است با این تفاوت‌ها تناسب بیشتری میان آنان به وجود آورد. بنابراین، اختلاف در حقوق و تکالیف و برخی مجازات زن و مرد در اسلام کاملاً عادلانه است (مطهری، ۱۳۸۲: ۱۶۱).

آیت الله جعفر سبحانی مدعی است که فقه اسلامی پاسخگوی نیازهای مسلمانان در هر عصر می‌باشد و آنان را از داشتن قانون‌های بشری بی‌نیاز می‌سازد؛ زیرا توانایی تولید قانون‌های متناسب با تحولات زمان را دارد. از نظر او در اسلام یک سلسله مسائل حقوقی، غیر از مسائل ذکرشده در کتاب‌های فقهی، وجود دارد که «حقوق اخلاقی» گفته‌می‌شود. این دسته از حقوق که از الزامیت شرعی برخوردار نیست و در قوانین کشورها نیز بازتاب نیافته است، جامعیت فقه و برتری آموزه‌های اسلامی را بر منشور جهانی حقوق بشر ثابت می‌سازد (خوشنویس، ۱۳۷۰: ۵۲۵-۵۲۳).

او نیز از منظر عدالت استحقاقی به حقوق زنان پرداخته و مرد بودن را در مقام قضاوت و ریاست عالیه شرط می‌داند. در توجیه این امر، او استدلال می‌کند که عدم شایستگی زنان در مقام ریاست عالیه و قضاوت به این دلیل است که مداخله زنان در امور سیاسی بزرگ خطراتی را در پی دارد و منصب قضاوت با ویژگی‌های خلقت زنان مانند عاطفی و احساسی بودن آنان سازگار نیست (خوشنویس، ۱۳۷۰: ۲۴۳). او تکراراً به روایت منسوب به پیامبر که حکومت زن را مانع رستگاری می‌داند، استناد می‌کند و استدلال می‌کند که با وجود زنانی با فضیلت و دارای معلومات میان مسلمانان، در تاریخ زندگی پیامبر به هیچ زنی منصب قضاوت داده نشد. هم‌چنان، زمام‌داران بنی‌امیه و بنی‌عباس، که بیش از پنج قرن بر مسلمانان حکومت

کردند، به غلامان خود مقام ولایت و منصب قضاوت می‌دادند؛ اما به هیچ زنی به‌عنوان نمونه مقام قضاوت ندادند. سبحانی معتقد است که عالمان شیعه به عدم شایستگی زن برای منصب قضاوت اتفاق‌نظر دارند و فقیهان شافعی نیز با آنان هم‌عقیده‌اند. بنابراین، او مرد بودن را یکی از شرایط مهم قضاوت و رهبری می‌داند و تأکید می‌کند که زن با وجود داشتن شایستگی نمی‌تواند قاضی شود (خوشنویس، ۱۳۷۰: ۲۴۰-۲۴۱).

کتاب «زن در شریعت اسلامی» آیت الله محمد آصف محسنی نیز با رویکرد عدالت استحقاقی نوشته شده‌است. محسنی با دیدگاه نص‌گرایانه در چارچوب فقه سنتی به حقوق زنان پرداخته و معتقد است که زن نمی‌تواند مرجع تقلید، رهبر و یا قاضی شود (محسنی، ۱۳۷۰: ۱۹-۱۸). براساس دیدگاه محسنی، زن می‌تواند تصدی پست‌های سیاسی مانند وزارت، ریاست و یا رهبری یک حزب را به عهده بگیرد؛ اما جواز ندارد که به‌عنوان مفتی، قاضی و یا والی یک شهر ایفای وظیفه نماید. از نظر او، هرچند در فقه جعفری نص روشنی بر منع قضای زن وجود ندارد، اما عالمان شیعه بر منع آن فتوا داده‌اند و مرد بودن از جمله شرایط قضاوت است (جوادی، ۱۳۸۷: ۲۱۳ و ۲۷۸). از نظر محسنی نیز مساوات به‌معنای برابری مطلق نیست. او استدلال می‌کند که در موارد یادشده هیچ‌گونه تبعیض جنسیتی وجود ندارد و عدالت اسلامی در کمیت حقوق رعایت شده‌است هرچند در کیفیت، به‌علت ویژگی‌های خاص فیزیکی و روانی زن و مرد متفاوت است. او در عین حال تأکید می‌کند که فقه اسلامی بر کرامت انسانی و عدالت اجتماعی استوار است؛ تکالیف شرعی

به‌صورت یکسان شامل زن و مرد می‌شود و آنان در انسان بودن و کرامت انسانی تفاوت ندارند.

با طرح این ادعا که اصول حقوق بشر امروزی ریشه در سنت اسلامی دارد، و ادیان الهی به‌ویژه اسلام، پایه‌های نخستین اعلامیه‌های حقوق بشر را پی‌ریزی نموده‌است، محسنی در برخی موارد کوشیده‌است که تفسیر موسعی از کتاب و سنت ارائه کند. با توجه به این نکته، محسنی می‌گوید که هرگاه زنی برای اداره حکومت اسلامی واجد تمام شرایط باشد، دلیل قاطعی بر عدم شایستگی او برای این مقام در شریعت وجود ندارد و استناد به روایات ضعیف فاقد اعتبار است (محسنی، ۱۳۷۰: ۲۰۶ و ۲۷۷).

علامه عبدالکریم زیدان، یکی از فقیهان برجسته‌ای معاصر اهل‌سنت، دیدگاه خود در مورد حقوق زنان را در چارچوب شریعت اسلامی و عدالت تناسبی صورت‌بندی کرده است. او طبق اصطلاح مرسوم فقهی اول جهان را به «دارالاسلام» و «دارالکفر» تقسیم‌بندی می‌کند و هرکس دین اسلام را بپذیرد شهروند دولت اسلامی (ساکنِ دارالاسلام) تلق شده و دارای حقوق سیاسی خواهد بود. زیدان زن و مرد را در انجام وظایف شرعی برابر می‌داند، اما به عدم برابری حق‌های سیاسی میان آن‌ها تصریح می‌کند. او ضمن تأکید براین‌که تکلیف اصلی زن خانه‌داری و تربیت فرزند است، تصدی مشاغل عمومی برای زن را در دارالاسلام در صورتی جایز می‌داند که به تکلیف اصلی او آسیب نرساند و زن به درآمد حاصل از آن نیازمند باشد (زیدان، ۱۳۹۵: ۲۷۱-۲۷۰).

از نظر او زن نیز مانند مرد در انتخاب رئیس دولت حق رأی

دارد و باید به فرد صالح و شایسته رأی دهد. زیدان برای اثبات بهره‌مندی زن از حق انتخاب‌کردن به جریان انتخاب خلیفه سوم استناد می‌کند که عبدالرحمان بن عوف با مردان و زنان پرده‌نشین مشورت کرد. در نتیجه، او استدلال می‌کند که اگر زنان از حق رأی در مورد انتخاب خلیفه برخوردار نبودند و یا رأی آن‌ها تأثیری نداشت، عبدالرحمان با آن‌ها مشورت نمی‌کرد. اما زن اهلیت تصدی ریاست دولت را ندارد و نمی‌تواند نامزد این پست شود (زیدان، ۱۳۹۵: ۲۹۲ و ۲۹۶). از نظر زیدان زن در انتخاب اعضای مجلس شورا نیز حق رأی دارد، اما به چند دلیل حق عضویت و انتخاب شدن را ندارد: اول این‌که چنان‌چه هدف از عضویت در مجلس شورا کسب درآمد است، نفقه زن را شوهر و یا ولی باید بپردازد. دوم این‌که عضویت در مجلس از جمله واجبات کفایی به‌شمار می‌آید و با انتخاب مردان ضرورتی برای عضویت زن احساس نمی‌شود. سوم این‌که براساس اصل سد ذریعه انتخاب زن در مجلس شورا جواز ندارد؛ زیرا انجام این کار مستلزم خارج شدن زن از خانه و مجالست و حتی خلوت با مردان نامحرم است که از نظر شرعی حرام است و چه‌بسا باعث به وجود آوردن فساد اخلاقی می‌شود. پس برای سد ذریعه و جلوگیری از فساد اخلاقی، انتخاب زن برای عضویت مجلس جایز نیست (زیدان، ۱۳۹۵: ۳۱۵-۳۱۳).

زیدان معتقد است که عدم جواز عضویت زن در مجلس شورا به این معنا نیست که زن نتواند دیدگاه‌ها و آرای اجتهادی خودرا در مورد مسائل دولت و جامعه ابراز کند. زن باید به رئیس دولت مشورت دهد و دیدگاه خودرا به‌صورت مستقیم و یا از طریق

رسانه‌ها بیان کند. در صورتی که زن شایستگی اجتهاد را داشته‌باشد، می‌تواند در مسائل سیاسی و اجتماعی فتوا دهد. برای اثبات این موضوع، او به داستان صلح حدیبیه با قریش و خروج مسلمانان از احرام عمره اشاره می‌کند که ام‌سلمه به پیامبر مشورت داد. زیدان هم‌چنان داستان پند و اندرز خوله، دختر ثعلبه، را به خلیفه دوم از تفسیر قرطبی روایت می‌کند. او به روایت‌های تاریخی دیگر نیز استناد می‌کند چنان‌چه زنان پیامبر، به‌ویژه عایشه، در مسائل دینی و دنیوی آرای اجتهادی شان را بیان نموده و فتوا صادر می‌کردند (زیدان، ۱۳۹۵: ۳۱۸-۳۱۵).

۲. قرائت نواندیشانه فقهی

برخی از فقیهان ضمن بازخوانی منابع دینی با همان شیوه سنتی، به برداشت‌های متفاوت در مورد حقوق زن رسیده و دیدگاه نسبتاً برابری طلبانه ابراز داشته‌اند. برای مثال در مقابل نفی مطلق مرجعیت قضائی و دینی برای زنان، ابن‌جریر طبری، فقیه و مفسر معروف اهل‌سنت، معتقد است که قضاوت زن مطلقاً جایز است؛ زیرا قضا مانند فتواست و از آن‌جا که عالمان دینی احراز منصب فتوا را برای زن مجاز می‌دانند، تصدی مقام قضاوت نیز برای زن جایز است (حنا نی، ۱۳۸۶: ۱۶۲-۱۵۸؛ گلدانی، ۱۳۸۲: ۱۳۴).

آیت الله فیاض، یکی از مراجع ساکن نجف و از مجتهدان معاصر، با رویکرد فقهی نوگرایانه و متفاوت با رهیافت سنتی رایج در فقه شیعه و سنی در مورد حقوق زنان، به‌ویژه حقوق سیاسی آنان، پرداخته‌است.

او در کتاب «جایگاه زن در نظام سیاسی اسلام» اصل را در برابری حقوقی میان زن و مرد قرار داده است، فقط در جایی از این اصل عدول می‌کند که نصوص صریح مرد بودن را شرط دانسته‌است.

او ابتدا حکومت را به شرعی و غیرشرعی تقسیم کرده است. حکومت شرعی بر پایه حاکمیت خداوند استوار است و مقام حاکم از جانب خداوند تعیین می‌شود و حاکم بر تمام اوضاع کشور سلطه کامل دارد؛ اما در حکومت غیرشرعی این قدرت و مقام یا از طریق انتخابات عمومی و آزاد و یا از طریق قهر و غلبه تعیین می‌شود. طبق این معیار، حکومت‌ها در اکثر کشورهای اسلامی عرفی و غیرشرعی است. در مورد این‌که در حکومت شرعی زنان می‌توانند با داشتن شرایط، سمت رهبری و مقام حاکم را داشته‌باشند، از نظر فیاض ثبوت آن خالی از قوت نیست؛ زیرا دلیلی غیر از اجماع بر عدم ثبوت آن وجود ندارد و احراز اجماع که مورد تأیید معصوم بوده و حجیت داشته‌باشد، ممکن نیست. در حکومت دینی، فیاض قضا و صدور فتوا را بخشی از ولایت شرعی دانسته و در این خصوص ضمن اشاره به مخالفت فقیهان، جواز تصدی زن نسبت به این مناصب را خالی از قوت نمی‌داند؛ اما در مورد پست‌های دیگر حکومتی از جمله عضویت و ریاست پارلمان، براین باور است که زنان در حکومت دینی نیز براین مناصب قطعاً شایستگی دارند و می‌توانند در انتخابات پارلمانی و یا سایر مجالس نمایندگی برای رأی‌گیری شرکت کنند (فیاض، ۱۳۹۳: ۳۲ و ۳۸). طبق فتوای این مرجع تقلید، زنان با داشتن رأی مساوی با مردان شایستگی دارند که در انتخاب رئیس دولت، اعضای حکومت، قوه مقننه و سایر مجالس انتخابی به‌طور عموم شرکت کنند (فیاض،

۱۳۹۳: ۵۸ و ۸۷). در مسائل سیاسی، اجتماعی، اقتصادی و فرهنگی، شهادت زن و مرد مساوی است. هم‌چنان، در حقوق و تکالیف سیاسی هیچ فرقی میان زن و مرد وجود ندارد (فیاض، ۱۳۹۳: ۳۹-۳۸)؛ اما در حکومت غیردینی، زن مسلمان می‌تواند با حفظ حجاب و عفاف، تمام مناصب حکومتی را از قبیل ریاست عالیه کشور، مقام نخست‌وزیری، فرماندهی ارتش، امارت جهاد برضد مشرکان و یا فرماندهی جنگ را برعهده بگیرد و در این موارد هیچ تفاوتی میان زن و مرد نمی‌باشد[1] (فیاض، ۱۳۹۳: ۸۹).

فیاض در باب مرجعیت زنان نیز اصل برابری میان زن و مرد را در نظر گرفته است. هرچند سایر فقیهان جواز به مرجعیت زن نمی‌دهند؛ اما فیاض صرفاً با این استدلال که بر شرط رجولیت دلیلی وجود ندارد، عمل به فتوای مجتهد اعلم عادل زن را جایز دانسته و زن بودن را مانع حجیت قول مجتهد عادل اعلم نمی‌داند.

از نگاه فیاض، برخلاف دیدگاه مشهور، به عهده گرفتن تمام سمت‌های سیاسی و دینی به شمول سه سمت ریاست عالیه دولت (مرجعیت سیاسی)، مقام قضاوت (مرجعیت قضائی) و مقام افتا (مرجعیت دینی) برای زن مجاز شمرده شده‌است.[2] مبنای اصلی این

۱-. روایت‌های تاریخی نشان می‌دهد که در عصر پیامبر، زنان در میدان جنگ به حمایت از مردان نقش فعال داشتند. آنان با اجازه شخص پیامبر در تهیه غذا برای لشکر، آبرسانی به مجاهدین در جریان جنگ، تداوی و انتقال زخمی‌ها، حفاظت از سنگرها در غیاب مجاهدین و حتی مشارکت در جنگ سهم می‌گرفتند. گاهی زنان بردشمن تلفات وارد می‌کردند و برخی از آنان در میدان جنگ زخم برداشتند (حنانی، ۱۳۸۶: ۱۱۷-۱۱۶). این واقعیت تاریخی ممکن است براین امر دلالت کند که هیچ مانع شرعی برای عضویت زنان در ارتش نظامی کشورهای اسلامی وجود ندارد.

۲-. هم‌اکنون برخی از نان متصدی پست‌های سیاسی بزرگ در کشورهای اسلامی هستند. برای مثال، شاهزاده ریما بنت بندر آل سعود سفیر عربستان سعودی در ایالات متحده آمریکا است، در کابینه فعلی دولت عراق سه زن (طیف سامی وزیر دارایی، ایوان فائق جابرو وزیر مهاجرت و امور مهاجران و هیام عبود الیاسری وزیر ارتباطات) وجود دارد و در مارچ ۲۰۲۲ میلادی، رضوی حلمی به عنوان نخستین قاضی زن در

نظریه این است که از نگاه فقهی، تفاوت‌های حقوقی و فقهی میان زن و مرد را تنها در صورتی می‌توان پذیرفت که دلیل معتبر شرعی به‌صورت نص یا ظهور، بر اثبات آن وجود داشته‌باشد؛ وگرنه موضوع داخل در حوزه «منطقه‌الفراغ»[1] خواهد بود که با تغییر شرایط زمان و مکان قابل‌تغییر می‌باشد.

از نظر فیاض حوزه تفاوت‌ها میان زن و مرد بسیار محدود است که در چند مسأله خاص فقهی خلاصه می‌شود. این مرجع تقلید اصل تفاوت میان زن و مرد در خانواده را پذیرفته‌است؛ اما حوزه تفاوت حقوقی را محدودتر کرده و حق فعالیت اجتماعی و بیرون از خانه برای زن را نیز تأیید می‌کند. از دیدگاه فیاض، زن حق ندارد در صورتی‌که حق همسرش ضایع شود بدون اجازه او از منزل بیرون رود؛ اما ثبوت این حق برای شوهر به مقدار معمولی و متعارف می‌باشد که با اشتغال زن و خارج شدن از خانه به مقدار شش یا هشت ساعتی که معمولاً مرد نیز در همین مدت خارج از منزل است منافات ندارد. اگر تقاضای مرد از زن به‌خاطر لجاجت و ممانعت از اشتغال زن باشد، در این صورت اقرب این است که بر زن واجب نیست از شوهر خود اطاعت نماید. هم‌چنان اگر وظیفه‌ای بر زن واجب باشد مثل این‌که ولیّ امر انجام آن را از زن خواسته باشد، تا در دولت اسلامی

«دادگاه عالی اداری» یا «شورای حکومت» دولت مصر گماشته شد. در مورد انتصاب خانم حلمی، احمد الطیب، شیخ اعظم دانشگاه الازهر، بیان داشت که هیچ حکم مذهبی زنان را از داشتن پست‌های عالی، سفر به تنهایی یا داشتن سهم عادلانه از ارث باز نمی‌دارد.

۱-. اصطلاح «منطقه‌الفراغ» را اولین‌بار سیدمحمدباقر صدر، به معنای حوزه‌ای، که شارع در آنجا دارای احکام الزامی نیست، به کار برد و به آن حوزۀ مباحات نیز گفته می‌شود. منطقه‌الفراغ؛ یعنی قلمروی که از حکم خالی است و به ولی امر و حاکم اسلامی اجازه داده شده تا با درنظر گرفتن مقتضیات زمان و مکان و با توجه به مصالح و منافع جامعه، در آن قلمرو حکم صادر کند. برخی از فقیهان معاصر به آن «منطقۀ فارغ از قانون‌گذاری» می‌گویند.

انجام دهد، شوهر حق ندارد زنش را از ایفای آن وظیفه ممانعت نماید، هرچند انجام آن وظیفه با حق شوهر منافات داشته‌باشد (برهانی، ۱۳۹۸: ج ۴۵/۱).

فیاض احادیث مربوط به نقصان عقل و دین در مورد زنان و روایت منسوب به پیامبر که حکومت زن را مانع رستگاری می‌داند، معتبر ندانسته و نسبت آن احادیث را به پیامبر درست نمی‌داند؛ زیرا بر خلاف وجدان و واقعیت‌های عینی است. او معتقد است که آنچه از آیات و روایات استفاده می‌شود این است که بین زن و مرد در این مورد فرقی وجود ندارد (فیاض، ۱۳۹۳: ۶۸-۶۶).

آیت‌الله ابراهیم امینی نیز معتقد است که در قرآن آیه‌ای که دلالت بر نقصان عقل یا ضعف ایمان زن کند یافت نمی‌شود و روایت‌هایی موجود در این مورد را ضعیف و فاقد حجیت می‌داند؛ زیرا قطعی‌الصدور و متواتر نیستند. هرچند او این احادیث را به‌صورت کلی نفی نمی‌کند؛ اما بیان می‌دارد که هیچ قرینه و دلیل قطعی وجود ندارد که آن‌ها را به شارع مقدس نسبت بدهیم. برای نمونه او به برخی از زنان مانند مریم، آسیه، خدیجه، فاطمه و زینب اشاره می‌کند که هم نسبت به بسیاری از مردان عاقل‌تر بودند و هم ایمان قوی داشتند. بر فرض صحت روایت، امینی می‌گوید ممکن است زنان در یک مقطع زمانی و شرایط فرهنگی خاص که فرصت حضور در اجتماع داده نشده بودند، مخاطب قرار گرفته باشند؛ اما این دسته از روایات کلیت ندارد و نمی‌توان براساس احساسات و عواطف زن توجیه کرد؛ زیرا داشتن عواطف قوی با تعقل زن منافات ندارد و دلالت بر ضعف عقلش نمی‌کند (امینی، ۱۳۸۴: ۱۵۹-۱۵۶).

امینی مرجعیت دینی و فتوا را برای زنان جایز می‌داند. او هم‌چنان معتقد است که در مورد فعالیت‌های سیاسی و اجتماعی زنان هیچ ممنوعیت شرعی وجود ندارد؛ اما تصدی حکومت و مقام قضاوت توسط زنان یک مسأله اختلافی میان عالمان دینی و فقیهان است چنان‌که برخی از آنان این دو منصب را جایز دانسته و برخی دیگر ممنوع کرده‌اند. او بدون بیان رأی خودش، تصدی حکومت و قضاوت را موضوع تقلیدی می‌داند و به فتواهای مجتهدین ارجاع می‌دهد؛ ولی به آنان توصیه می‌کند چنان‌که عصر جدید بسیار متفاوت از گذشته است و نمی‌توان زنان را مانند قدیم در حاشیه قرار داد، مسائل مربوط به زنان را با دید جهانی و سعه‌صدر بررسی نموده و فتواهای شان را با نیازهای عصر جدید تطبیق دهند (امینی، ۱۳۸۴: ۱۶۷ و ۱۸۴).

محمدحسین فضل‌الله از جمله فقیهان معاصر لبنانی است که دیدگاه جدیدی در مورد حقوق زنان ارائه کرده است. او معتقد است شیوه مطالعه‌ای، که مبتنی بر تمرکز بر واقعیت انسانی زن و هم‌چنین مرد است، بهترین راه دستیابی به نتایج متوازن است. در این راستا فقیهان و عالمان دینی اول باید وضعیت واقعی زن را درک کنند و سپس وارد فهم نص شوند. براین اساس لازم است آنان با ماهیت شرایطی که نصوص در آن به وجود آمده‌اند و نگرش برخاسته از درون آن شرایط آشنا شوند، تا شاید قراینی کشف کنند که نص را از معنای ظاهری‌اش به تفسیر دیگری معطوف می‌کند که با واقعیت‌های خارجی تفاوت ندارد و یا سبب مخالفت حدیث با اصول ثابت عقیدتی نادرستی و عدم سلامت حدیث را کنند (فضل‌الله، ۱۳۸۴: ۱۶).

از نظر فضل‌الله، برداشت‌های دینی گذشتگان قداستی ندارند و

حتی نصی که مسائل متغیر را بیان داشته و ثابت بودنش اثبات نشده است، قابل مناقشه است؛ زیرا هرچند این نص از نظر حروف و کلمه ثابت است، اما ضرورتی ندارد که مفهوم و معنای ثابت و ماندگار داشته‌باشد. انسان‌ها در فهم نصوص اختلاف دارند. برای مثال، برخی‌ها بر معنای لغوی حروف و کلمات اصرار می‌ورزند و صرفاً همان معنا را می‌گیرند که در لغت‌نامه‌ها بیان شده‌است و برخی دیگر نص را در درون شرایطی که از آن برخاسته‌اند، متغیر می‌بینند و در جست‌وجوی رابطه نص با تاریخ و یا تاریخ با نص‌اند. عده‌ای دیگر به‌دنبال معانی عمیق‌تر و دریافت نکات و اشارات جدیدترند (فضل‌الله، ۱۳۸۳: ۵۰). او می‌گوید که نگرش پست‌انگارانه گذشته نسبت به زن و نگرش برابری طلبانه امروز متأثر از این است که در گذشته فهم نص قرآنی بیشتر تحت‌تأثیر اوضاع اجتماعی رایج در آن عصر قرار داشته که چندان از فضا و مفاهیم جاهلیت به‌دور نبوده است و گذشتگان با غرق شدن در ابعاد محدود جامعه، متون دینی را هماهنگ با ذهنیت اجتماعی حاکم درک می‌کردند. در حالی که گفتمان حقوق زنان در عصر جدید، عالمان دینی را به مطالعه واقعیت و بازخوانی نص برای دستیابی به نگاهی عادلانه نسبت به زن فرا می‌خواند و گشایش افق‌های جدید فکری-اجتماعی عالمان را واداشته است تا به‌گونه‌ای دیگر در مورد زنان بیندَیشند (فضل‌الله، ۱۳۸۳: ۱۱۷-۱۱۶).

مبنای فضل‌الله این است که اسلام حقایق را انکار نمی‌کند، بلکه بر آن تأکید می‌کند و در قانون‌گذاری، بر پایه هماهنگی با حقایق پیش می‌رود. بنابراین در آیات و روایات ظاهراً مخالف این مطلب،

باید فقیهان و عالمان دینی بعضی از عناصر پنهانی که به گونه دیگر قابل فهم است، کشف کنند. آنگاه این عنصر پنهان را به مثابه قرینه‌ای داخلی براین مطلب که معنای خلاف ظاهر، مقصود بوده است، به کار گیرند (فضل‌الله، ۱۳۸۴: ۲۷).

فضل‌الله طبق همین مبنا، قوامیت مرد نسبت به زن را به‌دلیل این‌که نص صریح قرآن است می‌پذیرد؛ اما معتقد است این تسلط منحصر به زن و شوهر در محیط خانواده بوده و شامل حوزه سیاست و اجتماع نمی‌شود و مرد جز در دایره زندگی زناشویی هیچ ولایت و قوامتی بر زن ندارد. در بیرون از خانه ممکن است گاهی زن‌بر مرد تسلط داشته‌باشد. برای مثال، هرگاه زنی سمت وزارت را بر عهده داشته و شوهرش کارمند همان وزارت باشد، زن می‌تواند در بیرون به حیث وزیر بر شوهرش و سایر کارمندان مرد سلطه داشته‌باشد هرچند در خانه قوامیت مربوط به شوهر است. بنابراین، آیه ۳۴ سوره نساء را نمی‌توان دلیل نفی حق قضاوت و حکومت زن تلقی کرد. طبق دیدگاه او، از نظر قانون اسلام زن نیز مانند مرد استقلال دارد و هنگامی که بالغ و عاقل باشد، هیچ شخصی تسلط بر او ندارد، مگر آن‌که خود او با رضایت و اختیار خود و براساس عقد و پیمانی از برخی از جنبه‌های استقلال و آزادی‌اش صرف‌نظر کند. او تأکید می‌کند که «قوامت» یا تسلط که در قرآن آمده امور عمومی را شامل نمی‌شود و اشاره‌ای به ضعف یا ناتوانی فطری و طبیعی زن ندارد، بلکه مربوط به «نفقه دادن» است و ویژگی معینی از مسؤولیت در برابر زندگی زناشویی را بیان می‌کند (فضل‌الله، ۱۳۸۴: ۳۵-۳۴).

برخلاف برخی از برداشت‌های فقهی که از آیه ۲۲۸ سوره بقره[۱] صورت گرفته و براساس آن مردان را نسبت به زنان دارای درجه و رتبه متمایز می‌دانند، علامه فضل‌الله این درجه را مربوط به طلاق می‌داند. طبق برداشت او، این آیه مربوط به مسأله طلاق است و طلاق تنها مزیت است که مردان نسبت به زنان دارند و این آیه در مورد ازدواج نیز نازل شده‌است. پس این آیه هیچ اشاره‌ای به برتری حقوقی مرد نسبت به زن ندارد و هر دو دارای حقوق مساوی‌اند (فضل‌الله، ۱۳۸۳: ۱۸).

او با تأکید براین‌که اسلام الزاماً مانع اختلاط مرد و زن نیست و اختلاط شایسته و متعادلی که در آن مرزهای اخلاقی رعایت شود مباح و جایز است، استدلال می‌کند سفارشی که اسلام به زن در امور «خانه‌داری» می‌کند مانند توصیه‌ای است که به مرد در امر «سرپرستی خانواده» شده و نقش «مادری» برای زن مانند نقش «پدری» برای مرد است، و مسؤولیت‌های اجتماعی و سیاسی را از زن رفع نمی‌کند. همان‌طوری که نقش پدری برای مرد نقش‌های دیگر او را تحت شعاع قرار نمی‌دهد. بنابراین، بر زن واجب است تا بخشی از اوقات خود را به رسالت و وظیفه اسلامی و انسانی خارج از محدوده مسؤولیت‌های خانه اختصاص دهد (فضل‌الله، ۱۳۸۴: ۴۰ و ۴۳).

از نظر فضل‌الله، هرچند اسلام حکم جهاد را از زن برداشته، اما آن را بر زن حرام نکرده‌است و در تاریخ صدر اسلام برخی از زنان نقش فعالی در جهاد داشته‌اند. او هم‌چنان می‌گوید که اگر زنی این شایستگی را در خود احساس کند که می‌تواند جمعی از زنان یا مردان

۱-. وَلَهُنَّ مِثْلُ الَّذِي عَلَيْهِنَّ بِالْمَعْرُوفِ وَلِلرِّجَالِ عَلَيْهِنَّ دَرَجَةٌ، سورهٔ بقره/۲۲۸.

را رهبری و هدایت کند بر او واجب است در حد توانایی‌اش به این کار اقدام کند به این شرط که جنبه‌های دیگر شخصیت او آسیب نبیند (فضل‌الله، ۱۳۸۴: ۶۹-۶۸).

فضل‌الله، ظاهر حدیث مشهور از حضرت علی را در مورد نقصان بهره، عقل و ایمان زن را نپذیرفته و تأویل می‌کند. از نظر او، این روایت می‌تواند مربوط به موارد معین یا تعبیر اشاره‌ای و کنایی باشد یا به وضعیت تأسف انگیزی نظر داشته‌باشد که عموم زنان در قرون جهل و عقب ماندگی داشته‌اند. وضعیت عقب ماندگی زن می‌تواند متأثر از روش تربیتی او در مسائل زندگی باشد، بدون آن‌که نقصانی در طبیعت زن وجود داشته‌باشد (فضل‌الله، ۱۳۸۴: ۳۱). او به مواردی از جمله داستان بلقیس، ملکه سبا، در قرآن اشاره می‌کند، که چهره مثبتی از فرمانروایی زن ارائه داده است و با برداشت از روایاتی با این محتوا که «مردمی که زنی را به فرمانروایی برگزینند، روی رستگاری را نمی‌بینند» سازگار نیست. زمانی که ملکه سبا، با آن‌که پادشاه بود و به رأی و نظر مردم نیاز نداشت، از بزرگان قوم در مورد نامه حضرت سلیمان مشوره خواست تا درست‌ترین موضع را بگیرد، مردان زور و قوت عضلات خود را به او عرضه کردند؛[1] اما او با وجود داشتن قوم مطیع در کنار خود و مردانِ قوم که با احساسات خود می‌اندیشند نه با عقل خود، تصمیم عاقلانه گرفته و طریق صلح را انتخاب کرد. این نمونه که قرآن عرضه می‌کند، زنی است که با عقلش می‌اندیشد نه با عاطفه‌اش. نمونه‌های دیگری که در قرآن آمده است، آسیه همسر

۱-. قَالَتْ يَا أَيُّهَا الْمَلَأُ أَفْتُونِي فِي أَمْرِي مَا كُنتُ قَاطِعَةً أَمْرًا حَتَّى تَشْهَدُونِ قَالُوا نَحْنُ اولو قُوَّةٍ وَاوّلو بَأْسٍ شَدِيدٍ وَالْأَمْرُ إِلَيْكِ فَانظُرِي مَاذَا تَأْمُرِينَ، نمل / ۳۲ و ۳۳.

فرعون و مریم دختر عمران است.

فضل‌الله براین باور است که آیات قرآن بر جایگاه و منزلت انسانی زن و مرد به‌صورت برابر تأکید می‌ورزد و آن دو را عنصر انسانی می‌داند که دارای ارزش انسانی برابر است و از این لحاظ بر دیگری برتری ندارد. از آن‌جا که زن و مرد دارای جایگاه یکسان است و معیار شخصیت انسان، ارزش‌های اخلاقی است، هر دو دارای حقوق سیاسی برابر است. فضل‌الله هم‌چنان عده‌ای از زنان؛ مانند: خدیجه، فاطمه و زینب را برای زنان و مردان به‌عنوان الگو معرفی می‌کند.

۳. قرائت نواندیشانه دینی

در عصر جدید، فهم تازه‌ای از کتاب و سنت در میان برخی از مسلمانان شکل گرفته است و روشنفکران دینی با بازخوانی انتقادی متون دینی کوشیده‌اند تا تصویر جدیدی از اسلام و قرائتی تازه از قرآن و سنت نبوی ارائه کنند تا با ارزش‌های حقوق بشری و سیاسی زنان در اسناد بین‌الملل و مقتضیات عصر حاضر هم‌خوانی داشته‌باشد. آنان براین باورند که پیام‌های اصلی دین با عرف عصر نزول آمیخته‌شده‌اند و تکلیف عالمان دینی و اسلام‌شناسان برطرف کردن رسوبات تاریخی از پیام‌های خالص دینی است.[۱] نواندیشان دینی عدالت مساواتی

۱-. سروش معتقد است که تجربه‌های دینی به صورت خالص و اولیه قابل انتقال به دیگران نیستند، بلکه همیشه در لفافه‌ای از زبان و تئوری پیچیده می‌شوند و بعد به دیگران منتقل می‌شوند. او می‌گوید: «ما هیچ تجربهٔ دینی عریانی را نداریم که بی‌واسطه قابل انتقال به دیگران باشد. پیامبر اسلام هم آن‌ها را به صورت عباراتی در روایت یا در قرآن با مردم در میان نهاد. دیگران هم برتر از پیامبر نیستند و مستغنی از استفاده از واسطه نیستند. من این واقعیت را چنین تشبیه می‌کنم، می‌گویم که تجربهٔ دینی

را بر عدالت استحقاقی تقدم داده‌اند و کوشیده‌اند، براساس عدالت مساواتی که مبتنی بر تساوی بنیادی است، کتاب و سنت را بازخوانی کند. آنان باور دارند که روح و پیام متون دینی با عدالت مساواتی سازگارتر است و برداشت‌های فقهی از متون دینی برداشت‌های بشری و غیر وحیانی است و هیچ قداستی ندارد. به‌عبارت دیگر، جریان نواندیشی دینی در دنیای اسلام، که نوعی اصلاح دینی است و در پرتو آنچه که موسوم به دستاوردهای معرفتی جهان جدید، در علوم انسانی جدید، فلسفه جدید و علوم تجربی جدید سر برآورده؛ کوشیده‌است گوهر دین اسلام را از تجربه تاریخی آن تفکیک کند و در این راستا معتقد است که حقوق سیاسی زنان براساس خصلت‌های بیولوژیکی و روان‌شناختی او نقض شده‌است و این نقض مربوط به تجربه تاریخی اسلام است و نه گوهر و ذات آن. آنان تلاش می‌کنند با قرائت متون اصلی اسلام، از افق عصر جدید نظام حقوقی جدید را سامان دهد.

مجتهد شبستری، اسلام‌شناس و نواندیش دینی معاصر ایرانی، با استفاده از دانش هرمنوتیک فلسفی[1] و علم تأویل به متون دینی

مثل یک طفل است که در دامن یک عارف یا یک پیامبر متولد می‌شود. آنگاه این طفل را در قنداقه‌ای می‌پوشانند و به آغوش این و آن می‌دهند. این پارچه‌ها و قنداق‌ها همان تئوری‌ها و زبان عصر هستند. لذا هر پیامبری در عصر خود از پارچه‌های عصر استفاده می‌کند، تا طفل تجربهٔ خود را به دست دیگران بدهد. اگر پیامبر اسلام فی‌المثل در دوران ما مبعوث و ظاهر شده بود لاجرم بر تن تجربه‌های خود، لباس دیگری می‌پوشاند. کاری که امروز ما باید بکنیم یک کار نظری است به این معنا که باید با خود بیندیشیم که اگر پیامبر همین طفل را در این زمان به دنیا آورده بود، بر تن او چه جامه‌ای می‌پوشاند» (نک: سروش، ۱۳۷۹).

۱- . هرمنوتیک یا علم تأویل قواعد روشمند تفسیر متن است تا مفسر بتواند به وسیلهٔ آن اهداف و مقاصد مؤلف را کشف کند. علم هرمنوتیک اساساً به کاوش در چگونگی فهم، به ویژه فهم متون تاریخی می پردازد و به این مسئله می‌پردازد که فهم متن همواره از وضعیت تاریخی، فرهنگی، فلسفی، علمی و اجتماعیِ مفسر و افق دید او ناشی می‌شود. یعنی انسان معاصر با نگرشی برخاسته از پیش‌فهم‌ها و جهان‌بینی خودش با متن مواجه می‌شود. در هرمنوتیک یا تأویل‌شناسی گفته شده است که پنج پیش‌فرض به

پرداخته‌است. از جمله مباحثی که شبستری به آن‌ها پرداخته، حقوق بشر و حقوق زنان است. البته با استفاده از نظریه او می‌توان قرائت دینی در تعامل با اسناد بین‌الملل در مورد حقوق سیاسی زنان ارائه کرد. یکی از آثار مهم شبستری مقاله «فرایند فهم متون» می‌باشد که خود آن را کلید فهم مطالب کتابِ «هرمنوتیک، کتاب و سنت» می‌داند. در این اثر نویسنده معتقد است که معنای هر متن یک واقعیت پنهان است که باید به‌وسیله تفسیر آشکار شود. در واقع متن به‌وسیله تفسیر به سخن می‌آید و اگر تفسیر انجام نشود، هیچ متنی آنچه را در درون خود دارد بیرون نمی‌ریزد.[1] او می‌نویسد که تفسیر متن به‌منظور فهم آن بر سه نگرش انتقادی استوار است: تنها با تفسیر هر متن درست فهمیده شدن آن ممکن است، از هر متن تفسیرهای متعدد می‌توان داد و «تنها تفسیر ممکن» اصلاً معنا ندارد، و باید معنای درست (روشمند و قابل دفاع) متن را تشخیص داد و آن را انتخاب و توجیه کرد (شبستری، ۱۳۹۳: ۱۶-۱۵). شبستری براین امر تأکید دارد که هیچ متنی تفسیر منحصربه‌فرد ندارد و از همه متون، می‌توان تفسیرها و قرائت‌های متفاوتی ارائه کرد. از نظر او، ساختار ذاتی اسلام یک «ساختار باز» است؛ یعنی در یک طرف پیام خدا

عنوان مقومات تفسیر است: پیش‌فهم یا پیش‌دانسته مفسر، علایق و انتظارات هدایت کنندهٔ مفسر، پرسش از تاریخ، کشف مرکز معنای متن و دیدگاه اصلی که همه مطالب بر محور آن نظم یافته و ترجمه معنای متن در افق تاریخی مفسر. پیش از پدیدار شدن هرمنوتیک فلسفی در شاخه‌های مختلف آن، اصول و قواعدی برای تفسیر و تأویل کتاب مقدس در میان متألهان مسیحی مغرب‌زمین وجود داشت؛ اما این قواعد و روش‌ها دستوری بودند نه استدلالی. با این توضیح که عالمان دینی دستور می‌دادند که متون دینی را «این‌گونه» باید تفسیر کرد و دیگران هم قبول می‌کردند. البته در میان تمام قواعدی که مبنای تفسیر متون قرار می‌گرفت، تنها قواعد دستوری زبان تا حدودی متکی به استدلال بود و «مباحث الفاظ» و «معانی و بیان» را به کار می‌برد.

۱-. حضرت علی نیز به استنطاق کشیدن متون قرآن اشاره دارد چنان‌چه در خطبهٔ ۱۵۸ بیان می‌کند: «ذَلِكَ الْقُرْآنُ فَاسْتَنْطِقُوهُ وَلَنْ يَنْطِقَ».

قرار دارد و در طرف دیگر انسان و هیچ نهاد و متولی رسمی برای فهم و تفسیر پیام خداوند در ساختار ذاتی اسلام پیش‌بینی نشده و ادعای فهم انحصاری از دین نادرست است. مدعای اصلی شبستری این است که فهم متون دینی بر پیش‌دانسته‌ها و انتظارات مفسر توقف دارد و مفسر با سرمایه پیش‌فهم‌ها و پیش‌داوری‌هاست که متن را به سخن در می‌آورد. از نظر او، پنج مسأله مقدمات و مقومات تفسیر را تشکیل می‌دهد: پیش‌فهم یا پیش‌دانسته مفسر (دور هرمنوتیک)؛ علایق و انتظارات هدایت‌کننده مفسر؛ پرسش‌های مفسر از تاریخ؛ تشخیص مرکز معنای متن (دیدگاه اصلی) و تفسیر متن به‌عنوان یک «واحد» بر محور آن مرکز و ترجمه متن در افق تاریخی مفسر (شبستری، ۱۳۹۳: ۱۷).

او اصطلاح «علایق معرفت‌شناختی» را که مهم‌ترین مفهوم هرمنوتیک است توضیح می‌دهد. این مفهوم تا حدود زیادی به این امر می‌پردازد که چگونه می‌توان در فهم متن به عینیت نزدیک شد. او استدلال می‌کند که هر مفسری هنگام خوانش متن علایق معرفت‌شناختی ویژه‌ای دارد و مفروضات مفسر بر علایق او مبتنی خواهد بود. شبستری معتقد است که نقش علایق و انتظارات مفسر در روند تفسیر انکارناپذیر است؛ ولی معضلی که در این مورد وجود دارد این است که چگونه علاقه و انتظار مفسر با علاقه و انتظاری که پدیدآورنده متن در پدیدآوردن آن داشته انطباق دارد، خصوصاً اگر متن در زمان بسیار دوردست نوشته شده باشد. مفسر باید با «هنر تفسیری» خود و استفاده از «قواعد تفسیر» براین مشکلات فائق آید و به تاریخ گوش کند که «متن چه می‌گوید؟» و پدیدآورنده متن

در کدام وضعیت و شرایط تاریخی سخن گفته‌است (شبستری، ۱۳۹۳: ۲۶-۲۵). از نظر او پرسشی که مسلمانان و فقیهان در عصر حاضر با آن مواجه‌اند این است: امروز روند اجتهاد و افتا در باب عبادات، معاملات و سیاسات تا چه اندازه با عقلانیت عصر حاضر سازگار است؟ او پاسخ می‌دهد که فتواها و نظریه‌های موجود در باب «عبادات» و «معاملات» هنوز در راستای تأمین مقاصد پنج‌گانه شریعت و بستر عقلایی قرار دارد؛ اما در قلمرو سیاسات توجیه ندارد و بستر عقلایی خود را از دست داده است (شبستری، ۱۳۸۴: ۱۶۷-۱۶۶).

شبستری براین باور است که در مورد درک حکم دین در خصوص حقوق بشر دو نوع پرسش می‌توان طرح کرد: چه‌آیات و روایاتی در باره آزادی دینی و آزادی سیاسی وجود دارد؟ با توجه به محتوای اصلی پیام رسالت پیامبر، مسلمانان در عصر حاضر در باره آزادی دین و آزادی سیاسی چه موضعی می‌توانند بگیرند؟ او پرسش دوم را درست می‌داند. از این‌که فقیهان برای پاسخ به چنین پرسش‌ها، اول به سراغ کتاب و سنت می‌روند و به‌دنبال آیات و روایاتی هستند که به‌صورت مستقیم یا غیرمستقیم به موضوع پرداخته باشد، انتقاد می‌کند. این روش تفسیر کتاب و سنت مبتنی براین پیش‌فرض یا پیش‌فهم است که باید کتاب و سنت را غیرتاریخی فهمید. معنای فهم غیرتاریخی این است که زمینه تاریخی-اجتماعی نزول کتاب و سنت را در فهم معنا و اعتبار شرعی آن‌ها دخالت ندهیم و تصور شود که آن‌ها احکام مطلق را بیان می‌کنند بدون توجه به شرایط تاریخی و اجتماعی و در شرایط تاریخی و اجتماعی متفاوت قابل عمل هستند.

شبستری این روش فراتاریخی را ناصواب می‌داند و براین باور است که باید به درک شرایط و واقعیت‌های زمان، مکان و عصر نزول آیات و ورود روایات به این متون نزدیک شویم و آن‌ها را بفهمیم.

از دیدگاه او، یک سلسله مقاصد و ارزش‌های ذاتی و یک رشته ارزش‌های عرضی و تصادفی در اسلام وجود دارد و ارزش‌های تصادفی به‌خاطر اقتضای شرایط تاریخی و واقعیت‌های اجتماعی حجاز بود که با نگاه پدیدارشناسانه تاریخی می‌توان آن‌ها را از هم تشخیص داد (شبستری، ۱۳۸۴: ۲۶۸-۲۶۶). بنابراین، او حقوق بشر را ناشی از ضرورت تاریخی می‌داند و معتقد است که حقوق بشرِ مدون معاصر یک محتوای غیردینی (نه ضد دینی) دارد و از ویژگی‌های مدرنیته می‌باشد که امروزه باید توسط هر جامعه‌ای مورد استفاده قرار گیرد. از دیدگاه او تفسیرهای عدالت‌خواهانه از حقوق بشر و تلاش در راستای تحقق آن به‌عنوان روشی برای زندگی، پاسخ مثبت به خطاب خداوند در باره عدالت و کرامت انسان است. در تعلیمات پیامبران هیچ نصی که حتی بخشی از حقوق بشر در معنای امروزی و عدالت خواهانه آن را نفی کند، وجود ندارد. برخی از تدبیرها و اقدام‌های بعضی از پیامبران در مقطع‌های خاص تاریخی مشروط به واقعیت‌های سیاسی و اجتماعی آن عصر بوده است و در رابطه با همان ظروف تاریخی باید فهمیده شود (شبستری، ۱۳۸۴: ۳۱۸). مفسرِ باصلاحیت باید پیام را برای عصر ما قابل فهم کند؛ یعنی آنچه در درون آن فرهنگ با مفاهیم، جهان‌بینی و ارزش‌های موجود در آن فرهنگ عرضه شده بود، بتواند در چارچوب مفاهیم و ارزش‌های عصر بیان کند (شبستری، ۱۳۸۴: ۳۷۵).

در مورد زنان و حقوق آنان، شبستری معتقد است که فتواهای فقیهان بر پیش‌فهم‌ها و پیش‌فرض‌ها استوار بوده است. گفتمان دینی عصر و جامعه ما و تفسیر حقوق معاهداتی (حقوق سیاسی و مدنی) و حقوق معیشتی (اقتصادی و اجتماعی) زنان از متون دینی باید با عقل زمانه سازگار باشد. او براین باور است که پذیرفتن حقوق بشر و هنجارهای بین‌المللی حقوق زنان، نه‌تنها منافاتی با مسلمانی ندارد؛ بلکه مسلمان‌زیستن در جهان معاصر اقتضا می‌کند که مسلمانان حقوق بشر معاصر را مبنای نظام‌های اجتماعی خود قرار دهند؛ اما نه به این دلیل که حقوق بشر در کتاب و سنت وارد شده؛ بلکه از این باب که استوار ساختن نظام اجتماعی جهان معاصر بر پایه حقوق بشر و هنجارهای بین‌المللی تنها راه تأمین عدالت، خدمت و محبت به انسان‌ها و بهترین روش تسهیل ایمان‌ورزی است (شبستری، ۱۳۸۴: ۲۸۰).

به باور شبستری، هدف از تصویب اعلامیه جهانی حقوق بشر این نبوده است که روی مسائل فلسفی یا دینی مربوط به انسان توافق صورت گیرد، چنین توافق هیچ‌گاه حاصل نخواهد شد؛ بلکه اعلامیه حقوق بشر راه حل یک توافق عملی اجتناب‌ناپذیر برای به رسمیت‌شناختن کرامت و حرمت انسان در هر شرایط و بدون هیچ استثنا و تبعیض است و به اختلاف نظرهای موجود در انسان‌شناسی فلسفی و دینی کاری ندارد. از همه مهم‌تر این‌که چنان‌که رنه کاسن،[1] نایب رئیس کمیسیون حقوق بشر سازمان ملل متحد، گفت: «حقوق بشر در ارتباط انسان با انسان معنا و اعتبار دارد و نه در ارتباط

1- .Rene Cassin

انسان با خداوند» (جانسون، ۱۳۷۸: ۸۸).

محسن کدیور در مقاله «از اسلام تاریخی به اسلام معنوی» اسلام را به تاریخی و معنوی تقسیم می‌کند. منظور از اسلام تاریخی، غلبه فرهنگ و مقتضیات زمانی و مکانی و شرایط ویژه عصر نزول و زمان بعثت به‌عنوان قالب‌های قدسی، تغییرناپذیر، آرمانی و مطلوب بر اندیشه اسلامی است. اما اسلام معنوی، با درنوردیدن شرایط زمانی و مکانی عصر نزول و شکل‌گیری دین، دین‌داری را در تحقق روح دین و اهداف و غایات آن می‌داند. پس در اسلام معنوی و غایت‌مدار، رعایت ظواهر و قالب‌های خاص زمانی-مکانی عصر نزول، ضابطه دینی بودن نیست. او ابعاد اسلام معنوی را در چند نکته خلاصه می‌کند که عبارتند از: ۱- در هر زمان عادلانه بودن و موافقت با سیره عقل ملاک اعتبار احکام شرعی است. ۲- در عصر نزول احکام شرعی عادلانه، عقلایی و به هنجار بوده‌اند. این ضوابط هم شرط حدوث و هم شرط بقای دینی بودن است. ۳- تنها خدا و رسول شارع‌اند و غیر معصوم نمی‌تواند عهده‌دار تشریع دینی شود. ۴- رویکرد اسلام معنوی سبب کاستن تدریجی حوزه فقه و شریعت می‌شود، اما به عمق و ژرفای قلمرو دین می‌افزاید (کدیور، ۱۳۹۳: ۱۶-۱۵)؛ ولی در اسلام تاریخی یا «اسلام سنتی» متن کتاب و سنت و سیره و روش اولیای دین و اجماع عالمانِ مسلمان به مثابه احکام ثابت، فرازمانی و فرامکانی تلقی می‌شود و از قداست غیرقابل انتقاد برخوردار است. در اسلام تاریخی، فهم دینی «صورت‌گرا» و «متن‌محور» است و فهم «ظواهر» برابر با فهم دین است (کدیور، ۱۳۹۳: ۳۳).

از دیدگاه کدیور، اسلام تاریخی با اندیشه حقوق بشر در مورد تساوی حقوق زن و مرد ناسازگار است و تبعیض حقوقی براساس جنسیت در اسلام سنتی پذیرفته شده‌است. در اسلام تاریخی، زنان در مدیریت کلان سیاسی، قضاوت، رهبری دینی و زمام‌داری سیاسی یا امارت و ولایت فاقد صلاحیت‌اند. بنابراین، از دیگاه اسلام سنتی، تبعیض جنسیتی قابل قبول است و زن شرعاً انسان «درجه دوم» محسوب می‌شود که با اسناد بین‌الملل حقوق بشری از جمله اعلامیه جهانی حقوق بشر و میثاق بین‌المللی حقوق مدنی و سیاسی در تعارض آشکار است. به‌عبارت دیگر، در اسلام تاریخی انسان فاقد حقوق ذاتی است و جنسیت بر انسانیت برتری داده‌شده‌است.

به باور کدیور حقوق زنان در اسلام تاریخی براساس عدالت استحقاقی تبیین شده‌است. او استدلال می‌کند که برخی از آیات و روایات در رابطه با زنان به‌طور کلی دلالت بر عدالت و عدم تبعیض دارند و زن و مرد را بدون هرگونه تفاوت حقوقی و برخوردار از حقوق انسانی واحدی معرفی می‌کنند؛ اما برخی دیگر بر عدالت استحقاقی و تساوی تناسبی تأکید می‌ورزند که دلالت بر فضیلت و برتری مرد بر زن دارد و به مرد حقوق بیشتری می‌بخشد. آیاتی که دلالت بر تساوی حقوقی زن و مرد دارند به پنج دسته تقسیم می‌شوند: تساوی در خلقت، تساوی در آخرت، تساوی در حقوق و تکالیف، تساوی در ثواب و عقاب دنیوی و اخروی، و تساوی در زندگی زناشویی (کدیور، ۱۳۹۳: ۳۷).

او بر عدالت مساواتی به‌جای عدالت استحقاقی تأکید می‌کند و براین باور است که انسان به حیث انسان بودن دارای حق است

نـه براسـاس جنسـیت، نـژاد یـا عقایـد و باورهـای دیـنی و هیـچ ویژگـی سـبب تبعیـض حقـوقی شـخص نمی‌شـود. اصـل بـر تسـاوی حقـوقی اسـت و تنهـا بـا دلیـل معتبـر می‌تـوان از تسـاوی حقـوقی صرف‌نظـر کـرد، امـا نـه زن بـودن دلیـل معتبـر عقـلی بـرای عـدم تسـاوی حقـوقی اسـت و نـه تفاوت‌هـای بیولوژیکـی و روان‌شـناختی می‌تواننـد تبعیـض حقـوقی را توجیـه کننـد. او می‌گویـد کـه کرامـت انسـانی بـا برابـری حقـوق سـازگار اسـت و تبعیـض حقـوقی نادیـده گرفـتن اصـل کرامـت اسـت. او هم‌چنـان تسـاوی حقـوقی را عدالـت و تبعیـض حقـوقی را عـین ظلـم می‌دانـد و معتقـد اسـت کـه عدالـت مبتـنی بـر اسـتحقاق، قرن‌هـا توجیه‌گـر نظـام بردگـی و تبعیـض جنسـیتی بـوده اسـت.

کدیـور می‌نویسـد کـه متفکـران سـنتی تمـام یـا اکثـر تشـریعات صـدر اسـلام را احـکام ثابـت و دایمـی فـرض کرده‌انـد در حالی‌که چنـین نیسـت و اگـر تشـریعات از جنـس احـکام ثابـت می‌بـود، بایـد مفـاد ایـن احـکام در عصـر جدیـد نیـز عدالـت و اخـلاق را تأمـین می‌کـرد. یعـنی احـکام ثابـت و دایمـی بایـد از سـه ویژگـی «عقلایـی» بـودن، «برتـر» بـودن نسـبت بـه سـایر احـکام و «عادلانـه» بـودن برخـوردار باشـد. او برخـی احـکام اسـلامی را از جملـه فضیلـت مـرد بـر زن، قوامیـت مـرد نسـبت بـه زن، تنبیـه بـدنی زن ناشـزه، جـواز ازدواج دختـر صغیـر توسـط ولی‌اش، ایقـاع بـودن طـلاق به‌دسـت مـرد، شـهادت دو زن معـادل یـک مـرد، دیـه زن نصـف مـرد، ارث پسـر دو برابـر دختـر، لـزوم نفقـه و مهریـه از سـوی مـرد را مـورد بحـث می‌دانـد (کدیـور، ۱۳۹۳: ۹۵-۹۴). در واقـع، احـکام شـرعی موجـود در کتـاب و سـنت در حـوزه حقـوق زنـان در عصـر نـزول مطابـق عقلانیـت آن دوران عادلانـه، اخـلاقی، عقلایـی و ارجـح بـوده و نیـاز آن

جامعه را به‌خوبی برآورده کرده است؛ اما در عصر حاضر نیاز به بازخوانی دارد.[1] عقلانیت معاصر انسان را به حیث انسان بودن و فارغ از جنسیت، رنگ، نژاد، دین، مذهب و عقیده سیاسی صاحب حق شناخته‌است، لذا از عدالت مساواتی دفاع می‌کند و صرف‌نظر از تفاوت‌های بدنی و روان‌شناختی آنان، زن و مرد را برخوردار از حقوق مساوی می‌داند.

به باور او، اعلامیه جهانی حقوق بشر برآیند عقلانیت انسان معاصر است. معرفت دینی همان فهم مؤمن یا مسلمان عصر جدید از متن دین یا اسلام است. معرفت دینی با دیگر معارف عصر خود در تعامل است. بحث در مورد سازگاری اسلام و هنجارهای بین‌المللی حقوق زنان یا حقوق بشر «بحث از تطبیق دین الهی با دستاوردهای بشری نیست»، بلکه «بحث از تعامل دو معرفت بشری است: یکی از دین الهی و دیگری از حقوق انسانی» (کدیور، ۲۰۰۴). مشکل بیش از آن‌که در متن دین باشد در فهم دین‌داران و پیش‌فرض‌های معرفت شناختی و کلامی آن‌هاست.

او می‌نویسد که میان گزاره‌های مبنایی اسلام (از قبیل اصل کرامت نوع انسان، اصل برابری انسان‌ها در تقرب به خداوند و سعادت واقعی، اصل استثنا ناپذیر عدالت و انصاف، اصل عدم اکراه در دین و اصل مسؤولیت انسان) و هنجارهای بین‌المللی حقوق بشر (و حقوق سیاسی زنان) سازگاری وجود دارد و همه مصادیق ناسازگاری

۱-. توماس هابز، فیلسوف برجستهٔ انگلیسی، نیز در پاسخ به این سؤال: کلام خدا به حکمِ کدام مرجعِ اقتدار به قانون تبدیل می‌شود و یا ما چگونه می‌توانیم آن‌ها را کلام خدا بشماریم؟ می‌گوید هرگاه کتاب‌های مقدس با قوانین طبیعی مغایرتی نداشته باشد، بدون شک کلام خداوند است و مرجعیت و اقتدار شان که برای همهٔ افراد برخوردار از عقل طبیعی قابل درک است، در خودشان است. این مرجعیت و اقتدار با اقتدار همهٔ آیین‌های اخلاقی دیگری که هماهنگ با عقل اند، تفاوتی ندارد (هابز، ۱۳۸۰: ۳۴۱).

مربوط به گزاره‌های غیرمبنایی یا احکام موقت و زمان‌مند است که در دوران اعتبارشان عادلانه و عقلایی بوده‌اند (کدیور، ۲۰۰۴).

عبدالکریم سروش نیز خواستار تفسیر جدید از متون دینی اسلام است و دین را از معرفت دینی (فهم متون دینی) تفکیک می‌کند. از نظر او، دین یعنی کلام خداوند و سیره و سنت پیشوایان دین، ولی معرفت دینی فهم و تفسیری است که عالمان و فقیهان از شریعت و متون دینی دارند.

اگرچه معرفت دینی بر دین بنا می‌شود و آیینه آن است؛ اما خود آن نیست و حتی اگر فهم کسی از دین درست (مطابق با واقع) باشد، غیر از خود دین است. معرفت دینی آکنده از گفتارهای متعارض و متحول است؛ اما دین ثابت و خالی از تناقض است (سروش، ۱۳۹۲: ۴۴۰ و ۵۰۳).

سروش براین باور است که شریعت «صامت» است و زبان متون دینی ذاتاً ساکت و فاقد دلالت و معناست و در پرتو نظریه و انتظارات مفسر است که به سخن می‌آید. در هر عصر، عالمان و اندیشمندان دینی در برابر شریعت پرسش‌های تازه می‌نهند و از او پاسخ‌های تازه دریافت می‌کنند و فهم خود از دین را با معارف مقبول روزگار خویش تناسب می‌بخشند. مجموعه‌ای این پرسش‌ها و پاسخ‌ها عین معرفت دینی عصری است. در کتاب «قبض و بسط تئوریک شریعت»، این روشنفکر تجدد گرای معاصر سه مدعا را مطرح می‌کند: اول این‌که همه فهم‌های دینی، مستند به فهم‌های بیرون‌دینی‌اند و هیچ فهمی از دین وجود ندارد که به معرفت‌ها و فهم‌های بیرون‌دینی متکی نباشد. دوم این‌که تغییر و تحول در معارف غیردینی، معرفت دینی

را نیز دچار تغییر و تحول خواهد کرد. سوم، فهم‌های بیرونی تحول می‌یابند (سروش، ۱۳۹۲: ۴۴۷-۴۴۲). سپس او چنین نتیجه می‌گیرد: «اگر معارف بشری غیردینی دچار قبض و بسط شوند، فهم ما از شریعت نیز لاجرم دچار قبض و بسط خواهد شد. این قبض و بسط گاه خفیف و خفی است و گاه شدید و قوی» (سروش، ۱۳۹۲: ۴۸۶).

نظریه علمی اصلی سروش تغییرپذیری معرفت دینی است. او استدلال می‌کند که شریعت ثابت است و آنچه تغییر می‌کند فهم ما از شریعت است و این تغییرپذیری راه را برای تفسیرهای جدید می‌گشاید. سروش با تأکید بر «سیالیت فهم» و «نسبیت فهم از دین»، می‌گوید که شریعت نیازمند بازسازی نیست؛ اما فهم از شریعت نیازمند احیا و بازسازی مستمر است؛ زیرا در هیچ عصری فهم از شریعت کامل و ثابت نیست. هم‌چنان، با عوض شدن جهان، جهان‌شناسی ما نیز عوض شده‌است و این تحول جهان‌شناسی ما را به نو فهمیدن دانسته‌های دیگر ملزم می‌سازد (سروش، ۱۳۹۲: ۲۴۹). او تأکید می‌کند که تفسیر و فهم متون دینی فارغ از هرگونه نظر و رأی امکان‌پذیر نیست و هیچ عالمی نمی‌تواند با ذهن خالی و بدون پیش‌فهم‌ها به سراغ متون دینی برود و مراد شارع را بفهمد.

سروش به حقوق بشر ذاتی و هنجارهای حقوق بشری باور دارد و معتقد است که انسان‌ها به حکم انسان بودن و صرف‌نظر از عقاید دینی و مذهبی خویش واجد یک رشته حقوق و تکالیف‌اند و این نکته را کلید فهم فلسفه حقوق بشر در عصر جدید می‌داند (سروش، ۱۳۷۹: ۱۵۰). در ضمن، او یقین دارد که بین حقوق بشر موجود و تکالیف دینی یا حقوق بشر جهانی و حقوق بشر اسلامی

تعارض‌های جدی وجود دارد. هیچ‌یک از متفکران اسلامی به منطبق بودن صددرصد احکام اسلامی با منشور جهانی حقوق بشر باورمند نیستند (سروش، ۱۳۷۹: ۱۵۳-۱۵۲).

از نظر او، حقوق کهن زن با تلق جدید از زن هماهنگ نیست و برای وضع مقررات حقوقی جدید، باید خاستگاه انسان‌شناسی احکام دینی مورد بررسی قرار گیرد تا ارزش‌های اصیل از منابع دینی و عقلی استخراج شود و مقررات حقوقی برای محافظت از آن ارزش‌ها استفاده شود (سروش، ۱۳۷۹: ۳۰۱). هرچند سروش در باب حقوق زنان زیاد سخن نگفته است؛ اما فهم او از اسلام فضا را برای بازخوانی و تفسیر جدید حقوق سیاسی و اجتماعی زنان باز کرد و آرای او بر جنبش اصلاحی زنان ایرانی بسیار تأثیرگذار بود.

نصر حامد ابوزید، متفکر مصری و قرآن‌شناس بزرگ متأخر در جهان اسلام، با رویکرد تأویلی و هرمنوتیک به قرآن به مثابه «گفتار» پرداخته و به سرشت گفتاری قرآن تأکید می‌کند. تغییر چارچوب مفهومی ابوزید از قرآن به‌عنوان «متن» به قرآن به مثابه «گفتار» افق جدیدی پیش روی مخاطبان او می‌گشاید. براساس اندیشه او، قرآن از لحظه قرائت پیامبر از نص الهی به نص انسانی و قابل فهم تبدیل می‌شود. فهم و برداشت‌های فقیهان از قرآن فهم بشری است و هیچ‌گونه قداستی ندارد.

ابوزید در مقاله‌ای «رهیافت نو به قرآن؛ از متن به گفتار»[1]

۱-. طبق روایت متعارف، از همان آغاز قرآن کاملا در شکل گفتاری محافظت شده و در زمان پیامبر یا مدت کوتاهی پس از آن برای نخستین‌بار توسط صحابه جمع آوری شده و در دورهٔ خلیفهٔ اول به صورت مکتوب درآمده است. نسخه معتبر آن در زمان خلیفهٔ سوم جمع‌آوری شده است. بحث میان سوری‌ها و عراقی‌ها در مورد تلاوت صحیح قرآن به جمع‌آوری یک نسخهٔ معتبر انجامید. عثمان نسخه حفصه را گرفت و چهار نفر از مکیان معروف را تعیین کرد تا براساس لهجه قریش نسخه‌ای را تهیه کنند. سپس خلیفه این

می‌نویسد که اغلب مفسران به‌استثنای برخی قرآن‌شناسان؛ مانند: محمد ارکون، به قرآن به‌عنوان «متن» برخورد کرده‌اند و فقیهان براین اساس دیدگاه‌های خود را صورت‌بندی نموده‌اند. او با متن‌انگاری قرآن مخالف است و تأکید می‌کند که قرآن مجموعه‌ای «گفتارها» است که هریک سیاق خاص خود را دارد و باید در بستر تاریخی و فرهنگی زمان خود تفسیر شود. از نظر او، تصور قرآن چون «متن» چالش‌برانگیز خواهد شد؛ زیرا گمان می‌رود که این کتاب نویسنده‌ای دارد و مؤلف آن خداست. در ضمن این نوع نگاه به قرآن، زمینه را برای تفسیر ایدئولوژیک و متضاد فراهم خواهد ساخت. به این دلیل، اندیشمندان دینی و فقیهان باید از تقلیل دادن قرآن به صرفِ متن بپرهیزند (ابوزید، ۲۰۱۴: ۱۱۱ و ۱۱۷).

براساس تلق او، در عصر جدید که حقوق بشر و احترام به تمامیت جسمی انسان مطرح است، قطع اعضای بدن یا اعدام را نمی‌توان مجازات دینی به‌حساب آورد. هم‌چنان، جنبه‌های دیگر شریعت که به حقوق اقلیت‌های دینی، حقوق زنان و حقوق بشر مربوط است، نیازمند بازخوانی و بازنگری است و بدون بازگشت به‌روش تحلیل گفتار، به‌درستی نمی‌توان با پرسش‌های مربوط به حقوق بشر و حقوق زن مواجه شد (ابوزید، ۲۰۱۵: ۱۱۷ و ۱۳۳).

باری، به نظر می‌رسد که دیدگاه‌های نواندیشان دینی، ادامه جریان فکری معتزله است که خواستار تفسیر خردگرایانه بودند و ادعا داشتند که اسلام در حوزه سیاست و اجتماع امر به عدالت

نسخه‌ها را به مراکز مهم فرستاد و دستور داد تا بقیهٔ نسخه‌ها از بین برده شوند. به این صورت، قرآن عثمانی به تنها نسخه مجاز و متن‌گذاری‌شده نهایی تبدیل شد. نسخه کاملا اعراب گذاری‌شده قرآن در قرن دهم به وجود آمد. بنابراین، قرآن به صورت گفتار بر پیامبر نازل شده و در زمان خلفاء مکتوب شد.

می‌کند. این جریان فکری در قرن نهم به اوج خود رسید و از آن پس عمدتاً سرکوب شد. تأکید متفکران نواندیش بر تفسیر عقلانی و عادلانه از کتاب و سنت به‌نوعی احیاگر همان جریان است.

به‌صورت کلی میان فقیهان و عالمان اسلامی هیچ اجماعی در مورد حقوق سیاسی زنان وجود ندارد و آنان با برداشت‌های متفاوت از کتاب و سنت رویکردهای متفاوتی نسبت به حقوق زنان نشان می‌دهند. قرائت‌ها و تفسیرهای مختلف از کتاب و سنت میان مفسران و متفکران اسلامی از قرن‌ها قبل وجود داشته و این اختلاف امروزه به‌صورت عمیق‌تری ادامه دارد. با توجه به این واقعیت، رویارویی میان آموزه‌های اسلامی و هنجارهای بین‌الملل حقوق سیاسی زنان در برخی از موارد اجتناب‌ناپذیر خواهد بود. از طرف دیگر، برداشت‌ها و قرائت‌های نواندیشانه دینی میان احکام اسلامی و هنجارهای حقوق سیاسی زنان تا حدی سازگاری ایجاد می‌کند.

گفتار سوم: مواجهه کشورهای اسلامی با معاهدات حقوق بشری

چنان‌که بیان شد، از میان آرا و اندیشه‌های فقهی و دینی متفاوت، می‌توان دریافت که در اسلام هیچ اجماعی در مورد حقوق سیاسی زنان وجود ندارد. متون دینی قابلیت تفسیرهای گوناگون و حتی متضاد را دارند. نسخه‌ای از اسلام که در کشور مصر پیاده می‌شود بسیار متفاوت از نسخه‌ی اسلام در عربستان سعودی است و برای مسلمانانی که در شمال و غرب آفریقا زندگی می‌کنند و مسلمانانی

اهلِ کشورهای اندونیزی، مالیزی و ترکیه، طیفی از رویکردهای مسلمانان دیده‌می‌شود که از تقابل شدید تا استقبال صمیمانه از اصول و هنجارهای بین‌المللی حقوق بشر به‌طور عام و حقوق زنان به‌طور خاص را در بر دارد.[1] نگارنده به یاد دارد در یک گفت‌وگوی شخصی و دوستانه در پکن، خبرنگار اهل جمهوری اسلامی موریتانی از اسامه بن‌لادن، رهبر حزب بنیادگرای اسلامی القاعده، به‌عنوان یک چهره معتقد دینی ستایش می‌کرد. اسامه که در اکثر کشورهای اسلامی به‌دلیل رهبری حزب بدنام القاعده و ترویج افراطیت دینی منفور است، در موریتانی یک شخص محبوب و دارای طرفداران زیادی است. نگاه مثبت به چهره بنیادگراهای دینی؛ مانند: اسامه، ایمن‌الظواهری و مانند آنان متأثر از قرائت‌های دینی رادیکال است. چنان‌که از یک‌طرف جزم‌اندیشی و بنیادگرایی دینی شدت گرفته و از طرف دیگر اسلام‌هراسی ظهور یافته‌است، تأکید بر عقلانیت و جنبه‌های انسان‌گرایانه منابع اسلامی مناسب‌ترین و معقول‌ترین رهیافت خواهد بود. در این بند، به عکس‌العمل کشورهای اسلامی در مورد تصویب اسناد بین‌الملل حقوق بشری پرداخته می‌شود.

۱-. همان‌گونه که در کشورهای اسلامی برداشت‌ها و تفسیرهای متفاوت در مورد حقوق سیاسی و مدنی زنان از متون دینی صورت می‌گیرد، تفسیرها و قرائت‌های متفاوت از اسناد بین‌المللی در مورد حقوق بشر و حقوق زنان در فرهنگ‌های دیگر نیز وجود دارد مانند قرائت‌های لیبرالیستی، کمونیستی، سکولاریستی و مذهبی (اعم از مسلمان، مسیحی، یهودی، بودایی، هندی، کنفوسیوسی و غیره) و دادگاه‌ها در بارهٔ نقض این حقوق به صورت متفاوت عمل خواهند کرد.

۱. تصویب منشور بین‌المللی حقوق بشر

جوامع اسلامی در تهیه پیش‌نویس اسناد بین‌المللی حقوق بشر از جمله اعلامیه جهانی حقوق بشر و کنوانسیون‌های حقوق مدنی و سیاسی و حقوق اقتصادی، اجتماعی و فرهنگی نقش داشتند و چارلز حبیب مالک[1] از لبنان یکی از اعضای تأثیرگذار «کمیسیون حقوق بشر سازمان ملل‌متحد»[2] بود که در تهیه و تدوین پیش‌نویس اولیه اعلامیه جهانی شرکت داشت.

در سال‌های نخستین شکل‌گیری نظام بین‌الملل، به نظر نمی‌رسد که نمایندگان کشورهای اسلامی صراحتاً ادعا کرده باشند که ارزش‌های اسلامی مانع پذیرش اصول پیشنهادی اسناد حقوق بشری باشد؛ اما گاهی برخی از ماده‌های اسناد بین‌المللی را در تضاد با متون اسلامی یافته و با آن مخالفت کردند، مانند مخالفت شان با آزادی تغییر دین یا برابری حقوق زن و مرد. برای مثال، نماینده عربستان سعودی جمیل بارودی[3] با عبارت «آزادی تغییر دین»[4] مخالفت کرد و بعضی از ناظران مخالفت او را به اسلام نسبت داده‌اند، اما او مسلمان یا اهل سعودی نبود؛ بلکه یک مسیحی اهل سوریه بود و صراحتاً از اسلام به‌عنوان دلیل مخالفتش یاد نکرده‌است. از آن‌جا که آزادی تغییر دین

1- .Charles Habib Malik

2- .United Nations Human Rights Commission

3- Jamil Baroody

۴-. مجتهد شبستری میان آزادی دین و آزادی انسان‌ها در انتخاب دین تفکیک قایل است. او در سخنرانی خود با عنوان «تفسیر دین آری، تولیت بر دین نه»، می‌گوید که هرچند فهم از آزادی دین این است که هر انسانی حق دارد دین خود را انتخاب کند یا تغییر دهد. اما معنای دقیق‌تری آزادی دین این است که «طبیعت دین» آزاد است و نمی توان بر آن «إعمال ولایت» کرد. دین تفسیر بر می‌دارد؛ اما تولیت برنمی‌دارد. از نظر شبستری، آزادی افراد در انتخاب دین یک حق اجتماعی است که به «حقوق بشر» مربوط است اما آزادی دین یک «واقعیت» است که مربوط به خود دین است.

مخالف قاعده «منع ارتداد» در اسلام است، نمایندگان افغانستان، پاکستان، مصر، عراق و سوریه از نماینده عربستان در مخالفتش با این موضوع حمایت کردند، اما محمدظفرالله خان که از طرف هیأت پاکستانی صحبت می‌کرد، اصرار داشت که قرآن خود مدافع آزادی دین است. مهم‌تر این‌که وقتی این موضوع برای رأی‌گیری نهایی در ماده ۱۸ اعلامیه[۱] گنجانده شد، هیچ کشور اسلامی علیه آن رأی نداد (مایر، ۲۰۱۴: ۶۶ و ۶۷).

هم‌چنان، وقتی اعلامیه جهانی حقوق بشر برای تصویب نهایی به مجمع‌عمومی سازمان ملل ارائه شد، هیچ کشور اسلامی علیه آن رأی نداد و اعلامیه با ۴۸ رأی موافق، ۸ رأی ممتنع و بدون هیچ رأی مخالف در دهم دسامبر ۱۹۴۸ به تصویب رسید. عربستان سعودی، روسیه سفید، لهستان، چکسلواکی، آفریقای جنوبی، اتحاد جماهیر شوروی، اوکراین و یوگسلاوی از جمله کشورهایی بودند که نسبت به برخی مواد اعتراض داشته و به اعلامیه رأی ممتنع داده‌بودند (مایر، ۲۰۱۴: ۶۸). دولت‌های افغانستان، پاکستان، ایران، عراق، لبنان و ترکیه از جمله کشورهای اسلامی بودند که به اعلامیه رأی مثبت دادند.

نمایندگان شماری از کشورهای اسلامی نقش مؤثر و سازنده‌ای در تدوین میثاق حقوق مدنی و سیاسی و میثاق حقوق اقتصادی، اجتماعی و فرهنگی ایفا کردند. تعدادی از کشورهای آسیای میانه، از جمله پاکستان، عراق، لیبی و مراکش، زنان را در ترکیب هیأت نمایندگی برای کار روی اصول و هنجارهای حقوق بشری و تدوین این

۱-. «هرکس حقِ آزادی اندیشه، وجدان و مذهب (دین) دارد. این حق متضمن آزادیِ تغییرِ دین یا عقیده و هم‌چنین متضمن آزادی اظهار دین و عقیده به تنهایی یا با همراهی دیگران، در فضای عمومی یا خصوصی در قالب آموزش، عمل، عبادت و پیروی است».

دو میثاق به سازمان ملل فرستادند. نماینده عراقی بدیعه افنان[1] یکی از برجسته‌ترین مشارکت‌کنندگان در تدوین آن دو میثاق بود که بر تصویب برابری زن و مرد بدون قید و شرط اصرار می‌کرد و تساوی زنان در ماده سوم هر دو میثاق مدیون تلاش خانم افنان است. بحث‌هایی که در مورد حقوق زنان در میثاق حقوق مدنی و سیاسی صورت می‌گرفت، نماینده لیبی یکی از طرف‌داران جدی برابری حقوق زوجین در ازدواج بود (مایر، ۲۰۱۴: ۶۹). هرچند گاهی اعتراض‌هایی از سوی بعضی از کشورهای اسلامی در مورد آزادی تغییر دین و حقوق زنان در ازدواج و طلاق مطرح بود؛ اما تمام کشورهای اسلامی هنگام تصویب به نفع آن دو کنوانسیون رأی دادند.

به نظر می‌رسد که در جریان تصویب اعلامیه جهانی و دو کنوانسیون آن، حقوق سیاسی زنان از موضوع حساسیت‌برانگیز و چالش‌زا نبوده است. کشورهای اسلامی حق انتخاب‌کردن و انتخاب شدن زنان در تمامی مشاغل عمومی، صلاحیت آنان در تصدی پست‌های سیاسی، حق آزادی تجمعات، حق آزادی تشکل و انجمن و حق آزادی بیان را با تصویب اعلامیه جهانی و کنوانسیون حقوق مدنی و سیاسی به رسمیت شناخته‌اند و اکثر ممالک اسلامی، از جمله افغانستان، پاکستان، ایران، عراق، سوریه، اردن، کویت، لیبی، مراکش، سودان و تونس، این میثاق را تصویب کردند.

1- .Badia Afnan

۱-۱. الزام‌آوری اعلامیه

هنگام تصویب اعلامیه جهانی حقوق بشر دو دیگاه در مورد الزامیت این سند مطرح شد. دیدگاه اول این بود که اعلامیه جهانی صرفاً بیان آمال و آرزوهای جوامع بشری است و هیچ نوع مبنای حقوقی ندارد و هدفش تأثیرگذاری بر وجدان انسان‌هاست.

تدوین‌کنندگان این اعلامیه براین نظر بودند که اعلامیه جهانی یک بیانیه اخلاقی و توصیه‌ای است نه یک سند حقوقی الزام‌آور. متن اعلامیه نیز این سند را «آرمان مشترک» ملت‌ها اعلام می‌کند که بیشتر زبان تعهد اخلاقی است نه حقوقی. اکثر حقوق‌دانان براین موضوع توافق داشتند که اعلامیه‌ای که بدون تصویب رسمی دولت‌ها، صرفاً توسط مجمع‌عمومی تصویب شده باشد، نمی‌تواند الزام حقوقی ایجاد کند. برخی از دولت‌ها، به شمول ایالات متحده آمریکا، در هر فرصتی بر جنبه اخلاقی و عدم الزام‌آوری اعلامیه تأکید می‌ورزیدند. اما دیدگاه دوم، ضمن پذیرش این‌که از نظر حقوقی صرفاً معاهدات قدرت قانونی دارند، بیان داشت که در اعلامیه، اصول حقوقی بیان شده در منشور ملل متحد تدوین و گنجانده شده‌است و نقض اعلامیه در حکم نقض منشور ملل متحد خواهد بود. نمایندگان برخی از کشورها معتقد بودند که اعلامیه صرفاً دارای ارزش اخلاقی نیست بلکه ماهیت حقوقی نیز دارد. رنه کاسن در این مورد در مجمع‌عمومی اعلام‌کرد: «بدیهی است که این اعلامیه به همان اندازه‌ای قوی و الزام‌آور نیست که تعهدات مندرج در معاهده‌ها ممکن است باشند. اما اعلامیه ما در قالب قطع‌نامه‌ای از «مجمع‌عمومی» تدوین شده که

ارزش حقوقی توصیه را دارد؛ این اعلامیه در حکم گسترش «منشور» است که حقوق بشر را در حقوق موضوعه بین‌المللی وارد کرده، حقوقی که درباره آن‌ها می‌توان گفت که اکنون در زمره چیزی قرار دارند که به «اصول عام حقوق» معروف گشته و در ماده ۳۸ دیوان داوری لاهه پیش‌بینی شده‌است» (جانسون، ۱۳۷۸: ۱۳۳-۱۲۸).
برخی از کارشناسان معتقدند که مفاد اعلامیه جهانی حقوق بشر به‌دلیل این‌که به‌صورت گسترده پذیرفته شده و در قوانین اساسی دولت‌ها، و معیار بین‌المللی برای سنجش دولت‌ها محسوب می‌شود، الزام‌آور تلقی شده‌است. اعلامیه بین‌المللی حقوق بشر از نظر ارزش حقوقی با سایر قطع‌نامه‌های اعلامی یا اصولی مجمع‌عمومی تفاوتی نداشت؛ اما تدوین میثاق‌های بین‌المللی حقوق بشر در ۱۹۶۶ که از جمله معاهدات قانون‌ساز یا عام به‌شمار می‌روند، مفاد اعلامیه را به اسناد معاهده الزام‌آور تبدیل کرد. چنان‌که دولت‌های زیادی مفاد اعلامیه جهانی حقوق بشر را در قوانین اساسی خود گنجانده و آن را مورد استناد قرار می‌دهند، این رویه قانون‌گذاری دولت‌ها و رویه آن‌ها در سطح بین‌الملل مفاد اعلامیه را به قواعد عرفی و عام‌الشمول تبدیل کرده است و اعلامیه برای تمام کشورهای متعاهد و غیرمتعاهد الزام‌آور است. پس نمی‌توان اعلامیه را صرفاً به‌عنوان یک قطع‌نامه اعلامی یا اصولی که متضمن یک سلسله توصیه‌ها و فاقد جنبه الزام‌آور باشد، تلقی نمود (ضیائی بیگدلی، ۱۳۹۸: ۲۵۱).

۲-۱. مبنای دینی اعلامیه

چنان‌که گذشت، هنگام نظرخواهی‌های کمیسیون حقوق بشر، یکی از مسائل بحث‌برانگیز این بود که حقوق بشر را باید بر چه مبنایی اعلام‌کرد؟ مفاهیم غربی حقوق ذاتی افراد انسانی زاده سنت «حقوق طبیعی» هستند که بر مبنای آن انسان‌ها دارای حقوقی هستند که طبیعت یا فطرت الهی به آنان اعطا کرده است. این فرض فلسفی مبنای اعلامیه استقلال آمریکا نیز است، چنان‌که بیان می‌دارد: «همه مردم برابر آفریده‌شده‌اند و آفریدگارشان به آنان حقوق سلب‌ناپذیری اعطا کرده است....» استناد به خدا یا طبیعت به‌عنوان مبنای حقوق مندرج در اعلامیه جهانی به‌صورت جدی مطرح شد. نمایندگان دولت هلند پیشنهاد کردند که منشأ حقوق بیان شده در اعلامیه به خداوند استناد شود و تلاش کردند در جریان مباحث سومین کمیته کمیسیون حقوق بشر، این استناد به پیش‌نویس اعلامیه گنجانده شود؛ اما این درخواست مورد پذیرش قرار نگرفت. نماینده هلند دکتری. ه. رواین در سخنرانی خود در مجمع‌عمومی اظهار تأسف کرد که «در اعلامیه به منشأ الهی انسان و جاودانگی روح او اشاره نشده است؛ در واقع سرچشمه تمام این حقوق خود خدای متعال است که مسئوولیت بزرگی بر دوش کسانی گذاشته که این حقوق را مطالبه کرده‌اند. نادیده گرفتن این پیوند، در حکم جدا کردن گیاه از ریشه‌های آن، یا ساختن خانه‌ای بدون پی است» (جانسون، ۱۳۷۸: ۶۴-۶۳).

هرچند در زمان تأسیس نظام بین‌الملل حقوق بشر به مبانی

تئوریک این اندیشه پرداخته نشد و تاکنون هیچ‌کس نتوانسته است به ابهام و پرسش‌های موجود در مورد منشأ و خاستگاه واقعی حقوق بشر پاسخ قطعی بدهد؛ اما عده‌ای معتقدند که حقوق انسان‌ها ریشه در آموزه‌ها و احکام دینی دارد و با استناد به برخی از آموزه‌های موجود در متون دینی، می‌توان دلایلی در تأیید نظریه حقوق بشر ارائه و حقوقی را به اجمال ثابت کرد که از قدرت دولت‌های حاکم فراتر بوده و سرچشمه آن اراده خداوند است. از نظر پیروان ادیان مختلف، از جمله دین اسلام، مبنای دینی می‌تواند به‌خوبی توجیه‌کننده حمایت از ارزش‌های حقوق بشری، به‌ویژه حقوق زنان، باشد و براساس آن، حقوق بشر به‌عنوان بخشی از دستورات دینی رعایت و تطبیق شود (حیدری، ۱۳۹۹: ۱۰۱).

با مراجعه به متون ادیان مشهور جهان، می‌توان به گزاره‌های برخورد که تأییدکننده حقوق بشر هستند و حق‌هایی را یافت که ریشه در اراده خداوند دارند. به‌عنوان مثال، در ادیان ابراهیمی کرامت ذاتی انسان بارها مورد تأکید قرار گرفته و در قرآن نیز تصریح شده‌است که خداوند به همه فرزندان آدم کرامت بخشیده‌است.[1] این ارزش و کرامت ذاتی می‌تواند مبنای مجموعه حقوق انسانی باشد. از آن‌جا که بنابر عدالت الهی این کرامت در خلقت همه انسان‌ها نهاده شده‌است، همه انسان‌ها از کرامت مساوی برخوردارند و حقوق ناشی از آن نیز برای همه انسان‌ها به‌صورت برابر ثابت می‌شود. قرآن بر تساوی و برابری انسان‌ها در کرامت و ذات انسانی‌شان، فارغ از تعلقات و

۱-. «وَ لَقَدْ كَرَّمْنا بَنِي آدَمَ» سورهٔ اسراء/ ۷۰.

وابستگی‌های نژادی و قبیله‌ای تأکید کرده است.[1] قرآن بر بعضی اصول حقوق بشری دیگر؛ مانند: حرمت حیات انسان و اصل آزادی نیز در موارد متعدد تأکید کرده است. هم‌چنان، اصل عدالت که یکی از مبانی اصلی حقوق بشر است، از اصول و مبانی دین اسلام نیز به‌شمار می‌رود و قرآن در موارد متعدد به رفتار عادلانه توصیه کرده است.[2] حضرت علی نیز در نامه‌ای به والی خود مالک‌اشتر چنین توصیه کرده است: «ای مالک نسبت به مردم مثل حیوان درنده نباش؛ چون مردم از دو حالت خارج نیستند: یا مسلمان بوده و برادر دینی تو است یا در خلقت مثل تو بوده و هم‌نوع تو است» (سید رضی، ۱۳۷۹: ن ۵۳). باری، می‌توان گفت که مفاهیم و گزاره‌های دینی در شکل‌گیری حقوق بشر تأثیر جدی داشته و میان متون دینی از جمله احکام اسلامی و اسناد بین‌الملل حقوق بشری برخی از اصول و مبانی مشترک وجود دارد.

اولین روایت تاریخی از نظریه حقوق بشر، که توسط جان لاک عرضه شده‌است، نیز در قالب نظریه دینی طرح شده و در آن به خداوند به‌عنوان مبنا و منشأ حقوق بشر اشاره شده‌است. به باور لاک همه در برابر خداوند مسؤول‌اند که قانون طبیعی را رعایت کنند. از نظر او خدا هم منشأ موجودات و مخلوقات است و هم منشأ ارزش‌ها (فریمن، ۱۳۸۷: ۱۳). علاوه بر آن، اعلامیه استقلال آمریکا نیز بر منبع دینی و الهی حقوق طبیعی انسان تأکید کرده است.

همین‌طور، بررسی متون ادیان مختلف نشان می‌دهد که برخی

۱-. «یاأَيُّهَا النَّاسُ إِنَّا خَلَقْناكُمْ مِنْ ذَكَرٍ وَ أُنثى وَ جَعَلْناكُمْ شُعُوباً وَ قَبائِلَ لِتَعارَفُوا إِنَّ أَكْرَمَكُمْ عِنْدَ اللهِ أَتْقاكُمْ» سورهٔ حجرات/ ۱۳.

۲-. «إِنَّ اللَّهَ يَأْمُرُ بِالعَدلِ وَالإِحسانِ» سورهٔ نحل/۹۰.

اصول اخلاقی و رفتاری مشترک میان آن‌ها وجود دارد. برای مثال، در قلمرو اخلاق هنجاری، «قاعده‌ی زرّین» نام گزاره‌ای اخلاقی است که می‌گوید: «چیزی را که برای خود دوست داری، برای مردم دوست داشته باش».[1] این قاعده مقتضی این است که باید با دیگران چنان رفتار کنیم که می‌خواهیم با ما رفتار شود، مورد اجماع و توافق هر سه دین ابراهیمی و حتی آیین بودایی و کنفوسیوس است. مبنایی بودن این قاعده به حدی است که بر خلاف تفاوت‌ها و اختلافات نظری و فرهنگی میان پیروان مذاهب و مکاتب مختلف، هیچ‌یک با این قاعده مخالفت نکرده‌است. بنابراین، نقش تعالیم و آموزه‌های دینی در زمینه‌سازی حقوق سیاسی زنان انکارناپذیر است. کرامت ذاتی انسان، برابری در خلقت و قاعده زرین اخلاقی که ریشه در سنت‌های دینی دارند، می‌توانند از مبانی مهم حقوق سیاسی زنان به‌شمار آیند. باتوجه به آنچه بیان شد، این ادعای گزافی نخواهد بود که «می‌توان اولین نطفه‌های ارزش‌های حقوق بشر را در آموزه‌های ادیان دید. از آن‌جا که از نظر ادیان خلقت فرایندی مقدس است که توسط خداوند صورت گرفته و انسان در آن دارای جایگاهی ویژه و برتر است، بنابراین حقوق و امتیازات ویژه‌ای نیز برای وی به رسمیت شناخته‌شده است. این حقوق مبتنی بر ویژگی «کرامت» است که حقوق دیگری مثل حیات و آزادی از آن نشئت می‌گیرد. از این رو آموزه‌های دینی نقش مهمی در پیدایش ارزش‌های حقوق بشر داشته است» (سرآمد و پژمان، ۱۳۹۴: ۶۴).

۱-. این اصل اخلاقی مشترک که در انجیل، تورات و متون اسلامی آمده، سعدی نیز به شعر در آورده است:
من شنیدم ز پیر دانشمند / تو هم از من به یاد دار این پند
آن‌چه بر نفس خویش نپسندی / نیز بر نفس دیگری مپسند

۲. تصویب کنوانسیون رفع هرگونه تبعیض علیه زنان

هرچند دولت‌ها و سازمان‌های بین‌المللی اسناد متعدد حمایتی حقوق بشر مانند اعلامیه جهانی حقوق بشر و دو میثاق بین‌المللی حقوق مدنی و سیاسی و حقوق اقتصادی، اجتماعی و فرهنگی را برای ترویج حقوق مساوی زن و مرد تدوین و تصویب کردند، اما تبعیض گسترده علیه زنان هنوز ادامه داشت. بنابراین، جامعه بین‌المللی تدوین کنوانسیون مستقلی را لازم دانسته‌است. در نتیجه، کنوانسیون رفع هرگونه تبعیض علیه زنان یا کنوانسیون حقوق زنان در سال ۱۹۷۹ توسط مجمع‌عمومی سازمان ملل متحد با ۱۳۰ رأی موافق بدون هیچ رأی مخالف و ۱۰ مورد رأی ممتنع تصویب شد. هدف و موضوع این کنوانسیون نفی هرگونه تبعیض علیه زنان مبتنی بر جنسیت است که مورد استقبال جامعه بین‌المللی قرار گرفته و اکثر دولت‌ها به آن ملحق[۱] شدند؛ اما صرفاً چند کشور اسلامی و غیراسلامی این کنوانسیون را در تعارض با ارزش‌های فرهنگی و متون دینی دانسته و به آن نپیوستند. در میان کشورهای اسلامی، برداشت‌های متفاوت از اسلام باعث شده‌است که آن‌ها کنوانسیون حقوق زنان را با ایجاد شرط‌هایی بپذیرند و برخی دیگر از امضای آن خودداری کنند. برای مثال، در دوره ریاست سیدمحمد خاتمی، نمایندگان مجلس ششم ایران در سال ۱۳۸۲ لایحه الحاق ایران به کنوانسیون حقوق زنان را به تصویب رساند؛ اما شورای نگهبان آن را رد کرد. تصویب این لایحه از سوی مجلس در واقع حکایت از دو نوع گفتمان (اصول‌گرایانه و اصلاح‌طلبانه) در حوزه حقوق

۱-. الحاق در واقع همان تصویب است؛ اما به مواردي اطلاق مي‌شود كه دولت از جمله كشورهاي مذاكره‌كننده براي انعقاد معاهده نبوده است؛ ولی امكان پيوستن آن در معاهده پيش‌بيني شده است.

زنـان در ایـران دارد. گفتمـان اصول‌گرایانـه در مخالفـت جـدی بـا اقـدام مجلـس، بـر حفـظ اصـول فقهـی سـنتی و تفـاوت حقـوق و تکالیـف زن و مـرد تأکیـد داشـت و اسـتدلال می‌کـرد کـه پذیـرش کنوانسـیون به‌معنـای برابـری مطلـق زن و مـرد و ترویـج فرهنـگ فمینیسـت و سـکولار اسـت کـه نظـام اجتماعـی و خانوادگـی را خدشـه‌دار می‌سـازد. آیت‌الله ناصـر مکارم‌شیرازی نیـز بـا رویکـرد عدالـت اسـتحقاقی و تکیه‌بـر تفاوت‌هـای طبیعـی زن و مـرد، کنوانسـیون حقـوق زنـان را نقـد می‌کنـد. از دیدگاه او بـا توجـه بـه تفاوت‌هـای جسـمی و روحـی زنـان، عدالـت بـر عـدم تسـاوی حقـوق و تکالیـف زن و مـرد حکـم می‌کنـد و جامعـه بایـد «تناسب‌محور» باشـد نـه «تسـاوی‌محور». او بـا بیـان دو مقدمـه در پی اثبـات ادعـای خـود اسـت: اول، خداونـد زن و مـرد را متفـاوت آفریـده اسـت و ایـن تفاوت‌هـا سـبب تفـاوت در حقـوق و تکالیـف آنـان نیـز می‌شـوند و زنـان نمی‌تواننـد بعضـی از وظایـف سیاسـی و اجتماعـی و فرماندهـی نظامـی را اجـرا کننـد. دوم، بـا در نظرداشـت ایـن تفاوت‌هـا، تصویـب قوانـین و معاهداتِ برابـری طلبانـه بـر خـلاف تفاوت‌هـای طبیعـی زن و مـرد بـوده و نمی‌توانـد واقعیت‌هـای عینـی را تغییـر دهـد. در نتیجـه بـرای تطبیـق قانـون بـا واقعیـت، بایـد میـان فطـرت و قانـون و یـا تشـریع و تکویـن هماهنگـی بـه وجـود آیـد. مکارم‌شـیرازی ایـن معاهـده را بـا بسـیاری از مسـائل دینـی در تعـارض می‌دانـد و پیوسـتن بـه آن را به‌معنـای پذیـرش فرهنـگ سـکولار و غیردینـی تلـق می‌کنـد (مکارم‌شیرازی، ۱۳۸۱: ۱۳۳-۱۲۸)؛ ولی اصلاح‌طلبـان بـا تکیه‌بـر عدالـت مسـاواتی از برابـری حقوقی زن و مـرد صرف‌نظـر از تفاوت‌هـای بیولوژیکـی و روان‌شـناختی آنـان حمایـت کردنـد. در نهایـت، پیوسـتن ایـران بـه ایـن کنوانسـیون مـورد تأییـد

قـرار نگرفت.

واقعیت ایـن اسـت کـه قانـون اسـاسی جمهـوری اسـلامی ایـران از برابـری جنسـیتی سـخن بـه میـان نمـی‌آورد؛ چنان‌کـه در اصـل ۱۹ مقـرر می‌دارد: «مـردم ایـران از هـر قـوم و قبیلـه کـه باشـند از حقـوق مسـاوی برخوردارنـد و رنـگ، نـژاد، زبـان و ماننـد این‌هـا سـبب امتیـاز نخواهـد بود». اصل ۱۹ به مساوات براساس جنسیت و یا اعتقادات نمی‌پردازد و نقـض حقـوق سیاسی زنـان در ایـران نشـان‌می‌دهد کـه حـذف برابـری جنسیتی از این اصل تصادفی نبوده است و زنـان در ایـران حـق احـراز سِـمت ریاسـت‌جمهوری را ندارنـد. بـرای مثـال، اعظـم طالقـانی، دختـر آیت‌الله سیدمحمود طالقانی، سـه بـار (در سـال‌های ۱۳۷۶، ۱۳۸۸ و ۱۳۹۶) به‌عنوان داوطلب ریاست‌جمهوری ثبت نام کرد و معتقد بود که واژه «رجـال» در اصـل ۱۱۵ قانـون اسـاسی ایـران معـادل افـراد سرشـناس اسـت نـه جنـس مرد و هیـچ دلیلی وجـود نـدارد کـه یـک زن نتوانـد نامـزد انتخابـات شـود؛ امـا او هربـار از طـرف شـورای نگهبـان رد صلاحیـت شـد. بنابرایـن، بـه نظـر می‌رسـد کـه تفسـیر شـورا از واژه «رجـال» در قانـون اسـاسی «مـردان» اسـت و «زنـان» نمی‌تواننـد عهـده‌دار منصـب ریاسـت‌جمهوری شـوند؛ زیـرا تـا هنـوز کاندیداتـوری هیـچ زنی بـرای ریاسـت‌جمهوری از طـرف شـورای نگهبـان تأییـد نشـده اسـت.

کشـورهای اسـلامی رویکردهـای متفـاوت بـه کنوانسـیون رفـع هرگونـه تبعیـض علیـه زنـان داشـته‌اند. افغانسـتان مفـاد کنوانسـیون را در سـال ۲۰۰۳ بـدون هیـچ شـرطی امضـا کـرد، ایـران، سـومالی و سـودان هنـوز امضـا نکرده‌انـد؛ امـا بسـیاری از کشـورهای اسـلامی بـدون ملـزم دانسـتن خـود بـه رفـع تبعیـض جنسـیتی و رعایـت اصـل حسـن نیـت،

به این کنوانسیون پیوسته‌اند. برای مثال، کشورهای اسلامی مانند مصر، اندونیزی، عراق، عمان، عربستان سعودی، برونئی دارالسلام و موریتانی کنوانسیون را به‌شرط[1] عدم تعارض با شریعت اسلامی و قوانین اساسی آن کشورها امضا کرده‌اند. این کشورها اصل عدم تبعیض میان زن و مرد را در قوانین ملی خود نگنجانده‌اند و زنان از حقوق و آزادی‌های سیاسی برابر با مردان برخوردار نیستند.[2] برای مثال، در این کشورها نسخه‌های احکام اسلامی براساس تفسیرهای عالمان و نهادهای دینی خودشان بر کنوانسیون اولویت دارد و عربستان سعودی در این مورد بیان می‌دارد که «در موارد تعارض میان هریک از بندهای کنوانسیون و هنجار قانون اسلامی، پادشاهی هیچ وظیفه‌ای برای رعایت بندهای متعارض کنوانسیون ندارد».

باید توجه داشت که برابری حقوقی میان زن و مرد و نفی هرگونه تبعیض مبتنی بر جنسیت در حوزه‌های حقوق سیاسی و مدنی روح کلی حاکم بر کنوانسیون رفع هرگونه تبعیض علیه زنان است. شرط عدم مغایرت با شریعت اسلامی، به‌ویژه با تفسیرهای بنیادگرایانه کشورهای اندونیزی، عربستان سعودی، برونئی دارالسلام و موریتانی در تضاد با موضوع و هدف اصلی این کنوانسیون قرار دارد و فاقد اعتبار است؛ زیرا در ماده ۲۸ کنوانسیون آمده است که هرگاه شرطی

۱-. کنوانسیون ۱۹۶۹ وین در مورد حقوق معاهدات در بند (د) مادهٔ دوم اِعمال شرط را چنین تعریف کرده است: «حق شرط عبارت است از بیانیهٔ یک‌جانبه، به هر نام و به هر عبارت که توسط یک دولت در زمان امضا، تنفیذ، قبول، تصویب یا الحاق به یک معاهده صادر شده و دولت به وسیلهٔ آن قصد خود را مبنی بر استثنا یا تعدیل اثر حقوقیِ بعضی از مقرراتِ معاهده نسبت به خود بیان می‌دارد».

۲-. برخی از کشورهای عضوِ کنوانسیون معتقدند که مادهٔ هفتم این سند که دولت‌های عضو را به قبول تعهد به اقداماتی برای محو تبعیض علیه زنان در زندگی سیاسی و عمومی کشور ملزم می‌کند، یک مقررهٔ اساسی در کنوانسیون است که اجرای آن برای تحقق موضوع و هدفش لازم و ضروری است. برای نمونه، فنلاند بر شرط کویت نسبت به بند (الف) ماده هفتم کنوانسیون اعتراض کرد.

با موضوع و هدف این معاهده ناسازگار باشد، مجاز نیست.

گفتار چهارم: ضرورت دینی التزام به تعهدات بین‌المللی

بسیاری از دولت‌های مسلمان عضو اعلامیه‌ها و کنوانسیون‌های بین‌المللی هستند و براین اساس، مکلف‌اند که مفاد آن‌ها را در قلمرو شان تطبیق نمایند. اصل وفای به عهد که یکی از اصول کلی حقوق است، در آیات و روایات اسلامی به رسمیت شناخته‌شده و از آن به عهد، میثاق و عقد نام برده شده‌است. اسلام رعایت این اصل را وظیفه مسلمانان شمرده و پیمان بستن، مسلمانان را صرفاً در برابر مردم و افکار عمومی مقید نمی‌سازد؛ بلکه در پیشگاه خدا نیز برای آنان ایجاد تکلیف می‌کند. به این دلیل که مسلمانان هنگام عقد قرارداد خدای را به شهادت می‌طلبند و او را ضامن قراردادها و تعهدات خود قرار می‌دهند. در قرآن به وفای به عهد و اجرای تعهدات تأکید شده‌است: «به پیمانی که با خداوند می‌بندید وفا کنید، پیمان‌هایی را که موکداً می‌بندید و هنگام بستن آن خدای را گواه می‌گیرید مشکنید، زیرا خداوند بر کارهای تان آگاه است».[1] در آیه دیگر آمده است: «مگر افرادی از مشرکان که شما با ایشان پیمان بسته‌اید، آن‌گاه چیزی از پیمان شما نکاستند و کسی را بر ضد شما پشتیبانی نکردند، پس پیمان شان را تا پایان به انجام رسانید، همانا

۱- . وَأَوْفُواْ بِعَهْدِ ٱللَّهِ إِذَا عَٰهَدتُّمْ وَلَا تَنقُضُواْ ٱلْأَيْمَٰنَ بَعْدَ تَوْكِيدِهَا وَقَدْ جَعَلْتُمُ ٱللَّهَ عَلَيْكُمْ كَفِيلًا إِنَّ ٱللَّهَ يَعْلَمُ مَا تَفْعَلُونَ، سورهٔ النحل/ ۹۳.

خداوند پرهیزکاران را دوست می‌دارد».[1] و «پس مادامی‌که (مشرکان) بر سر پیمان تان استوار باشند، شما نیز برای آنان استوار بمانید».[2] در برخی از آیات به‌صورت مطلق به وفای به عهد امر شده‌است از جمله: «به عقد خود وفا کنید»[3] و «به پیمان‌های خود وفادار باشید، زیرا از پیمان‌ها سؤال خواهد شد».[4] هم‌چنان، وفای به عهد علامت ایمان معرفی شده‌است. «آنان (مؤمنان) به امانت و عهد و پیمان خود وفا دارند».[5] بنابراین، این آیات شامل پیمان‌های جمعی و معاهدات میان پیروان ادیان مختلف و معاهدات بین‌المللیِ امروزی نیز می‌شوند که بخش مهم آن را کنوانسیون‌های حقوق بشری تشکیل می‌دهند.

در روایات نیز بر وفای به عهد تأکید شده‌است. در منابع شیعه و سنی روایت شده‌است که پیامبر اسلام بارها گفته‌است: «دین ندارد کسی که عهد خود را رعایت نمی‌کند» (ابن حنبل، ۱۴۱۶ ق: ح ۱۲۳۲۴). در حدیث دیگر بر مطلق بودن تکلیف وفای به عهد، صرف‌نظر از ویژگی‌های طرف مقابل، تأکید شده‌است. «سه چیز است که خداوند به هیچ‌کس اجازه مخالفت با آن را نداده‌است: ادای امانت در مورد هرکس خواه نیکوکار یا بدکار؛ وفای به عهد در باره

۱- . إِلَّا الَّذِينَ عَاهَدْتُمْ مِنَ الْمُشْرِكِينَ ثُمَّ لَمْ يَنْقُصُوكُمْ شَيْئًا وَلَمْ يُظَاهِرُوا عَلَيْكُمْ أَحَدًا فَأَتِمُّوا إِلَيْهِمْ عَهْدَهُمْ إِلَى مُدَّتِهِمْ إِنَّ اللَّهَ يُحِبُّ الْمُتَّقِينَ، سورهٔ توبه/۴.

۲- . فَمَا اسْتَقَامُوا لَكُمْ فَاسْتَقِيمُوا لَهُمْ، سورهٔ توبه/۷.

۳- . أَوْفُوا بِالْعُقُود، سورهٔ مائده/۱.

۴- . أَوْفُوا بِالْعَهْدِ إِنَّ الْعَهْدَ كَانَ مَسْئُولًا، سورهٔ اسرا/ ۳۴.

۵- . وَالَّذِينَ هُمْ لِأَمَانَاتِهِمْ وَعَهْدِهِمْ رَاعُونَ، سورهٔ مومنون/ ۸.

هرکس خواه نیکوکار یا بدکار؛ و نیکی به پدر و مادر خواه نیکوکار یا بدکار» (کلینی، ۱۳۶۵: ج ۲ / ۱۶۲). در فقه یکی از روایات معروفی که زیاد مورد استناد قرار می‌گیرد این است: «مسلمانان در گرو پیمان شان هستند» (بخاری، ۱۴۱۰ ق: ج ۳ / ۱۵۲).

حضرت علی در زمان خلافت خود در نامه‌ای به یکی از والیان و فرماندهانش به‌نام مالک‌اشتر نخعی می‌نویسد: «اگر با دشمنی پیمان بستی، به پیمان خویش وفادار بمان و ذمّه‌ات را با امانت کامل پاس دار و جان خود را سپر عهد و پیمان خویش قرار ده که در میان واجبات الهی، هیچ موضوعی همانند وفای به عهد در میان مردم جهان، با تمام اختلافاتی که باهم دارند، مورد اتفاق عمومی نیست تا آنجا که مشرکان نیز پیش از اسلام در روابط خود بدان پایبند بودند؛ زیرا از پیامدهای پیمان‌شکنی خاطرات تلخی داشتند» (سید رضی، ۱۳۷۹: ن ۵۳). این سخنان می‌توانند بیش از روایات قبلی دیدگاه اسلام را به صریح‌ترین شکل نسبت به‌ضرورت التزام به معاهدات جمعی و بین‌المللی بیان کند.

علاوه بر آیات و روایات، در تاریخ اسلام به‌خصوص در دوران حیات و حاکمیت پیامبر معاهدات مختلفی؛ مانند: حِلف‌الفضول، میثاق مدینه، صلح حدیبیه و صلح با مسیحیان نجران منعقد شده‌است که می‌تواند دلایل مستحکمی بر ضرورت التزام به معاهدات بین‌المللی در حوزه حقوق بشری و سیاسی زنان محسوب شود. برای مثال شرط عدم اعطای پناهندگی به مسلمانان فراری از مکه به‌سوی حضرت محمد، تعهد سختی بود که در صلح‌نامه حدیبیه میان پیامبر و غیرمسلمانان امضا شد. طبق این تعهد، پیامبر ابوجندل و ابونصیر را

که به او پناهنده شده‌بودند، به نمایندگان قریش تسلیم کرد. بنابراین، سیره عملی پیامبر نیز از اهمیت پایبندی به عهد و پیمان حکایت دارد (حقیقت، ۱۳۸۹: ۱۲۵).

جمع‌بندی

به‌عنوان جمع‌بندی می‌توان به چند نکته اشاره کرد:

۱. ماهیت فهم و تفسیر متن نوعی فرضیه‌پردازی همراه با استدلال است و هیچ فردی نمی‌تواند وصول قطعی به معنا پیدا کند. هرگاه شخصی بخواهد یک متن را به‌نحوی بفهمد که مؤلف یا پدیدآورنده متن همان معنا و مفهوم را در ساختار زبان و متن منظور کرده است، متناسب با دیدگاه و پیش‌فرض خود یک فرضیه می‌دهد و سپس برای صحت آن فرضیه استدلال می‌کند. افراد دیگر نیز برای فهم متن فرضیه‌های دیگر می‌دهند و سپس برای صحت آن فرضیه‌ها استدلال می‌کنند. از آن‌جا که فرضیه‌ها به‌دلیل تفاوت دیدگاه‌ها و پیش‌فرض‌ها متفاوت‌اند، معنای «معین‌شده» از سوی هرکدام از آن‌ها با معنای «معین‌شده» از سوی دیگری متفاوت خواهد بود.

۲. تفسیرها و آرای فقهی که در مورد حقوق سیاسی زنان ارائه‌شده‌اند مبتنی بر پیش‌فهم‌ها، علایق، جهان‌بینی، و انتظارات مفسران و فقیهان از دین بوده‌اند و آنان نمی‌توانند پیش‌فرض‌های خود را در تفسیر آیات و استنباط احکام از ادله شرعی نسبت به زن دخالت ندهند. ممکن نیست مفسری، قرآن و سنت را چنان بفهمد و یا تفسیر کند که با علایق و جهان‌بینی او در تعارض باشد. برای مثال، هرگاه

یک مفسر نگاه جنسیتی و تبعیض‌آمیز به زن داشته‌باشد، آن دسته از آیات و روایاتی را برجسته خواهد کرد که بر عدم برابری حقوق زن و مرد دلالت دارند. با توجه به این واقعیت، نمی‌توان هیچ‌یک از برداشت‌های دینی را به‌عنوان بیان‌های قطعی از عقاید اسلامی تلقی کرد.

به نظر می‌رسد که برخی از فقیهان و عالمان دینی که انتظار حداکثری از دین دارند، براین باورند که با وجود تفسیرپذیری متون دینی، صرفاً یکی از تفسیرها و قرائت‌ها معتبر و قابل استناد است؛ اما مخالفان مرجعیت انحصاری دین با استناد به تفسیرهای متعدد از کتاب و سنت، به‌عنوان یک واقعیت مسلم در تاریخ اندیشه دینی، مرجعیت رسمی و فهم انحصاری از دین را غیرقابل‌قبول می‌دانند.

۴. کشورهای اسلامی از اسناد بین‌الملل حقوق بشری استقبال کرده و هیچ‌یک هنگام تصویب به اعلامیه جهانی حقوق بشر و کنوانسیون رفع هرگونه تبعیض علیه زنان رأی منفی نداد. بنابراین، آن‌ها مطابق به اصل وفای به عهد که در متون اسلامی نیز تأکید شده‌است، ملزم به رعایت معاهداتی هستند که تصویب کرده‌اند و باید به تعهدات شان پایبند باشند؛ زیرا نقض تعهد از لحاظ شرعی نیز جواز ندارد.

از سوی دیگر، نمی‌توان تعارض میان برداشت سنتی از دین و روایت غربی از حقوق زنان را نادیده گرفت. تأکید بر بهره‌مندی زنان از آزادی و حقوق سیاسی برابر با مردان براساس موازین بین‌المللی از جمله مواردی است که بعضی از کشورهای اسلامی آن را مغایر فرهنگ محلی و سنت دینی خود می‌دانند. برای مثال، عربستان سعودی از

امضای اعلامیه جهانی حقوق بشر خودداری کرده و به آن رأی ممتنع داد؛ اما پاکستان نه‌تنها اعلامیه را امضا کرد که حتی نماینده این کشور در سازمان ملل نظر دولت عربستان مبنی براین‌که اعلامیه مغایر اصول و قوانین اسلامی است را نکوهش کرد. باری، به‌دلیل چندگانگی شریعت (نسخه‌های متنوع فقه) و برداشت‌های متفاوت از اسلام، رویکرد خصمانه به اسناد بین‌الملل حقوق بشری هنوز وجود دارد؛ اما تعارض‌های مذکور را نمی‌توان به ناسازگاری فرضی ذاتی اسلام با هنجارهای بین‌المللی نسبت داد.

فصل پنجم

اسلام و هنجارهای بین‌المللی حقوق سیاسی زنان

چنان‌که باب مشخصی در مورد حقوق سیاسی زنان در متون فقهی اسلام وجود ندارد، این فصل طبق همان دسته‌بندی که در اسناد بین‌الملل صورت گرفته است به حقوق سیاسی زنان می‌پردازد و مشروعیت آن‌ها را براساس قرائت‌های دینی بررسی می‌کند.

به‌صورت کلی دو نوع اندیشه در کتاب و سنت در کنار هم مشاهده می‌شود: اول اندیشه سازگار با ارزش‌ها و هنجارهای بین‌المللی حقوق زنان شامل دو نوع گزاره، یکی گزاره‌هایی که با اندیشه حقوق زنان در قالب اسناد بین‌المللی تعارضی ندارند و دیگر اندیشه‌ای که دلالت صریح بر حقوق ذاتی انسان از حیث انسان بودن دارد. دوم اندیشه ناسازگار با هنجارهای بین‌المللی حقوق سیاسی زنان، شامل گزاره‌هایی در تعارض صریح با آن هنجارها و اصل عدم تبعیض حقوقی انسان‌ها براساس دین، مذهب، جنسیت، نژاد و مانند آن. در این فصل به

هم‌گرایی و واگرایی برداشت‌های دینی با هنجارهای بین‌المللی حقوق سیاسی زنان پرداخته خواهد شد.

گفتار اول: تعارض در اسلام سنتی

در پاسخ به احکام اسلامی و هنجارهای بین‌المللی حقوق سیاسی زنان پاسخ‌های کلی و مبهم داده‌شده‌است؛ زیرا برداشت‌های متفاوت از متون دینی اسلام وجود دارد. واقعیت این است که میان احکام دینی و فقهی و حقوق سیاسی و بشری زنان مقرر در اسناد بین‌الملل تعارض احساس می‌شود، که در اسلام تاریخی برجسته‌تر است و این تعارض‌ها به فتواها و برداشت‌های فقهی خلاصه نمی‌شوند، بلکه گاه ظواهر آیات و روایات مندرج در متون معتبر دینی نیز حکایت از ناسازگاری دارد. میان اسلام سنتی و هنجارهای بین‌المللی حقوق زنان در سه مؤلفه تعارض یافت می‌شود: تعارض در سیره عملی مسلمانان و متشرعان، تعارض در آرا و فتواهای عالمان دین و تعارض در آیات قرآن و احادیث مربوط به پیامبر و امامان. در حوزه حقوق مدنی، تفاوت میان زن و مرد بیشتر به چشم می‌خورد اما این تحقیق صرفاً به تعارض‌های احکام شرعی با حقوق سیاسی زنان می‌پردازد نه حقوق مدنی.

چنان‌که بیان شد، مسلمانان دیدگاه‌های متفاوتی در مورد هنجارهای بین‌الملل حقوق بشری و سیاسی زنان دارند. ادعاهای که مطرح‌شده این است که هنجارهای حقوق بشری همان ارزش‌هایی را تکرار می‌کنند که پیش از این در آموزه‌ها و متون اسلامی وجود

داشته‌اند و یا این‌که این هنجارهای بین‌المللی ارزش‌های غربی را ترویج می‌کنند و باید به مثابه معارضه با اسلام رد کرد. به‌صورت کلی احکام شرعی در برداشت سنتی از اسلام در چند مورد با حقوق بشری و سیاسی زنان مقرر در اسناد عمومی ناسازگارند که مهم‌ترین موارد تعارض به‌صورت خلاصه بیان می‌شود:

۱. انکار حقوق و کرامت ذاتی انسان

در متون ادیان ابراهیمی، تعبیراتی وجود دارد که می‌توان آن‌ها را به «کرامت ذاتی انسان» صرف‌نظر از جنسیت، نژاد و عقیده تفسیر کرد؛ ولی در همان متون دینی گزاره‌های دیگری وجود دارد که در آن‌ها ارزش انسان وابسته به «ایمان» اعلام شده و ارزش انسان‌های با ایمان بیشتر از انسان بی‌ایمان بیان شده‌است که این موضوع خلاف کرامت ذاتی افراد است (شبستری، ۱۳۸۳: ۱۸۳-۱۸۲). در قرائت سنتی از دین، کرامت و حرمت انسان‌ها در کرامت و حرمت پارسایان و دین‌باوران راستین فروکاسته شده و انسان‌ها به واجد و فاقد کرامت تفکیک می‌شوند. برای مثال، در متون دینی یهودیان بیان شده‌است که فقط یهودیان از همه به خداوند نزدیک‌ترند و برگزیده او به‌شمار می‌آیند. در دین مسیحیت این امتیاز به مؤمنان مسیحی داده‌شده‌است و در اسلام این امتیاز مخصوص مسلمانِ مؤمن دانسته شده‌است. عدم شناسایی کرامت ذاتی به‌عنوان مبنا و انکار حقوق سیاسی افراد براساس دین، مذهب و جنسیت توجیه‌گر نقض حقوق بنیادین افراد خواهد شد. براساس برخی از آیات و روایات، جنسیت

و عقاید دینی منشأ حقوق و شرافت انسانی است، نه انسان بودن؛ یعنی در اسلام تاریخی حقوق مسلمان یا حقوق زن و مرد مطرح است نه حقوق بشر و برخی به‌دلیل داشتن عقاید دینی و مذهبی خاص، دارای حقوق و احترام بیشتر و برخی کمتر و یا حتی فاقد حرمت و کرامت تلقی می‌شوند.

۲. انکار اصل برابری جنسیتی

اصل برابری و عدم تبعیض جنسیتی در مقابل برداشت‌ها و تفسیرهای دینی سنتی جهت‌گیری اصلی نظام حقوق زنان در حقوق جهانی بشر را تشکیل می‌دهد. هرچند در بسیاری از احکام حقوق تجاری یا حقوق عبادی زن و مرد در اسلام مساوی‌اند؛ اما در حقوق مدنی و سیاسی و حقوق جزایی، جنسیت موجب تفاوت حقوقی می‌باشد. در واقع اصل برابری که سنگ اول اندیشه حقوق بشر است، در اسلام سنتی شریعت‌مدار براساس برخی از وابستگی‌های عرضی از جمله جنسیت نقض می‌شود. این نابرابری‌ها با بسیاری از مواد اسناد بین‌الملل حقوق بشری و حقوق زنان در تعارض قرار دارند، از جمله ماده اول اعلامیه جهانی حقوق بشر مبنی براین‌که «تمام افراد بشر آزاد و از لحاظ کرامت و حقوق برابر متولد می‌شوند»، ماده دوم مبنی براین‌که «هرکس بدون هیچ‌گونه تمایز؛ مثلاً: از حیث نژاد، رنگ، جنس، زبان، مذهب، عقیده سیاسی یا هر عقیده دیگر و هم‌چنین خاستگاه ملی یا اجتماعی، ثروت، نسب یا هر موقعیت دیگر، مستحق تمام حقوق و آزادی‌هایی است که در اعلامیه حاضر

ذکر شده‌است» و ماده هفتم مبنی براین‌که «همه در برابر قانون مساوی بوده و بدون هیچ نوع تبعیض مستحق حمایت مساوی قانون هستند. همه استحقاق دارند که در مقابل هر تبعیضِ ناقض اعلامیه حاضر و هر تحریک به این نوع تبعیض، از حمایت مساوی قانون بهره‌مند شوند».

۳. عدم صلاحیت تصدی مناصب عمومی

عدم صلاحیت برای تصدی ولایت عامه و محرومیت مطلق زنان از پنج منصب مهم دینی سومین محور تعارض است. براساس اندیشه سنتی، شرط احراز مرجعیت تقلید، قضاوت، زمام‌داری سیاسی، امام جمعه و امامت جماعت مرد بودن است و زنان فاقد صلاحیت مدیریت کلان سیاسی، رهبری دینی و قضاوت هستند.

کتاب «زن و انتخابات» بر عدم تساوی حقوق زن و مرد تأکید می‌کند و دخالت زن در ولایت عامه را به‌صورت مطلق غیر جایز می‌داند. برای بررسی حقوق زنان در مورد ولایت عامه از نظر فقه اهل‌سنت، این کتاب به فتوای علمای دانشگاه الازهر مصر در مورد شرکت زنان در انتخابات ارجاع می‌دهد. براساس این حکم، ولایت عامه، به‌ویژه عضویت در پارلمان،[1] حق قانون‌گذاری، و تسلط بر

۱-. آیت الله محمدصادقی تهرانی وکالت در پارلمان را جزء ولایت عامه نمی‌داند. در نقد فتوای علمای الازهر مبنی بر حرمت عضویت زن در پارلمان، تهرانی می‌گوید که عضویت زن در پارلمان ربطی به ولایت عامه و تشریع قانون ندارد؛ زیرا تشریع قانون حق خداست نه حق افراد و وظیفهٔ اصلی اعضای پارلمان تطبیق موضوعات بر احکامی است که فقیهان آن‌ها را از قرآن و سنت قطعیه بدست آورده باشند. براساس دیدگاه او، هیچ دلیلی از کتاب و سنت مبنی بر حرمت شرکت زن در انتخابات وجود ندارد. برای آگاهی بیشتر، نک: صادقی تهرانی، ۱۳۸۴: ۱۶۹.

اجرای قانون در شریعت اسلامی «مخصوص مردان» می‌باشد و زنان حق انتخاب شدن را ندارند. عالمان الازهر زمام‌داری، تصدی سمت قضاوت، فرماندهی ارتش و تمام امور مربوط به ولایت عامه را برای زنان «حرام» می‌دانند (قربانی و دیگران، ۱۳۳۹: ۶۲ و ۶۴).

فتوای دانشگاه الازهر بیان می‌دارد که حکم اسلام در مورد شرکت زنان در انتخابات (حق انتخاب‌کردن) مانند حکم عضویت آن‌ها در پارلمان (حق انتخاب‌شدن) می‌باشد و هر دو موضوع «غیر جایز و خلاف مقررات اسلامی» می‌باشد (قربانی و دیگران، ۱۳۳۹: ۶۶). هم‌چنان، حسن‌البناء، رهبر اخوان‌المسلمین و طرفدار مکتب سلفی، نیز مخالف جواز زنان در تصدی پست وزارت و نمایندگی مجلس است و این امر را مستلزم خلوت با نامحرم می‌داند (یوسف، ۱۹۹۸: ۸۸-۸۷).

نویسندگان کتاب «زن و انتخابات» براین باورند که از نظر فقه شیعه نیز زنان شایستگی مرجعیت سیاسی و قضائی را ندارند و از حق تصدی «فرمانداری و حکومت»، «عضویت در شوری» و «قضاوت» منع شده‌اند. هم‌چنان با این استدلال که شرکت زنان در رأی‌گیری‌ها[1] و مبارزات انتخاباتی باعث معاشرت‌های غیرمجاز با مردان و عدم رعایت مقررات شرعی می‌شود، آنان زنان را از شرکت در انتخابات منع می‌کنند (قربانی و دیگران، ۱۳۳۹: ۷۶-۷۲).

باری، تعارض‌های فوق در برداشت سنتی فقهی و متن‌محور

۱- . باید توجه داشت که بیعت را نمی‌توان معادل انتخاب گرفت؛ زیرا گفتمان قدیم متکی بر مفهوم تکلیف بود نه بر مفهوم حق. بنابراین، بیعت حق بیعت کنندگان نبود بلکه تکلیف شرعی آنان بود و مسلمانان موظف بودند با بیعت کردن به عنوان یک تکلیف شرعی از حاکم وقت اطاعت کنند؛ اما براساس گفتمان جدید، که حق‌محور است، انتخاب حق سیاسی افراد است و شخص را نمی‌توان با زور به استفاده از این حق وادار کرد..

بسیار برجسته و غیرقابل حل به نظر می‌رسد. برخی از اندیشمندان اسلامی معتقدند که ایمان به خدا، باور به آخرت و پیروی از تعالیم پیامبر اسلام، در ذات خود با هنجارهای حقوق بشری زنان در حوزه سیاسی هیچ تعارضی ندارد، اما قرائت نص‌گرایانه و متن‌محور از دین، امکان هم‌زیستی میان احکام اسلامی و حقوق سیاسی زنان در اسناد بین‌المللی را از بین می‌برد؛ زیرا این نوع برداشت بر آیات و روایاتی تأکید دارد که در آن‌ها جایگاه زنان در رهبری، وزارت، قضاوت، عضویت در پارلمان و مانند آن براساس جنسیت مشخص شده و عدم برابری حقوقی میان زن و مرد پذیرفته شده‌است. دامنه این ناسازگاری در حوزه شریعت، یعنی بخش فقه و احکام عملی اسلام، وسیع‌تر از حوزه‌های ایمان و اعتقاد و اخلاق اسلامی می‌باشد.

براساس فهم سنتی، که در آن صورت‌گرایی غلبه دارد، حقوق انسان‌ها، به شمول حقوق سیاسی زنان، در احکام شرعی لحاظ شده و نیاز به تمسک به اعلامیه‌ها و کنوانسیون‌های بین‌المللی حقوق بشر نیست. برخی از دین‌داران معتقدند که حقوق و آزادی‌های سیاسی زنان در جامعه معاصر مسلمانان باید همان شکل و شمایل را داشته‌باشد که در دوران زندگی پیامبر در مدینه یا عصر خلفای راشدین داشت و مسلمانان موظفند جامعه خود را با الگوی عصر نزول منطبق سازند؛ اما باید توجه داشت که فهم دینی «صورت‌گرا» و برداشت‌های قشری، تنگ‌نظرانه و خشن از آیین پیامبر رحمت و ادعای وکالت تام‌الاختیار از دین خدا به سنت‌گرایی و یا جزم‌اندیشی دینی انجامیده و می‌انجامد و در تقابل و تعارض با اصول بین‌المللی

حقوق زنان به‌ویژه حقوق سیاسی آنان قرار می‌گیرد.[1]

۴. عدم برابری حقوقی در اعلامیه اسلامی حقوق بشر

در عصر جدید سخن گفتن از حقوق بشر مقدم بر داشتن دین، نژاد، جنسیت و ملیت مشخص است. انسان‌ها به‌دلیل انسان بودن و صرف‌نظر از تعلقات عرضی از حقوق و آزادی‌های اساسی برخوردارند. نمی‌توان حقوق بشر را با الهام از اصول فلسفی یا اخلاق مجرد و بدون درنظرداشت واقعیت‌های تاریخی و اجتماعی جامعه مطرح کرد. اعلامیه جهانی حقوق بشر برخاسته از هزارها سال تجربه تلخ ستم‌گری و خون‌ریزی در جامعه انسانی بوده و در صدد است تا برای موجودیت انسان با حفظ همه ابعاد کرامت و آزادی او یک تضمین حقوقی ایجاد کند. در واقع تدوین اعلامیه جهانی حقوق بشر، اقدامی ناشی از ضرورت تاریخی به‌منظور «کاستنِ رنج انسان» و «رسیدن به آرمان‌های بزرگ بشری» است نه ناشی از یک سلسله مباحث انسان‌شناسانه فلسفی یا دینی. اعلامیه جهانی به دو جهت یک سند جهانی و فرادینی است: اول، انسان را صرفاً به‌دلیل انسان بودن برخوردار از یک سلسله حقوق و آزادی می‌داند. دوم، در صدد ایجاد توافق جهانی نسبی روی حقوق و آزادی‌های مشخص است که قابلیت نهادینه شدن در همه جوامع بشری را داشته‌باشد و همه بتواند

۱-. مولوی می‌گوید:
زان‌که از قرآن بسی گمره شدند/ زان رسَن قومی درون چه شدند
مَر رسن را نیست جرمی ای عنود/ چون ترا سودای سربالا نبود
(مولوی، مثنوی، بیت ۴۲۱۱-۴۲۱۰)

در هر جای جهان در مقابل ظلم و ستم به آن استناد کند. پس این اعلامیه، محصول توافق‌های بین‌المللی است. نقض اعلامیه و سوء استفاده‌های سیاسی از مسأله حقوق بشر توسط برخی از دولت‌های بزرگ جهان نمی‌تواند حرمت «حقوق بشر» را مخدوش سازد.

اعلامیه جهانی حقوق بشر در بسیاری از کشورهای اسلامی با یک پیش‌داوری منفی همراه بوده است، چنان‌که برخی معتقدند که حقوق بشر دستاورد فرهنگ غربی است که ریشه‌های سکولاریستی دارد و در تعارض مستقیم با اصول و ارزش‌های اسلامی و اعتقادات دینی مسلمانان قرار دارد. بنابراین، دولت‌های مسلمان در نوزدهمین کنفرانس وزرای امورخارجه کشورهای عضو سازمان کنفرانس اسلامی در قاهره در سال ۱۹۹۰ (۱۳۶۹ شمسی)، اعلامیه اسلامی حقوق بشر (بیانیه قاهره) را تصویب کردند. به نظر می‌رسد که تصویب‌کنندگان اعلامیه اسلامی، توجه کمتر به تجربه‌های تاریخی و واقعیت‌های اجتماعی جامعه امروزی داشته‌اند و هدف شان بیشتر حل یک «مسأله متافیزیکی فلسفی» بوده است. با مبنا قرار دادن احکام دینی اسلام، این اعلامیه ممکن است یک توافق نسبی میان کشورهای اسلامی به وجود بیاورد، اما از آن‌جا که برخی کشورها دارای نظام‌های کمونیستی و سکولار هستند، اعلامیه اسلامی برای آنان چالش‌برانگیز خواهد بود.

نگارنده معتقد است که اعلامیه اسلامی حقوق بشر در مورد حقوق سیاسی زنان نمی‌تواند هیچ‌گونه توافق میان کشورها برقرار کند؛ زیرا این اعلامیه با رویکرد دینی سنتی تصویب شده و دارای مفاهیم بسیار مبهم است، در حالی که قرائت واحد از دین ممکن نیست و حتی

نسخه‌های فقهی متعدد و متعارضی در درون یک مذهب وجود دارد. به‌بیان‌دیگر، مقید ساختن حقوق به «شریعت» و «اصول اسلامی» با مراجعه به دیدگاه‌های فقیهان و عالمان دینی شیعه و سنی خالی از ابهام نیست. «اختلاف مذاهب» در شریعت به رسمیت شناخته‌شده است و حتی در درون یک مکتب فقهی، آرا و اندیشه‌های متفاوت می‌توانند اختلاف‌های فراوانی در تفسیر منابع اسلامی داشته‌باشند. در واقع، ادبیات به کار رفته در اعلامیه اسلامی حقوق بشر عمداً چنان مبهم و قابل‌تفسیر است که به دولت‌ها اجازه برداشت‌های وسیع و مختلف برای محدود کردن آن حق‌ها را می‌دهد. هم‌چنان، این اعلامیه فاقد هرگونه ضمانت اجرایی است و این موضوع اعلامیه را در حد توصیه‌های اخلاقی فرو می‌کاهد.

اعلامیه قاهره در چارچوب شریعت اسلامی صورت‌بندی شده و «قانون» را معادل «شریعت» گرفته است و در مقدمه، «وحی الهی» چارچوب اخلاقی و قانونی روابط انسان‌ها و تنظیم نهادها را فراهم کرده است. در سراسر متنِ اعلامیه به آیات و روایات به‌صورت صریح یا ضمنی اشاره شده‌است. به نظر می‌رسد اولویت دادن نویسندگانِ اعلامیه به متون مقدس به‌عنوان منبع، جایگاه خرد را تقلیل داده است. در این اعلامیه صرفاً تلاش شده‌است نکاتی از اسناد بین‌المللی حقوق بشر که با اسلام سنتی سازگار بوده، برجسته شود و تقدم اسلام در رعایت حقوق انسان‌ها اثبات شود؛ اما تعارض‌ها برطرف نشده است. این اعلامیه آزادی مذهب را نپذیرفته و تبعیض حقوقی براساس عقاید دینی را کاملاً به رسمیت شناخته‌است. در مورد تبعیض جنسیتی، اعلامیه قاهره برابری زن و مرد را در حیثیت انسانی

پذیرفته؛ اما حقوق زن را متناسب با وظایف شرعی او دانسته‌است. برای مثال، اصل اول اعلامیه قاهره مقرر می‌دارد که همه انسان‌ها «از حیث کرامت انسانی و تکالیف و وظایف اساسی، بدون تبعیض براساس نژاد، رنگ، زبان، جنسیت، عقیده دینی، گرایش سیاسی، جایگاه اجتماعی یا ملاحظات دیگر، مساوی هستند». هم‌چنان، اصل ششم به برابری زن و مرد در «کرامت انسانی» تصریح می‌کند؛ اما به برابری حقوقی آنان هیچ اشاره‌ای ندارد. گریزپا بودن متعارفِ جمله‌بندی‌های طرح‌های حقوق بشر اسلامی، آشکار می‌سازد که عدم تصریح برابری از حیث «حقوق» تعمدی بوده و برابری در «کرامت» و «تکالیف» منظورش برابری در «حقوق» نیست. بیانیه قاهره آزادی عقیده و بیان را فقط در چارچوب عدم مغایرت با اصول شرع به رسمیت می‌شناسد. در اصل ۲۲ آمده است: «هر انسانی حق دارد نظر خود را به هر شکلی که مغایر با اصول شرعی نباشد، آزادانه بیان کند». آزادی بیان به‌شرط عدم مغایرت با اصول شرع، در بند «ج» همین ماده بازهم محدودتر شده‌است چنان‌که مقرر می‌دارد: «به‌کارگیری هر چیزی که منجر به ایجاد اختلال در ارزش‌ها یا مشتت شدن جامعه یا زیان یا متلاشی شدن اعتقاد شود، ممنوع است». پس آزادی عقیده و بیان تا آن‌جا قابل قبول است که با عقاید اسلامی و دین رسمی دولت‌های مسلمان منافاتی نداشته‌باشد. این اعلامیه در اصل ۲۳ تصدی مناصب عمومی را به شریعت واگذار کرده است که این خود مخالفت ضمنی با برخورداری زنان از حق احراز پست‌های حکومتی، به‌ویژه زمام‌داری و قضاوت، خواهد بود. اعلامیه اسلامی حقوق بشر در مورد حق بر آزادی تجمع و تشکیلات

ساکت است. این اعلامیه صرفاً بردگی را منع کرده است و از این بابت میان اعلامیه حقوق بشر اسلامی و اعلامیه جهانی حقوق بشر تعارض وجود ندارد؛ اما به‌صورت کلی تبعیض حقوقی در پنج مورد اعلامیه قاهره دیده‌می‌شود که مخالف اسناد بین‌المللی حقوق بشر است و آن پنج مورد عبارتند از: تبعیض حقوقی براساس دین و مذهب؛ تبعیض حقوقی براساس جنسیت؛ تبعیض حقوقی در حوزه عمومی؛ عدم شناسایی آزادی عقیده و مذهب و به رسمیت‌شناختن تلویحی مجازات‌های موهن و خشن و مجازات‌های خودسرانه. می‌توان گفت که اعلامیه قاهره با اندیشه فقهی سنتی سازگاری دارد و بدون اجتهاد در اصول و تحول بنیادی در اندیشه فقیهان، تعارض میان حقوق بشر جهانی و حقوق بشر اسلامی در موارد یادشده غیرقابل رفع است. ماهیت دینی اعلامیه و تأکید آن بر قید ضوابط اسلامی باعث شده‌است که امکان هم‌گرایی آن با سایر اسناد جهانی حقوق بشر به حداقل ممکن برسد؛ زیرا اعلامیه اسلامی ریشه در وحی الهی دارد و سایر اسناد مورد بحث حاصل تفکر بشری‌اند.

هرچند گفتمان جدید در مورد حقوق و جایگاه سیاسی زنان در کشورهای مسلمان با ظهور عصر روشن‌گری در اروپا آغاز شد و سیاست، شعر و اندیشه دینی مفاهیم تازه‌ای را تجربه کرد؛ اما قرائت سنتی از دین هنوز در بسیاری از کشورهای مسلمان، به‌ویژه در خاورمیانه، رویکرد غالب است. مسلمانان قرابت شدیدی با ادبیات کلاسیک و اشعار مولوی، عطار، سنایی، حافظ و سعدی احساس می‌کنند و خود را هم‌افق و هم‌دنیای آنان می‌دانند. اشاره‌ها، کنایه‌ها و تک‌مضراب‌های این شاعرانِ پیشامدرن برای مسلمانان معاصر

کاربرد وسیعی دارند و نمونه‌های عینی آن‌ها قابل مشاهده‌است و حتی برخی جهان را با عینک این شاعران نگاه می‌کنند و مثل آنان درک می‌کنند. در حوزه سیاست و اجتماع، ادبیات کهن مانند مَلِک، رعیت، سلطنت، خلافت، امارت و مانند این‌ها با همان مفاهیم سنتی استفاده می‌شوند. نگاه جنسیتی و رفتارهای کلیشه‌ای نسبت به زنان می‌توانند متأثر از همان طرز دید و ادبیات ماقبل مدرن باشد. گسستن از سنت، ارزش‌ها و اندیشه‌های پیشین و آشتی کردن با ارزش‌ها و جهان‌بینی جدید برای کسانی که با عینک گذشتگان به جهان نگاه می‌کنند بسیار دشوار خواهد بود.

گفتار دوم: هم‌گرایی در اسلام نواندیش

از آن‌جا که برداشت سنتی از دین با تأکید بر نابرابری ذاتی میان زن و مرد و بدبینی در مورد حضور زنان در حیات سیاسی و اجتماعی بر چالش‌های عصر جدید افزوده‌است، اندیشمندان مسلمان در یک سده اخیر به بازخوانی حقوق و جایگاه زن در شرایط کنونی جوامع اسلامی رو آورده‌اند تا گرهی از چالش‌ها باز کنند. برای فهم دقیق‌تر و عینی‌تر از متون دینی در مورد جایگاه سیاسی زنان، اندیشمندان دینی تأکید می‌کنند که قرآن و سنت را باید به‌صورت یک مجموعه منسجم و «خطاب واحد» که دارای ذاتیات و عرضیات است، مورد مطالعه قرار داد و نمی‌توان یک دستور و گزاره دینی را جدا از سایر گزاره‌های آن دین تفسیر کرد. یعنی جدا کردن متن از بستر تاریخی و فرهنگی آن و مطالعه «پاره‌ای» از قرآن و سنت به تعبیر مولوی همان

داستان لمس کردن فیل در تاریک‌خانه است که هیچ‌کس به تصویر واضح و درست نمی‌رسد.[1] باری این تصور که آیات و روایات احکام مطلق را بیان می‌کنند و دخالت ندادن زمینه تاریخی-اجتماعی نزول و ورود آیات و روایات در فهم معنا و اعتبار شرعی آن‌ها ناصواب است و عالمان دینی نباید برای استنباط حقوق سیاسی زنان اول به سراغ قرآن و سنت بروند و بدون توجه به شرایط فرهنگی و تاریخی آیات و روایات تفسیری ارائه کنند.

جریان نواندیشی دینی در قالب اسلام معنوی و «غایت‌گرا» با هنجارهای بین‌المللی حقوق سیاسی زنان موضع مصالحه‌گرایانه داشته و براین امر تصریح دارد که همه احکام، مناسک و گزاره‌های دینی در خدمت یک غایت متعالی است که این غایت متعالی در کلی‌ترین بیان آن «کرامت انسانی» می‌باشد. هریک از احکام و گزاره‌های اسلامی غایتی جزئی دارد. همه این غایات جزئی در راستای آن غایات نهایی و متعالی هستند. این جریان، قرائتِ انسان‌محور و سازگار با اصول بین‌المللی حقوق بشر، که شامل حقوق سیاسی زنان

۱-. مولوی داستان فیل را چنین توصیف می‌کند:
پیل اندر خانهٔ تاریک بود/ عرضه را آورده بودندش هُنود
از برای دیدنش مردم بسی/ اندر آن ظلمت همی شد هرکسی
دیدنش با چشم، چون ممکن نبود/ اندر آن تاریکی‌اش کف می‌بسود
آن یکی را کف به خرطوم اوفتاد/ گفت: همچون ناودان است این نهاد
آن یکی را دست بر گوشش رسید/ آن بر او چون بادبیزن شد پدید
آن یکی را کف چو بر پایش بسود/ گفت: شکل پیل دیدم چون عمود
آن یکی بر پشتِ او بنهاد دست/ گفت: خود این پیل چون تختی بُدست
هم‌چنین هریک به جزوی که رسید / فهمِ آن می‌کرد، هرجا می‌شنید
از نظرگه، گفتشان شد مختلف / آن یکی دالش لقب داد، این الف
در کفِ هرکس اگر شمعی بُدی / اختلاف از گفتَشان بیرون شدی...
(مثنوی، دفتر سوم، بیت ۱۲۶۹-۱۲۶۰)

نیز می‌شود (حتی برخی معتقدند که حقوق بشر صرفاً مشتمل بر حقوق مدنی و سیاسی است نه حقوق اقتصادی و اجتماعی)، از متون اسلامی ارائه می‌دهد و در صدد عقلانی سازی فقه و شریعت و نزدیک ساختن احکام فقهی به هنجارهای بین‌الملل حقوق بشری و نوعی اخلاق جهانی مورد فهم و قبول انسان معاصر است. طبق این قرائت هیچ منافاتی میان دین‌داری و رعایت حقوق بشری و سیاسی زنان مندرج در اسناد بین‌المللی وجود ندارد.

یکی از اندیشمندان بر آن است که وضعیت‌های پیامبر به‌عنوان سخن‌گوینده باید در نظر گرفته شود. از نظر او پیامبر به‌صورت کلی دارای سه مقام و وضعیت بوده است: ۱- مقام نبوت و رسالت (پیام آوری) ۲- مقام امامت و حکومت (رهبری سیاسی) و ۳- شهروند عادی (وضعیت شخصی و فردی). باید توجه داشت که پیامبر در مورد زنان از کدام مقام سخن گفته‌است. از نظر او کلام پیامبر به‌عنوان نبی و رسول همیشه مبتنی بر برابری و عدم تبعیض جنسیتی میان زن و مرد بوده است و آن دسته از آیاتی که دلالت بر برابری میان زن و مرد دارد مربوط به مقام رسالت و پیام‌آوری حضرت محمد است؛ اما سخن پیامبر از موضع امامت و رهبری سیاسی دو حالت دارد: یا از جمله امور تأسیسی و مبتنی بر شرع است که در این مورد برابری میان زن و مرد پذیرفته شده‌است و یا امور امضایی و مبنای مشروعیت آن فرهنگ و رضایت مردم است که در این صورت اصل برابری و عدم تبعیض در آن رعایت نمی‌شود؛ زیرا این گونه از امور در حوزه اقتدارِ کامل رهبر سیاسی مسلمانان قرار نمی‌گیرد؛ بلکه متأثر از فرهنگ و ارزش‌های خاص جامعه عصرِ رسول است. پس آیاتی

که در آن برابری جنسیتی در نظر گرفته نشده است، به‌دلیل دخالت دادن آداب و سنت اجتماعی پذیرفته‌شده جامعه در آن‌ها است. با تفکیک میان امور تأسیسی و امضایی[1]، می‌توان گفت که اسلام تساوی میان زن و مرد را در عرصه سیاست و اجتماع پذیرفته‌است؛ اما این فرهنگ و هنجارهای محلی زمان حضرت رسول است که میان آنان تبعیض روا داشته‌اند (سعیدزاده، ۱۳۸۵: ۳۵۰-۳۴۶). افزون بر تشخیص این سه مقام از هم‌دیگر، سیره و سنت پیامبر را نیز باید از هم‌دیگر تفکیک کرد و زندگی قبل از بعثتِ پیامبر نباید به حیث سنت تلق شده و در دوره پیامبری او دخالت داده شود. در این بند، میزان سازگاری حقوق سیاسی زنان مقرر در اسناد عمومی و قرائت‌ها و تفسیرهای متون دینی براساس اسلام نواندیش بررسی خواهد شد.

۱-. یکی از تقسیم‌بندی‌های معمول در فقه اسلامی، تقسیم احکام به امضایی و تأسیسی است. احکام امضایی آن دسته از سنت‌ها و هنجارهایی است که پیش از اسلام وجود داشته و مطابق عقلانیت و عدالت آن عصر و فرهنگ بوده است و شارع اسلام نیز آن‌هارا به همان صورت و یا با تغییر و اصلاح اندکی پذیرفته و امضا کرده است. برای مثال، برده‌داری قبل از اسلام وجود داشته و مورد پذیرش سیره عقلا بوده و با ورود اسلام نیز ادامه داشت. یعنی پیامبر برده‌داری را در عصر خود امضا کرد (هرچند امروز برده‌داری مخالف کرامت انسانی تلقی شده و منسوخ شده است و کشورهای اسلامی آن را در اعلامیه اسلامی حقوق بشر نپذیرفته اند). هم‌چنان حلال بودن بیع و وفای به عهد از جمله احکام امضایی‌اند که در مخالفت با نصوص اسلامی نبوده و مورد تأیید شارع مقدس از طریق پیامبر اسلام قرار گرفته است. اما آن دسته از احکامی که شارع برای اولین‌بار آن را وضع کرده حکم تأسیسی گفته می‌شود. دو مسأله باید در اینجا توجه شود: اول این‌که شارع مقدس از طریق پیامبر برخی احکام را امضا و یا تأسیس کرده است نه این‌که خود پیامبر با صلاحیت شخصی خود انجام داده باشد و چنان‌که بیان شد، سنت پیامبر نیز به عنوان یکی از منابع الزامیت خودرا از قرآن می‌گیرد. دوم این‌که نگارنده معتقد است که عدم صلاحیت زنان برای تصدی مناصب عمومی مانند ریاست و یا قضاوت در فرهنگ عصر رسول قابل قبول بوده است، اما در عصر جدید عدم صلاحیت آنان از جمله نقض حقوق بشری، تبعیض جنسیتی و مخالف عدالت تلقی شده و فقیهان بر صلاحیت زنان برای احراز پست‌های سیاسی تأکید کرده اند.

۱. حق رأی

حق مشارکت سیاسی از جمله حق‌های بنیادین و ترجمان حقوق بشری ارزش آزادی و اختیار انسانی است. آرای مردم در نظام دموکراتیک می‌تواند زمینه پایدار و با ثباتی برای سایر حق‌های مدنی و سیاسی فراهم کند. اسلام حق مشارکت سیاسی را برای زن و مرد، صرف‌نظر از جنسیت‌شان، پذیرفته‌است.

از دیدگاه محسن کدیور، حوزه رجوع به حقوق مردم حوزه مباحات (منطقه‌الفراغ) است و انسان آزاد است که خود در این قلمرو تدبیر کند و بر اختیار و تدبیر خود مسؤول است. در حوزه عمومی و تعیین شئون و مقدرات آن، خداوند مستقیماً اداره جامعه انسانی را به عهده نگرفته و نمی‌گیرد، بلکه به نیابت از خود به انسان‌ها سپرده‌است. کدیور چند نکته را در این مورد بیان می‌کند:

۱. اول، حق تعیین سرنوشت بالذات متعلق به خداوند است و دوم بالعرض متعلق به انسان. انسان در حوزه عمومی در مقابل یک‌دیگر صاحب حق‌اند و «مکلف» به اجرای اوامر و نواهی الهی و انجام تکالیف شرعی‌اند.

۲. حوزه عمومی ملک مشاع انسان‌ها است و اداره این حوزه و تعیین مقدرات آن، حق همه انسان‌هایی است که در آن جامعه زندگی می‌کنند.

۳. از آن‌جا که تحصیل رضایت همه افراد صاحب حق در حوزه عمومی غالباً دشوار است، راهکار عملی ملاک استفاده از حق تدبیر حوزه عمومی، رضایت اکثر صاحبان حق است.

۴. در حوزه عمومی، انسان‌ها موظف‌اند از حقوق خداداد خود اول اهداف عالی دین مانند کرامت، عزت و عدالت را تأمین کنند، دوم الزام‌های شرعی را رعایت کنند یعنی واجبات را انجام دهند و محرمات را ترک کنند.

۵. از آن‌جا که استفاده از این حق مقید به‌دنبال کردن اهداف عالی دین و رعایت نمودن الزام‌های شرعی است، هیأتی از عالمان دینی به انتخاب و نیابت از مردم، نظارت براین دو امر را به عهده می‌گیرند.

۶. در حوزه مباحات عمومی، میزان رأی مردم است و هر دخل و تصرفی بدون اجازه عمومی ممنوع و در حکم غصب تلق می‌شود.

۷. متصدیان امور عمومی که وکیل منتخب مردم هستند، موظفند این خدمات را انجام دهند و قلمرو اختیارات آن‌ها در معاهده‌ای، که باید شرایط و مدت زمان تصدی خدمات عمومی در آن قید شود، با رضایت صاحبان حق و متصدیان منتخب تعیین می‌شود.

۸. متصدیان خدمات عمومی در مقابل مردم مسؤولیت دارند و تحت نظارت صاحبان حق وظایف خود را انجام می‌دهند. صاحبان حق می‌توانند در صورت تخلف متصدی از شرایط مندرج در معاهده و یا تغییر نظر خودشان، متصدیان خدمات عمومی را عزل کنند.

۹. مقام نبوت و امامت فراتر از حوزه انتخاب مردم است و صرفاً با نصب و نص الهی تعیین می‌شود. در تمام مواردی که نصی الزامی از جانب شارع مقدس صادر شده یا نصب خاصی صورت گرفته باشد، این موارد از منطقه‌الفراغ و حیطه انتخاب مردم خارج می‌شود (کدیور، ۱۳۷۷).

از نظر کدیور، در طول تاریخ دخالت و تصرف در سرنوشت سیاسی جامعه یا از طریق غلبه و استیلای زورمندان بدون رضایت افراد جامعه صورت گرفته است و یا با اراده و رضایت مردم. طریق اول به‌لحاظ عقلی و عقلایی مردود است و عقلا تصرف در مقدرات سیاسی جامعه را بدون رضایت عمومی قبیح و از مصادیق ظلم تلقی می‌کنند. بنابراین طریق اول باطل و طریق دوم اثبات می‌شود (کدیور، ۱۳۷۷).

او معتقد است که براساس اصل عدم ولایت، همه انسان‌ها بر سرنوشت خود مسلط‌اند. در اندیشه اسلامی اصل بر رشید بودن انسان‌های عاقل و بالغ در حوزه عمومی است و مردم، براساس این اصل، رشید و محق و مسلط بر مقدرات و شئون خود هستند و دیگران حق دخالت در سرنوشت آنان را ندارند. این‌که فردی در هر حوزه‌ای، اعم از خصوصی و عمومی، بتواند متصدی امور انسان دیگری شود و بدون کسب رضایت او در شئونش تصرف کند و بر او ولایت پیدا کند، نیازمند دلیل معتبر شرعی است. تنها در جایی خلاف اصل عدم ولایت عمل می‌شود که شارع، فرد یا جامعه را در آن مورد، ممنوع از تصدی و تصرف تشخیص داده باشد. پس اصل عدم مهجوریت انسان‌هاست و همه افراد بر سرنوشت خود حاکم هستند و این مهجوریت است که دلیل معتبر می‌خواهد، نه این‌که رشید بودن نیازمند اثبات باشد.

کدیور می‌گوید که خداوند حوزه امور عمومی را امر مردم خوانده و بیان داشته است که در این حوزه با مشورت مردم تصمیم‌گیری

شود.[1] او تأکید می‌کند که مراد از «امر هم» تکالیف و احکام شرعی نیست؛ زیرا مردم در حوزه الزام‌های شرعی مکلف به تبعیت و اطاعت هستند و رأی آنان ملاک نمی‌باشد. مراد از «امر هم» همان حوزه مباحات و منطقه‌الفراغ است که تدبیر آن براساس مشورت همگانی صورت می‌گیرد و مخاطب آیات و روایات امت اسلامی اعم از زن و مرد می‌باشد نه اشخاص یا اصناف خاص. در ولایت عمومی میان زن و مرد هیچ تفاوتی نیست و هریک به‌عنوان خلیفه الهی در تعیین سرنوشت سیاسی و تدبیر جامعه سهیم است (کدیور، ۱۳۷۷).

برخی از نویسندگان دیگر نیز ضمن بیان این‌که خداوند تدبیر سیاسی امت اسلامی را به خودشان واگذار کرده است، تا در چارچوب ضوابط دینی، حاکمیت خویش را اِعمال نمایند، می‌گویند: «مردم دارای "حق سیاسی" تعیین سرنوشت هستند و کسی را یارای سلب این حق از آنان نیست. آنان براساس این حق خدادادی شکل نظام سیاسی، کارگزاران و حاکمان جامعه و قانون اساسی را در قلمرو ضوابط شریعت بر می‌گزینند. رأی مردم در همه این موارد نقش تعیین‌کننده و در مشروعیت نظام دخالت دارد. عنصر الهی این مشروعیّت از آن‌جا ناشی می‌شود که مردم در محدوده شرع می‌توانند از این حقّ خدادادی سود جویند. مردم به ضوابط شریعت مقیّد می‌باشند. ولی شارع در محدوده بسیار وسیعی، به آن‌ها اجازه اعمالِ رأی و حاکمیت داده است و آنان با رعایت ضوابط شرعی می‌توانند در این حوزه، اعمال رأی و نظر کرده، تلفیق از تکلیف و حق به وجود آورند» (میرموسوی و حقیقت، ۱۳۹۱: ۲۵۳-۲۵۲).

۱-. وَأَمرُهُم شوری بَینَهُم، شوری /۳۸.

آیت‌الله حسینعلی منتظری نیز براین نظر است که مردم حق تعیین سرنوشت خود را دارند و می‌توانند شکل حاکمیت دینی را تعیین و شخصِ واجد شرایط را برای تصدی امور خود انتخاب کنند. قاعده سلطنت[1] در واقع همان تأیید شرعی تسلط مردم بر اموال خود و ارشاد شارع به حکم عقل عملی آنان و امضای سیره آنان در این زمینه است. هرگاه مردم بر اموال خود سلطه داشته‌باشند، به‌طریق اولی بر نفس و مقدرات سیاسی خود سلطه و ولایت دارند. بنابراین، تأیید شرعی تسلط مردم بر اموال خود کاشف از تأیید شرعی تسلط آنان بر نفس و تعیین سرنوشت شان می‌باشد. منتظری با این بیان که عملاً ممکن نیست حکومت مورد توافق تمام افراد یک جامعه باشد، و باید اکثریت مردم حکومت را انتخاب کنند و حق اکثریت بر اقلیت مقدم باشد، حکومت دموکراتیک را تأیید می‌کند (منتظری، ۱۳۸۷: ۱۸-۱۷). طبق دیدگاه او، فقیهانی که توسط مردم انتخاب می‌شوند صرفاً نقش نظارتی بر دینی بودن قوانینِ مصوب یک کشور اسلامی دارند و فاقد حق دخالت در حوزه اجرایی هستند. حتی در صورتی‌که مردم خواهان ایجاد حکومت دینی و تصویب و اجرای احکام اسلامی در کشور نباشند، فقیهان وظیفه بیش از ارشاد ندارند و نمی‌توانند دیدگاه خود را بر اکثریت تحمیل کنند (منتظری، ۱۳۸۷: ۲۴-۲۳)[2].

۱-. الناسُ مُسَلَّطونَ علَی اموالِهِم

۲-. این دیدگاه آیت‌الله منتظری ممکن است برای برخی مسلمانان بحث‌برانگیز و در مخالفت با فتواهای عده‌ای از فقیهان قرار داشته باشد، اما اسلام دارای ساختار ذاتی باز است و شیعه و سنی معتقدند که هیچ متولی رسمی دایمی برای کتاب و سنت تعیین نشده است. بنابراین، نمی‌توان به تک‌تفسیری بودن کتاب و سنت اعتقاد داشت؛ یعنی باب اجتهاد همیشه در اسلام باز است و می‌توان تفسیرهای متعدد و متفاوت از متون دینی ارائه کرد. پس، آرای فقهی می‌توانند در موضوع واحد متعدد و حتی مخالف یک‌دیگر باشند؛ زیرا از یک‌سو آرای فقهی ظنیات است نه قوانین قطعی خداوند و از سوی دیگر اختلاف دیدگاها در اسلام به رسمیت شناخته شده است. این واقعیت را نمی‌توان انکار کرد که برخی از نصوص

اسلام نوع نظام سیاسی را تعیین نکرده و معیار دینی بودن نظام سیاسی تحقق اهداف و غایات دین است که شاید رسیدن به این اهداف از روش‌های گوناگون و متناسب با شرایط اجتماعی و فرهنگی صورت گیرد. منتظری سه مسؤولیت و معیار برای نظام سیاسی دینی بر می‌شمارد: ۱- وظیفه حکومت دینی این است که جامعه را در مسیر درست و سالم قرار دهد و زمینه فساد اندیشه و عقیده را از میان بردارد، ۲- از اخلاق و ارزش‌های انسانی پاسداری کند و ۳- احکام فرعی و عملی دین را که بخش سوم از مجموعه دین است در سه مرحله قانون‌گذاری، قضاوت و اجرا محور قرار دهد. با بیان این سه مورد، منتظری تأکید می‌کند: «این سه ویژگی که از وظایف اساسی یک نظام سیاسیِ دینی است براساس میثاق مردم با حاکمیت دینی، معقول و مشروع و عملی می‌باشد. یعنی تا وقتی که اکثریت مردمی که انتخاب کننده حاکمیت خود هستند، مسلمان و خواهان عمل به قوانین اسلامی و تحقق ارزش‌های اخلاقی در حاکمیت باشند؛ اما اگر اکثریت مسلمان نباشند یا به هر دلیل خواهان عمل به قوانین اسلامی و تحقق ارزش‌های دینی نباشند، حکومت شرعاً و عقلاً حق ندارد با اعمال زور و اکراه، قوانین و ارزش‌های دینی را به عمل درآورد» (منتظری، ۱۳۸۷: ۳۰-۲۶).

دیدگاه فقهی ابوحنیفه - که در میان مذاهب اهل‌سنت بیشترین استدلال‌هایش مبتنی بر آزاداندیشی و عقلانیت است - بر مبنای اصل حریت و آزادی[1] شکل گرفته است. او به فرد یا دولت اجازه

دینی دلالت بر عدم اجبار و تحمیل آیین و عقیدهٔ دینی دارند مانند آیه ۲۵۶ سوره بقره و آیه ۳ سوره انسان.

۱-. اصاله الحریه

دخالت در حیطه اختیارات و امور شخصی انسان بالغ و عاقل را نمی‌دهد. از نظر او، اصل آزادی و عدم ولایت افراد بر یکدیگر است و اعمال محدودیت بر آزادی فردی صرفاً یک استثنا است. حاکم باید از حقوق فردی و اجتماعی افراد حمایت کند تا مشروعیت خودرا از دست ندهد. (فصیحی دولتشاهی، ۱۴۰۱: ۲۳۶، ۲۳۷ و ۲۸۰)

دکتر یوسف قرضاوی[1] نیز بر سازگاری میان اسلام و دموکراسی و حق مردم بر انتخاب حاکمان و مقامات حکومتی تأکید دارد و ماهیت دموکراسی را با روح اسلام نزدیک می‌داند. او استدلال می‌کند که اصل اراده و حاکمیت عمومی که دموکراسی را شکل می‌دهد با اصل حاکمیت خداوند که اساس تشریع و قانون‌گذاری اسلامی است، هیچ‌گونه منافاتی ندارد و تلاش برای تحقق دموکراسی به‌معنای مبارزه با انحصار قدرت و نظام دیکتاتوری است. او می‌گوید: «حاکم و رهبر و خلیفه از نظر اسلام نماینده مردم است، نه نماینده خداوند، مردم‌اند که او را انتخاب می‌کنند، و کارهای او را زیر نظر دارند، و او را مورد محاسبه و بازپرسی قرار می‌دهند. هرگاه ضرورت ایجاب کند می‌توانند او را برکنار نمایند» (قرضاوی، ۱۳۹۰: ۹۸، ۱۶۵ و ۱۷۸).

در نظام مردم‌سالار، حکومت موظف است که همه افراد جامعه را دارای حقوق و آزادی‌های یکسان و برابر بدانند و زمینه را برای تمام شهروندان در انتخاب‌کردن و انتخاب شدن، تصمیم‌گیری‌های سیاسی و تصدی مناصب عمومی فراهم سازد؛ یعنی در حکومت دموکراتیک، اختیار و آزادی و مشارکت سیاسی افراد با دین‌داری

۱- . در جریان این نوشتار، دکتر یوسف قرضاوی، عالم برجسته مصری اهل سنت ساکن قطر، در ۹۶ سالگی درگذشت.

آنان هیچ‌گونه منافاتی ندارد. حکومت دینی (نه فقهی) مبتنی بر ایمانِ آزاد انسان‌هاست و وظیفه‌اش پاسداری از حقوق و کرامت انسانی شهروندان است. برعکس، حکومت دیکتاتور غیرعادلانه است و در تعارض با سیره عُقلا و حکم عقل قطعی قرار دارد و از اعتبار ساقط است؛ زیرا در این نوع نظام حقوق بشری و سیاسی افراد و کرامت انسانی آنان به‌صورت گسترده نقض خواهند شد. امروزه دموکراسی در بسیاری از کشورهای مسلمان با اقبال عمومی مواجه است و مسلمانان فهم دینی خود را با آن تطبیق داده و در تعامل با آن هیچ مشکلی ندارند. برای مثال، در برخی کشورهای جنوب شرقِ آسیا مانند مالیزی و مالدیف، دموکراسی رایج‌ترین نوع حکومت است و میلیون‌ها مسلمان با حفظ ایمان و دین‌داری خود زیر سایه نظام مردم‌سالار زندگی می‌کنند.

۲. حق تصدی مناصب عمومی

شایستگی زنان برای تصدی مناصب عمومی؛ مانند: مرجعیت، زمام‌داری، ریاست‌جمهوری و قضاوت یکی از موضوعات بحث‌برانگیز و چالش‌زا در فقه اسلامی است. هرچند مرجعیت و افتاء جنبه حکومتی ندارد؛ اما چون از نظر ادلّه فقهی با مناصب حکومتی مشترک است، در اینجا از جمله مناصب عمومی در نظر گرفته شده‌است. فقیهان سنتی صلاحیت زنان را برای اشتغال پست‌های عمومی یا به‌صورت مطلق نفی می‌کنند و یا آنان را برای احراز برخی از مناصب حکومتی، به‌ویژه مقام زمام‌داری یا ریاست‌جمهوری،

شایسته نمی‌دانند که این نظریه‌های فقهی در گفتار اول بیان شد. در این بند آن دسته از آرای فقهی که تصدی مناصب و وظایف عمومی را برای زنان جایز می‌داند در یک نگاه کلی و بدون توجه مستقل به هریک از مناصب مورد اشاره، بررسی می‌شود. ممکن است در ارتباط با هریک از این مناصب ادله خاصی نیز مطرح باشد که در صورت ضرورت به آن پرداخته خواهد شد.

چنان‌که در مباحث گذشته بیان شد، دیدگاه غالب فقهی این است که رئیس حکومت باید مرد باشد و زن به‌لحاظ شرعی نمی‌تواند متصدی این مسؤولیت شود. هم‌چنان اجماع فقهی براین شکل گرفته است که احراز سمت قضا توسط زن شرعیت ندارد و مرد بودن در مقام قضا و افتاء هر دو شرط است. البته مسأله ولایت و رهبری و شرایط والی در فقه امامیه به‌صورت مستقل مطرح نشده است، بلکه وقتی در مورد شرایط قاضی بحث می‌شود، سخن از مرد بودن به‌عنوان یکی از شرایط قاضی به میان می‌آید. از آن‌جا که قضاوت مهم‌ترین بخش ولایت دانسته می‌شود، شرط ذکوریت در قاضی اقتضا دارد که این شرط در ولایت و زمام‌داری نیز جاری باشد. از این رو ادله ارائه شده برای شرط ذکوریت در هر دو مسأله مشترک است.

باری، جریان نواندیشی فقهی مرد بودن را برای هیچ‌یک از این دو مقام شرط نمی‌داند و زنان می‌توانند به‌عنوان زمام‌دار، عضو مجلس قانون‌گذاری و قوه قضائیه ایفای وظیفه نمایند و در سطوح بالای تصمیم‌گیری‌های دولتی و مدیریت‌های کلان جامعه شرکت کنند. فقیهانِ نواندیش نه مرد بودن را در احراز این مناصب شرط

می‌دانند و نه زن بودن را مانع آن. براساس آرای فقیهان معاصر که در فصل گذشته بیان شد، دلیل قطعی بر حرمت تصدی مناصب عمومی، به شمول زمام‌داری و قضاوت، برای زنان وجود ندارد و ادله ارائه شده بر منع، تمام و یا بیشتر شان مخدوش و غیرقابل استناد هستند. از آن‌جا که در قرآن هیچ آیه‌ای در مورد قضاوت زن وجود ندارد، عالمان شیعه و سنی این موضوع را چالش‌زا یافته و آرای فقهی متفاوت بیان داشته‌اند. برای مثال، آیت‌الله صادقی تهرانی معتقد است که در کتاب و سنت دلیلی بر حرمت قضاوت زن وجود ندارد. او استدلال می‌کند که در روایات عبارت «لیس علیهنّ» مورد تأکید قرار گرفته که قضاوت بر زنان واجب نیست نه آن‌که جایز نباشد. اما برخی از فقیهان که به حرمت قضاوت زن فتوا داده‌اند، «لَیس علیهِنَّ» را با «لیسَ لهُنَّ» اشتباه کرده‌اند (صادقی تهرانی، ۱۳۸۴: ۱۷ و ۱۷۰). هم‌چنان، آیت الله جوادی‌آملی می‌گوید: «عده‌ای که به‌طور مشروح و مستدل در این باره [قضاوت] بحث نموده‌اند، برهان قطعی برای اشتراط مرد بودن ارائه نکرده‌اند، لذا گاهی به اجماع تمسک می‌کنند که بر فرضِ تمامیت اتفاق واقعی همه فقیهان دین، احتمال استناد آنان به یک یا چند وجه دیگر که در مسأله مطرح است، مظنون می‌باشد و چنین اجماعی فاقد شرط حجیت و اعتبار است و گاهی به حدیث نبوی ضعیف استدلال می‌کنند که خصوص ولایت به‌معنای حکومت زن را مانع فلاح جامعه می‌داند. اگر زن واجد شرایط قضا از طرف ولی مسلمین منصوب گردد، مشمول چنین حدیث ضعیف نخواهد بود» (گلدانی، ۱۳۸۲: ۱۳۲-۱۳۱).

در مورد تصدی مناصب عمومی، دیدگاه غالب در فقه حنفی این

است که زنان نمی‌توانند ریاست حکومت را به عهده بگیرند، اما برخی از عالمان و فقیهان اهل‌سنت میان خلافت و ریاست حکومت تفکیک کرده‌اند. آنان معتقدند که خلافت در فقه اسلامی یک منصب دینی است که پس از فروپاشی دولت عثمانی در قرن بیستم میلادی از بین رفت و حکومت‌های اسلامی به دولت‌های کوچک تجزیه شد. نظام خلافت در جهان معاصر وجود ندارد و مقام ریاست دولت و یا نخست‌وزیری منصب مدنی است نه دینی. پس زن می‌تواند مانند مرد در فعالیت‌های سیاسی و اجتماعی شرکت کند و تصدی ریاست دولت و منصب قضاوت را به عهده گیرد. عالمان برجسته اهل‌سنت از جمله ظافر القاسمی، عبدالحمید متولی، عبدالواحد وافی، محمد غزالی مصری، یوسف قرضاوی، سعاد صالح، حسن ترابی و علی جمعه مفتی مصر این دیدگاه را تأیید کرده و انتخاب زن برای ریاست دولت را جایز می‌دانند. از نظر آنان، اجماع علما بر عدم جواز زن برای تولیت مقام خلافت است نه ریاست دولت (ویسی، ۱۳۹۹: ۵۷-۵۵).[۱]

در مورد صلاحیت و شایستگی زن برای قضاوت نیز دیدگاه‌های متفاوت میان مذاهب عامه مطرح است. فقیهان مذاهب مالکی، شافعی و حنبلی، مرد بودن را در قضاوت شرط می‌دانند. در فقه حنفی زن در تمام امور مدنی که حق شهادت را دارند، دارای حق قضاوت نیز هستند. اما ابن جریر طبری، ابن حزم و حسن بصری قضاوت زن در تمام موارد را جایز می‌دانند. طبری می‌گوید در همه مواردی که

۱-. ظافر القاسمی می‌گوید که عالمان دینی نصی در مورد منع زن از احراز مقام امامت عظمی در کتاب نیافته اند و مرد بودن را به دو دلیل شرط صحت امامت می‌دانند: اول، با تمسک به سنت، آنان معتقدند که منظور پیامبر از حدیثی که در مورد حکومتِ دختر کسری بر مردم فارس وجود دارد امامت عظمی است. دوم، با توجه به عدم جواز امامت زن برای نماز مردان، جایز نبودن تصدی منصب خلافت ارجح است (ویسی، ۱۳۹۹: ۵۹).

مرد حق قضاوت دارد، زن نیز می‌تواند قضاوت کند؛ زیرا قضا مانند فتواست و از آن‌جا که فقیهان احراز سمت اجتهاد و فتوا را برای زن مجاز می‌دانند، تصدی مقام قضا نیز برای او جایز است. هم‌چنان، نصی وجود ندارد که زنان را از تولیت بعضی امور منع کند. برخی از عالمان دینی معاصر که قضاوت زن را در تمام امور جایز می‌دانند عبارتند از: محمد شلتوت، محمد سعید رمضان بوطی، یوسف قرضاوی، عبدالکریم زیدان، محمد بلتاجی، توفیق راعی، سمیر عالیه و عبدالحلیم ابوشقه (ویسی، ۱۳۹۹: ۱۱۹، ۱۲۰ و ۴۲۲). هم‌چنان، دارالفتوای مصر در سال ۲۰۰۸ فتوای جدید و برابری‌طلبانه در مورد حق قضاوت برای زنان صادر نمود. در این فتوا با توجه به این‌که زنان مسلمان در دوران گذشته مقام قضاوت و حکمیت را احراز کرده و در جامعه قضاوت می‌کردند و با اشاره به واگذاری منصب دادرسی به ترکان خاتون سلطان و قضاوت او به عدل و احسان، زنان را مانند مردان شایسته قضاوت و دادرسی دانسته‌است (ویسی، ۱۳۹۹: ۶۰ و ۶۱).

واقعیت این است که در جهان معاصر دلیلی بر عدم شایستگی زن برای تصدی سمت رهبری وجود ندارد؛ زیرا زنان در کشورهای مختلف با تصدی مقام ریاست حکومت و رهبری دولت‌ها را به بهترین شکل اداره کرده‌اند. برای مثال، بی‌نظیر بوتو در پاکستان، خالده ضیاء در بنگلادش و آنگلا مِرکل در آلمان از جمله برجسته‌ترین نخست‌وزیران زن بودند. هم‌چنان رئیسان جمهور کوزوو (عاطفه یحیي‌آغا) و کرواسی (کولیندا گرابار کیتاروویچ) زنان موفق در مدیریت سیاسی بودند. هم‌اکنون، بیش از بیست رهبر کشورهای جهان زنان هستند که شایستگی و لیاقت خود را در زمام‌داری برای ملت شان

ثابت کرده‌اند. برای مثال، حلیمه یعقوب رئیس‌جمهور سنگاپور است و سانا مارین و جاسیندا آردرن[1] به‌ترتیب نخست‌وزیران فنلاند و نیوزلند هستند و آمنه محمد سمت معاونت دبیرکل سازمان ملل را به عهده دارد. همین‌طور، زنان زیادی در پست‌های سیاسی کلیدی در کشورهای اسلامی و غیراسلامی انجام وظیفه می‌کنند.

در قانون اساسی افغانستان که در لویه جرگه ۱۳۸۲ در کابل تصویب شد و عالمان برجسته دینی شیعه و سنی، از جمله عبدالرب رسول سیاف، صبغت‌الله مجددی، پروفیسور برهان‌الدین ربانی و آیت‌الله محمد آصف محسنی، نقش مؤثری در تصویب آن داشتند، به زنان حق تصدی تمام مناصب حکومتی داده‌شده‌است. از یک‌سو در اصل سوم این قانون تصریح شده‌است که در افغانستان هیچ قانونی نمی‌تواند مخالف معتقدات و احکام دین اسلام باشد و از سوی دیگر، در اصل هفتم بر رعایت منشور ملل متحد، اعلامیه جهانی حقوق بشر و معاهدات و میثاق‌های بین‌المللی تأکید شده‌است. در اصل ۲۲، تبعیض و تمایز مبنی بر هر نوع ویژگی‌های عرضی از جمله جنسیت بین اتباع افغانستان ممنوع شده‌است و در اصل ۳۳ همه اتباع افغانستان دارای حق انتخاب‌کردن و انتخاب شدن معرفی شده‌است و به‌وسیله آن، مشارکت سیاسی زنان از پایین‌ترین مرحله، یعنی رأی‌دهی، تا بالاترین سطح، یعنی نامزد و انتخاب شدن برای ریاست‌جمهوری، نمایندگی و ریاست مجالس شورای ملی باز شد. با

۱-. گفته می‌شود که جاسیندا آردرن (Jacinda Ardern) محبوب‌ترین نخست‌وزیر برای مردم نیوزلند است و یکی از بهترین کارنامه‌ها را در میان رهبران جهان دارد. آنگلا مِرکل (Angela Merkel)، صدراعظم سابق آلمان، که بارها لقب «قدرتمندترین زن جهان» به او داده شد، نیز دارای محبوبیت زیادی بود و برای چهار دوره (۱۶ سال) تصدی مقام صدارت عظمی آلمان را بر عهده داشت تا این‌که در سال ۲۰۲۱ بازنشسته شد.

الهام از آزادی‌های مندرج در قانون اساسی، در نخستین انتخابات ریاست‌جمهوری سال ۱۳۸۳، برای اولین‌بار زنی به‌نام مسعوده جلال کاندیدای ریاست‌جمهوری شد و دو زن دیگر شفیقه حبیبی و نیلاب مبارز به حیث معاونان کاندیدا ثبت نام کردند. در دو دهه گذشته، تعداد زیادی از زنان افغانستان در مناصب حکومتی؛ مانند: عضویت در پارلمان، شهرداری، ولایت، قضاوت، وزارت، سفارت و سایر پست‌های مهم سیاسی و نظامی ایفای وظیفه کردند که هم مورد تأیید ضمنی عالمان دینی افغانستان بودند و هم توانستند مناصب مذکور را در سطح همتایان مرد خود اداره کنند. از نظر نگارنده، اثبات شایستگی زنان در مهم‌ترین پست‌های حکومتی و تأکید عالمان دینی هم‌زمان بر احکام و ارزش‌های دینی اسلام و هنجارهای بین‌المللی حقوق سیاسی زنان در قانون واحد، بیانگر صلاحیت زنان در اشتغال مناصب عمومی و عدم تعارض ذاتی میان احکام اسلامی و اصول بین‌المللی است. به سخن دیگر، از آن‌جا که فقیهان و عالمان دینی با زنان در تصدی مقام رهبری در برخی از کشورهای اسلامی به شمول پاکستان، ترکیه و اندونیزی مخالفت نکرده‌اند و زنان در سراسر دولت‌های مسلمان به‌عنوان وزیر، وکیل، قاضی، سفیر و مانند آن دارای قدرت تصمیم‌گیری و اجرایی هستند، هیچ منع دینی، طبق تفسیر و قرائت‌های معتدل از دین، برای آنان در تصدی مناصب عمومی وجود ندارد و آنان می‌توانند با رعایت حجاب و عفت عهده‌دار تمام پست‌های سیاسی شوند. دلایل عقلی و نصوص قرآنی دلالت بر حیثیت برابر زن و مرد دارد و آن دسته از روایاتی که از زنان سیمای فرودست ترسیم می‌کند، از نظر بسیاری از فقیهان پیشین

و معاصر قابل‌تأیید نیست و یا مربوط به شرایط خاصی است و عمومیت ندارد.

۳. حق آزادی بیان

آزادی بیان و آزادی اندیشه و عقیده که از جمله مصادیق حقوق سیاسی انسان‌هاست در اسلام به رسمیت شناخته‌شده است. آیات و روایات زیادی در کتاب و سنت وجود دارد که بر آزادی بیان و ابراز اندیشه و عقیده افراد صرف‌نظر از جنسیت آنان دلالت می‌کنند. حق اندیشیدن و اعتقاد داشتن و بیان آن‌ها، در صورتی‌که حقوق و آزادی‌های دیگران را سلب نکند و مخالف نظم و اخلاق عمومی نباشد، در اسلام مورد تأیید قرار گرفته است. قرآن دعوت به مناظره و گفت‌وگو و «جدل به شیوه احسن» را پذیرفته و بیان می‌دارد: «به راه پروردگارت با حکمت و موعظه نیکو دعوت کن و با شیوه‌ای که بهترین است با آنان مجادله کن».[۱] در آیه دیگری آمده است: «با اهل کتاب جز به بهترین شیوه مجادله مکنید، مگر به کسانی که ستم کنند. بگویید به آنچه بر شما و ما نازل شده ایمان داریم و خدای شما و خدای ما یکی است و ما تسلیم اوییم».[۲] جدل برای بیان حق (جدل بالحسنی) و رد حق (جدل باطل) که در قرآن ذکر شده‌است از آزادی عقیده و بیان حکایت می‌کند.

۱-. ٱدْعُ إِلَى سَبِيلِ رَبِّكَ بِالْحِكْمَةِ وَٱلْمَوْعِظَةِ ٱلْحَسَنَةِ وَجادِلْهُم بِالَّتِى هِىَ أَحْسَنُ، سورهٔ نحل/۱۲۵.

۲-. وَلَا تُجَادِلُوا أَهْلَ الْكِتَابِ إِلَّا بِالَّتِي هِيَ أَحْسَنُ إِلَّا الَّذِينَ ظَلَمُوا مِنْهُمْ وَقُولُوا آمَنَّا بِالَّذِي أُنْزِلَ إِلَيْنَا وَأُنْزِلَ إِلَيْكُمْ وَإِلَٰهُنَا وَإِلَٰهُكُمْ وَاحِدٌ وَنَحْنُ لَهُ مُسْلِمُونَ، سورهٔ عنكبوت/۴۶.

ضمن تأکید براین‌که ایمان بدون آزادی اندیشه و اراده انسان‌ها تحقق نمی‌پذیرد و خداوند به‌عنوان سخن‌گوینده آزادی اندیشه انسان را به رسمیت شناخته‌است، شبستری می‌گوید: «اصلاً فلسفه وحی این است که خدا انسان را به آزادی می‌شناسد. اگر خداوند انسان را به آزادی نشناسد که با او سخن نمی‌گوید بلکه مجبورش می‌کند. ولی او سخن گفته‌است» (شبستری، ۱۳۷۹: ۲۸).

آزادی اندیشه و بیان در آرای ابوحنیفه از اهمیت خاصی برخوردار است. از نظر او تعقیب و مجازات فردی که عقاید و اندیشه‌های خودرا به‌صورت آزادانه بیان کرده است، جواز ندارد. آزادی اندیشه و بیان حق طبیعی هر انسان است و نمی‌توان این حق را از او سلب کرد یا در قراردادهای اجتماعی نادیده گرفت. اما از نظر او نیز آزادی بیان به‌صورت مطلق وجود ندارد. مقدسات دینی و ارزش‌های اخلاقی باید احترام گذاشته شود و انتقاد از فرمانروایان باید به‌خیر و صلاح جامعه باشد. (فصیحی دولتشاهی، ۱۴۰۱: ۳۰۳-۳۰۲)

در عصر خلفای اسلامی نیز آزادی بیان از اهمیت فراوانی برخوردار بود و مردم دیدگاه‌های خودرا آزادانه در حضور خلفا مطرح می‌کردند. برای مثال، وقتی خلیفه دوم مردم را توصیه کرد که مهریه زنان را در امر ازدواج بیشتر از چهار صد درهم افزایش ندهند، مورد اعتراض یک زن قریشی قرار گرفت. او به خلیفه دوم آیه ۲۰ سوره نساء را یادآوری کرد. سپس خلیفه مانند یک شخص عادی رأی خودرا پس گرفت و دوباره به مردم اعلان کرد که هرکس هراندازه که بخواهد می‌تواند از مال خود به‌عنوان مهریه به همسرش ببخشد (حنانی، ۱۳۸۶: ۷۹). هم‌چنان، در خطبه‌ای که حضرت علی در جنگ صفین

برای مردم ایراد کرده، آمده است: «با من سخنانی را که برای (خوش آمد) گردن‌کشان گفته می‌شود، نگویید و خشم خود را از من پنهان ننمایید، و به مُدارا و چاپلوسی و رشوه دادن با من رفتار نکنید. گمان مبرید اگر در باره من حق را بگویید برمن دشوار آید و گمان نکنید که می‌خواهم خود را بزرگ جلوه دهم. اگر کسی سخن حق را که به او گفته شد و یا عدلی را که به او عرضه شد، دشوار شمرد، عمل به‌حق و عدل بر او دشوارتر است. پس، از گفتن حق یا مشورت به عدل خودداری ننمایید؛ زیرا من آن چنان برتر نیستم تا از خطا مصون و در رفتار ایمن باشم، مگر آنکه خدا نفس مرا کفایت کند که او به آن از من تواناتر است». در ادامه به مالک‌اشتر نیز سفارش می‌کند برای کسانی که نیازمند دادخواهی‌اند تشکیل جلسه دهد تا آنان به‌دور از حضور نیروهای مسلح، سخن‌های شان را بدون هیچ‌گونه لرزش و لکنت زبان بیان کنند (سید رضی، ۱۳۷۹: خ ۲۱۶).

در یک نگاه کلی می‌توان گفت که نقد عقاید و شخصیت‌های دینی بدون ارعاب، تهدید و ایجاد تنفر، براساس حق شناخته‌شده آزادی بیان، مشروع است و شیوه قرآن در نقد عقاید دیگران مبتنی بر «مجادله به‌نحو احسن» است که با اسناد حقوق بشری نیز مخالفت ندارد. اما نمی‌توان در مورد ادیان یا عقاید دینی افراد صرفاً به‌خاطر داشتن عنوان دین یا عقیده، نظر مخالف ارائه کرد. در ضمن، محدودیت‌هایی وضع‌شده بر آزادی بیان در اعلامیه اسلامی حقوق بشر با محدودیت‌هایی مقرر در اسناد بین‌الملل تفاوت دارند.

۴. حق بر آزادی تجمع و تشکیلات

وجود انجمن‌ها و تشکّلات سیاسی و اجتماعی در یک جامعه دموکراتیک مولفه مهم در دستیابی افراد به حقوق و آزادی‌های مدنی و سیاسی آنان است. جامعه مدنی در قالب این نهادها به‌بیان آرا و عقاید خود پرداخته، خواسته‌های خود را جست‌وجو نموده و رعایت حقوق و آزادی‌های مشروع خود را از دولت‌ها مطالبه می‌کنند. همین نهادها می‌توانند به‌عنوان نهادهای ناظر بر فعالیت‌های دولت عمل نموده و مانعی مؤثر در حرکتش به‌سوی خودکامگی و اقدامات خودسرانه باشند. به‌عبارت دیگر، از آن‌جا که سرکوب کردن اراده فردی نسبت به اراده جمعی شهروندان برای دولت‌ها آسان‌تر است، برپایی تظاهرات و گردهمایی‌ها و تأسیس احزاب می‌توانند به‌عنوان ابزارهای چانه‌زنی سیاسی از طریق اِعمال اراده جمعی و فشار روی دولت‌ها، حقوق و آزادی‌های شهروندان را تضمین کند. حق بر آزادی تجمع و تشکیلات در اسلام نیز به رسمیت شناخته‌شده است.

هرچند برخی براین باورند که تشکّلات سیاسی صرفاً در نظام‌های دموکراتیک شکل می‌گیرد و مبنای فقهی و دینی ندارد و حکومت دینی نمی‌تواند حکومت دموکراتیک باشد؛ اما واقعیت این است که نه توافق و اجماع روی تعریف دموکراسی وجود دارد و نه الگوی واحد از حکومت دموکراتیک. سازوکارهای سیاسی؛ مانند: جامعه مدنی، آزادی، برابری و حاکمیت اراده عمومی از ویژگی‌های اصلی تمام نظام‌های دموکراتیک است که سطح خاصی از این مفاهیم در نظام‌های دینی نیز قابل شناسایی است؛ یعنی ناسازگاری اسلام با

دموکراسی به‌صورت یک گزاره کلی با ابهامات و نقدهای جدی همراه است. دموکراسی به مفهوم مشارکت عمومی و حاکمیت اراده مردم که از طریق انتخابات حقیق و دوره‌ای و در فرایند رأی‌گیری آزادانه اظهار می‌شود و در حاکمیت قانون تجلی می‌یابد با احکام و ارزش‌های اسلامی در تعارض قرار ندارد. با توجه به این واقعیت، آزادی تشکیلات و فعالیت‌های سیاسی احزاب به‌شرط عدم مغایرت با آموزه‌های دینی در اسلام پذیرفته شده‌است. از طرف دیگر، چنان‌که نظام تک‌حزبی در یک جامعه به دیکتاتوری منتهی می‌شود، تعدد تشکیلات و احزاب سیاسی یک روش عُقلایی برای نظارت بر قدرت سیاسی است. بنابراین، براساس قاعده تلازم عقل و شرع محال است که شارع به‌عنوان رئیس عقلا بر خلاف تعدد تشکیلات سیاسی حکم کند (سجادی، ۱۳۸۶: ۱۶۹-۱۶۵). از نظر دکتر یوسف قرضاوی، هیچ‌گونه مانع فقهی و شرعی برای تأسیس و تعدد احزاب، که به اصول و ارزش‌های اعتقادی اسلام احترام بگذارد، وجود ندارد. مردم مکلف‌اند به‌عنوان فریضه دینی به‌صورت فردی یا در چارچوب تشکیلات بر حکومت نظارت کنند و از انحراف حاکمان جلوگیری نمایند (قرضاوی، ۱۳۹۰: ۱۹۷-۱۹۶).

آیت‌الله محمدمهدی شمس‌الدین معتقد است که انسان بالغ و عاقل در تمام امور فردی و اجتماعی بر خود ولایت دارد که شامل ولایت انسان بر خود برای عضویت در تشکیلات سازمان‌یافته‌ای که هدف مشروع را دنبال می‌کنند نیز می‌شود. اصل اولی در ولایت انسان بر خود مطلق است و ادله لفظی نسبت به عضویت فرد صرف‌نظر از جنسیت او در یک سازمان و تشکیلات نیز اطلاق

می‌شود. هیچ آیه و روایتی یا دلیل عقلی بر منع زن برای عضویت و یا ریاست تشکیلات سیاسی وجود ندارد. پس نه مرد بودن شرط عضویت و یا ریاست در یک تشکیلات است و نه زن بودن مانع آن. طبق دیدگاه او، فعالیت‌های سیاسی زنان در تمام سطوح حکومتی جایز است و زنان می‌توانند هم عهده‌دار پست‌های مهم حکومتی مانند ریاست دولت، وزارت، و قضاوت شوند و هم عضو تشکیلات و اجتماعات سیاسی (شمس‌الدین، ۱۳۸۸: ۲۵، ۲۶، ۶۷). سیره عقلا نیز بر جواز مشارکت زنان در فعالیت‌های سیاسی و عضویت در احزاب و انجمن‌های سیاسی حکم می‌کند و در این زمینه تفاوتی میان زن و مرد قایل نیست.

آیت‌الله ابراهیم امینی نیز با تأکید به برابری حقوقی زن و مرد در حوزه سیاسی، می‌گوید: «زن و مرد هر دو به‌عنوان شهروندانی که حق دخالت در تعیین سرنوشت خود را دارند می‌توانند در حکومت و در تعیین آن سهیم باشند. طبعاً حضور در مقدمات این کار نیز حق همه است، ایجاد تشکّل‌های صنفی و سیاسی، شرکت در احزاب و گروه‌ها، حضور در انتخابات و هر نوع فعالیت سیاسی، جزء حقوق مردم و از جمله زنان است. خانم‌ها می‌توانند تشکل‌هایی به وجود بیاورند و از حقوق خود، کشورشان و از حقوق مردان و زنان دفاع کنند» (امینی، ۱۳۸۴: ۱۹۲).

لازم به تکرار است که نصوص کتاب و سنت به گونه‌ای است که قابلیت تأویل دارند و گستره‌ای از تفسیرهای متفاوت را برمی‌تابند.[1]

۱-. به قول حافظ: این همه عکس می و نقش نگارین که نمود/ یک فروغ رخ ساقی‌ست که در جام افتاد (حافظ، بیت۱۱۱)

موافقان و مخالفان حقوق سیاسی زنان مندرج در اسناد بین‌المللی هر دو به منابع دینی استناد می‌کنند. مشکل زمانی بیشتر می‌شود که حاکمان، حقوق سیاسی و اجتماعی زنان را در جهت حفظ منافع خود تفسیر به رأی می‌کنند و این موضوع تمایز میان مسائل دینی و سیاسی را برای برخی افراد دشوار می‌سازد. برای مثال، مقامات عربستان سعودی تبعیض جنسیتی و نقض حقوق و آزادی‌های زنان را به کتاب و سنت ارجاع می‌دهند و حتی به منع رانندگی زنان رنگ دینی می‌دهند. حاکمان افغانستان نیز در طول تاریخ با نقاب دین در اجتماع ظاهر شده و ارزش‌های اسلامی را به‌طور گزینشی برای اهداف سیاسی خود استفاده و دست‌کاری کرده‌اند. در این میان برخی چهره‌های دینی اَعمال و رفتارهای ناصواب آنان را تأیید می‌کنند؛ اما این نظام‌ها از اتهام نقض حقوق بشر در سطح بین‌المللی خشمگین می‌شوند و ادعا می‌کنند که سیاست‌های شان مبتنی بر اسلام است. همین‌طور حکومت‌های اسلام‌گرا، که بر حفظ حقوق زنان تظاهر می‌کنند، ممکن است ادعا کنند که اسلام، نه هنجارهای حقوق بشری، از جاذبه گسترده در میان مردم برخوردار است؛ ولی این نظام‌ها از برگزاری انتخابات آزاد و شفاف و طرد شدن طرح اسلامی‌سازی شان هراس دارند و حاضر به برگزاری چنین انتخاباتی نمی‌شوند. باید توجه داشت که ظهور بهار عربی در سال ۲۰۱۱ برای دستیابی به حقوق و آزادی‌های سیاسی که به فروپاشی نظام‌های اسلام‌گرای تندرو و خودکامه در تونس، لیبی و مصر انجامید، حکایت از حق‌طلبی‌ها و آزادی‌خواهی‌ها و طرفداری مسلمانان از نظام بین‌الملل حقوق بشری و دموکراتیک دارد. تظاهرات‌های

گسترده و درگیری‌های فیزیکی تظاهرات‌کنندگان با مأموران دولتی ایران در پی قتل مهسا امینی به‌اتهام عدم رعایت حجاب اسلامی نیز اشتیاق مردم ایران را به اصول دموکراتیک و هنجارهای حقوق بشر نشان می‌دهد.[1] هرچند هنوز ذهنیت‌های قرون وسطایی وجود دارد و تفسیرهای سنتی و جزم‌اندیشانه از اسلام ارائه می‌شود، اما عده‌ای زیادی از مسلمانان به تفسیرهای مترقیانه و نواندیشانه دینی گرایش دارند و می‌خواهند تمام حقوق و آزدی‌های سیاسی و مدنی شان طبق منابع اصیل اسلامی و اصول جهانی رعایت و احترام شود. واقعیت این است که فرهنگ اسلامی نمی‌تواند در مقابل اندیشه‌ها و ارزش‌های تمدن غرب و فرهنگ هژمونیک و سیل‌آسای آنان در عصر ارتباطات؛ مانند: رسانه‌های جمعی و شبکه‌های اجتماعی مقاومت کند. اگر نظام‌های اسلامی اقتدارگرا به نقض حقوق بنیادین افراد ادامه دهند، بعید نیست که در آینده رهبران آنان به سرنوشت زین‌العابدین بن علی، حُسنی مبارک و معمر قذافی دچار شوند؛ زیرا آن‌ها راه نامناسب برای توجیه قدرت خود برگزیده‌اند که در درازمدت، گرفتار بحران مشروعیت خواهد شد. باری، پذیرش اصول دموکراتیک و ارزش‌های حقوق بشری و ارائه تفسیرهای متعادل از حقوق سیاسی و مدنی افراد، بهترین شیوه برای مشروعیت‌بخشی به قدرت است.

نگارنده به‌دلیل ترس از دچار شدن به مغالطه زمان‌پریشی[2]

۱-. هنگام نوشتن این سطور بیش از صد روز از مرگ مهسا امینی، دختر ۲۲ سالهٔ ایرانی، گذشته است و تظاهرات‌ها در ایران با شعار «زن، زندگی، آزادی» علیه حکومت جریان دارد. در پی سرکوب اعتراض‌ها، سازمان ملل متحد به تاریخ ۲۳ قوس ۱۴۰۱ ایران را از کمیسیون مقام زن اخراج کرد. این نخستین‌بار است که یکی از اعضای کمیسیون مقام زن از این نهاد اخراج می‌شود. اما بیش از گذشت یک‌سال از این ماجرا، نرگس محمدی، فعال حقوق بشر و زندانی سیاسی، به تاریخ ۷ میزان ۱۴۰۲ برنده جایزه صلح نوبل شد.

۲-. مغالطهٔ زمان پریشی مغالطه‌ای است که در آن شخص ارزش‌های یک عصر را به عصر دیگر تسری

از قضاوت در مورد حقوق سیاسی زنان در عصر حضرت محمد صرف‌نظر می‌کند؛ اما شیفته بودن به اولین امت اسلامی در مدینه رسول، قالب و صورت زمان بعثت را به‌عنوان قالب‌های قدسی و تغییرناپذیر، فرازمانی و فرامکانی تلق کردن، احیای دین را مساوی به بازسازی همان شرایط و مقتضیات دوران پیامبر دانستن و حقوق و آزادی‌های سیاسی زنان را بر ارزش‌ها و عرف صدر اسلام و فرهنگ جزیره عرب سنجیدن را به‌هیچ‌وجه رهگشا نمی‌داند. دین‌داری را باید در معرفت و تحقق روح و پیام اصلی دین جست‌وجو کرد نه در ظواهر و قالب‌های خاص زمانی-مکانی عصر نزول. در عصر جدید بهره‌مندی زنان از تمام حق‌های سیاسی به‌صورت برابر با مردان به دین‌داری شان هیچ خدشه‌ای وارد نمی‌سازد. زنان هم می‌توانند صمیمانه دین‌دار باشند و هم در انتخابات و تصمیم‌گیرهای سیاسی شرکت کنند و متصدی پست‌های عمومی شوند. برجسته کردن بخش فقه و احکام عملی اسلام و نادیده گرفتن حوزه‌های ایمان و اعتقاد، اخلاق، عرفان و فلسفه قلمرو اسلام را کوچک کرده و بر مشکلات می‌افزاید؛ زیرا بیشترین تعارض میان هنجارهای حقوق بشری و اسلام در حوزه فقه (سنتی) است. چنان‌که بیان شد، هرگاه گزاره‌های فقهی عادلانه و مورد تأیید سیره عقلا نباشد، حجیت و اعتبار ندارد حتی اگر در گذشته از جمله حکم شرعی بوده باشد. تبعیض جنسیتی

می‌دهد. زمان پریشی (Anachronism) به معنای ارزش داوری در مورد رویدادها و رفتارهای انسان در زمان قدیم بر پایه معیارهای نظری یا اخلاقی دوران جدید است. برای مثال، هرگاه شخصی حقوق و آزادی‌های سیاسی زنان در صدر اسلام را با روش علمی جدید و معیارهای حقوق بشر قرن بیست و یکم داوری کند، پذیرش بردگی ذاتی برخی افراد را توسط اندیشمندان یونان باستان اعتراض کند و یا توماس جفرسون، نویسندهٔ اعلامیه استقلال آمریکا، را به دلیل داشتن صدها برده زیر سؤال ببرد، مغالطهٔ زمان پریشی اتفاق می‌افتد. استفاده از مغالطهٔ زمان پریشی غیرمنصفانه و فاقد ارزش علمی است.

و عدم برابری حقوقی ناعادلانه و غیرمعقول است. چنان‌که تفاوت‌ها مبتنی بر نژاد و رنگِ پوست نمی‌توانند منشأ تفاوت حقوقی باشند، تفاوت جنسی و بیولوژیکی نیز نمی‌تواند منشأ تفاوت حقوقی شود.

جمع‌بندی

۱. برداشت سنتی و نص‌گرایانه از اسلام بر قطعیت و انکارناپذیری استوار شده و بر آیات و روایاتی تأکید می‌کند که بر عدم برابری حقوقی زن و مرد دلالت دارند. فضای تعامل و هم‌زیستی میان اسلام تاریخی و هنجارهای بین‌المللی حقوق سیاسی زنان وجود ندارد. اما در برداشت نواندیشانه و انسان‌محور، اصل برابری و عدم تبعیض جنسیتی پذیرفته شده و زن می‌تواند مانند مرد در تمام تصمیم‌گیری‌ها و فعالیت‌های سیاسی مشارکت داشته‌باشد و عنصر زنانگی‌اش مانع شرکت او در فعالیت‌های سیاسی نمی‌شود. اسلام غایت‌گرا معتقد است که میان گزاره‌های مبنایی و ارزش‌های بین‌الملل حقوق بشری و سیاسی زنان تعارضی وجود ندارد و تمام مصادیق ناسازگاری مربوط به گزاره‌های غیر مبنایی یا احکام موقت و زمان‌مند است که وقت شان بسر آمده‌اند. با تأکید بر روح و پیام اصلی دین و نادرست بودن فهمِ غیرتاریخی از دین یا مطلق دانستن احکام دینی، اسلام معنوی زنان را دارای حقوق و آزادی‌های سیاسی برابر با مردان می‌داند.

۲. اسلام نه برابری مطلق میان زن و مرد را برمی‌تابد و نه با هنجارهای بین‌الملل حقوق سیاسی زنان کاملاً مطابقت دارد. به نظر می‌رسد که تعارض‌ها و ناسازگاری‌ها میان اسلام و نظام بین‌المللی

حقوق بشر بیشتر در حوزه حقوق مدنی و کیفری زنان باشند نه در حوزه حقوق سیاسی آنان؛ یعنی چنان‌که نص صریح در منع زنان از برخورداری حقوق سیاسی وجود ندارد و احادیثِ مورد استناد فقیهان سنتی یا دارای سند ضعیف‌اند و یا تخته‌بند زمان و مکان بوده و قابل تأویل‌اند، میان اسلام و نظام بین‌الملل حقوق بشر کمترین تقابل و بیشترین تعامل در قلمرو حقوق سیاسی زنان وجود دارد.

۳. حقوق و آزادی‌های سیاسی زنان صرفاً در حکومت دموکراتیک مبتنی بر آرای مردم تضمین خواهند شد و پشتوانه اعتبار قوانین نیز، دموکراتیک بودن نظام حکومتی است. مردم‌سالاری مورد تأیید فقیهان و عالمان دینی بوده و میان اسلام و دموکراسی هیچ‌گونه تعارضی وجود ندارد و براساس اصل عدم ولایت، هیچ فرد انسانی حق ندارد بدون رضایت و انتخاب افراد دیگر بر آن‌ها حکم برانند. حقوق و آزادی‌های سیاسی مانند حق‌های دیگر مطلق نیستند؛ اما وضع محدودیت بر آن‌ها صرفاً باید در چارچوب قانون صورت گیرد و قانون‌گذار در یک نظام مردم‌سالار ضرورت وضع محدودیت را با وضع قانون نشان دهد.

سخن پایانی

واقعیت این است که دخالتِ برخی از برداشت‌ها نسبت به مبانی دینی، در سازگاری و ناسازگاری متون اصلی اسلام با هنجارهای بین‌الملل حقوق بشری و سیاسی زنان آشکار است و وابسته به نوع برداشت از مبانی دینی، برخی تعارضات کم‌رنگ‌تر یا پررنگ‌تر جلوه داده‌می‌شود. یعنی از یک‌سو عدم قرائت و تفسیر یک‌دست فقیهان از منابع دینی در مورد حقوق سیاسی زنان ناسازگاری درونی را آشکار می‌سازد و از سوی دیگر نگاه سکولار و غیردینی به حقوق آنان بحث را از فضای دینی به قلمرو بشری وارد کرده و برخی گزاره‌ها و احکام شرعی را به چالش می‌کشد. بنابراین، اسلام نمی‌تواند با ارزش‌ها و هنجارهای جهانی در باب حقوق سیاسی زنان صد در صد مطابقت داشته‌باشد. در این میان اما تعارضات بین اسلام سنتی و گزاره‌های

اخلاق و حقوق اسناد جهانی حقوق بشر بسیار برجسته و پررنگ است. در قرائت رسمی از دین، جنسیت و مذهب در داشتن حقوق و آزادی‌های آدمیان دخالت دارد و حتی کرامت انسانی به افراد دارای عقاید دینی خاص فروکاسته می‌شود؛ اما جریان نواندیشی دینی بر عدم تبعیض جنسیتی و عقیدتی میان افراد تأکید دارد و این نوع نگاه با هنجارهای حقوق اساسی و انسانی زنان هم‌خوانی داشته و تعارضات میان آن‌ها صرفاً مربوط به مسائل غیر مبنایی است. پس می‌توان گفت که اسلام معنوی و غایت‌گرا در هم‌سویی با اصول بین‌الملل حقوق بشری در یک‌طرف قرار دارد و اسلام تاریخی در طرف دیگر. به سخن دیگر، اعلامیه جهانی حقوق بشر و سایر اسناد حقوق بشری بر مبنای غیردینی و اصول و ارزش‌های فرا فرهنگی و مشترک جهانی تصویب‌شده‌اند؛ زیرا استناد به ریشه‌های دینی آن‌ها به‌دلیل دین‌دار نبودنِ تمام افراد جهان و تفسیرهای متفاوت از متون دینی و نسخه‌های گوناگون فقهی چالش‌برانگیز می‌شد و جهان‌شمولی آن را زیر سؤال می‌برد. نواندیشان مسلمان نیز بر خصلت و ویژگی غیردینی حقوق بشر تأکید کرده و برای اقناع مخاطب از مستندهای درون‌دینی و بیرون‌دینی بهره می‌گیرند و معتقدند که اعلامیه جهانی حقوق بشر یک توافق میان انسان‌ها روی رعایت و احترام کرامت ذاتی انسان‌ها و حقوق و آزادی‌های آنان در هر شرایط و بدون تبعیض بوده است، نه روی مسائل دینی و فلسفی. در واقع بحث از حقوق بشر و حقوق سیاسی زنان در سطح بین‌الملل یک بحث فرادینی و فرافرهنگی است، نه یک بحث دینی و فقهی؛ اما برخی از مسلمانان و اندیشمندان سنتی با تکیه‌بر استدلال‌های کاملاً درون‌دینی و قرائت‌های سنتی از دین

مبتنی بر جهان‌بینی سنتی و تصلب بر ظاهر احکام، مبنای غیردینی اعلامیه جهانی را نپذیرفته و آن را در تعارض با اعتقادات و ایمان دینی خود یافته‌اند و از این نکته غافل‌اند که پیام‌های خداوند در مورد احکام سیاسی و اجتماعی به‌صورت روشن بیان‌نشده‌اند و آنچه در حوزه سیاسی کشورهای اسلامی تطبیق می‌شود برداشت‌های برخی افراد مبتنی بر پیش‌فرض‌ها، علایق و منافع شخصی و گروهی‌شان است، نه احکام ناب و خالص خداوند. باری، کشورهای اسلامی حقوق و آزادی‌های بشر را براساس نظام اعتقادی اسلام و آموزه‌های دینی صورت‌بندی کردند؛ اما این اقدام نتوانست تعارض میان اسلام و هنجارهای حقوق بشر جهانی را از میان بردارد.

اعلامیه جهانی حقوق بشر و دیگر اسناد بین‌الملل حقوق بشری به‌دنبال این است که برای حفظ حقوق، آزادی‌ها و کرامت انسان صرف‌نظر از تعلقات دینی، نژادی و جنسیتی او، یک چارچوب اجتماعی و تضمین حقوقی به وجود آورد. حقوق و ارزش‌های انسانی در اسناد حقوق بشر جهانی در ترازوی عدالت وزن می‌شود نه در ترازوی دیانت. در عصر حاضر، اعتقادات دینی صرفاً در حکومت‌های دموکراتیک محتوای اختصاصی خود را پیدا می‌کنند. حقوق بشر جهانی محتوای سکولار (غیردینی) دارد و می‌توان با استناد به آن تمام مردم جهان را با وجود تفاوت‌های دینی و فرهنگی، به احترام حقوق و آزادی‌ها و حرمت ذاتی انسان‌ها و مخالفت با ستم و تبعیض دعوت کرد که اعلامیه حقوق بشر متافیزیکی فاقد این قابلیت و ویژگی است. اما این بدین معنا نیست که اعلامیه جهانی حقوق بشر خالی از هرگونه عیب و نقص باشد. این اعلامیه نیز کاستی‌هایی دارد و در

برخی موارد با ارزش‌ها و هنجارهای دینی و فرهنگی بعضی از جوامع در تضاد قرار می‌گیرد.

توصیه نگارنده این است که باید از اصول، ارزش‌ها و اندیشه‌هایی حمایت کرد که به افراد یک جامعه اجازه می‌دهند که هم به عقاید دینی و مذهبی شان پایبند باشند و هم در حوزه سیاسی فعالیت کنند. برای مثال، براساس اندیشه اسلام سنتی، که در بسیاری از جوامع دینی مسلمان اندیشه غالب است، دین‌داری تکلیف انسان‌هاست و شخص دین‌دار بیش از آن‌که به حقوق خود بیندیشد به تکلیف خود می‌اندیشد. مسلمانان افزون براین‌که خود مکلف‌اند دین‌دار باشند، باید اندیشه‌ها و عقاید دینی را بر همه اعضای جامعه‌ای که اکثریت آن مسلمان هستند، نیز تحمیل کنند. برهمین اساس، زنان در برخی از کشورهای اسلامی نمی‌توانند از تمام مصادیق حقوق سیاسی مقرر در اسناد بین‌الملل بهره‌مند شوند؛ اما در جوامع ضد دینی افراد حق ندارند مراسم دینی خود را در اجتماع برگزار کنند و یا با نمادهای دینی و حفظ حجاب متصدی پست‌های سیاسی شوند و یک نظام سیاسی باید با وضع و اجرای قانون، نوعی بی‌دین بودن را بر مردم تحمیل کنند. در میان این دو طیف متضاد فکری، می‌توان بر مبنای اسلام معنوی و برخی از اصول و ارزش‌های مشترک جهانی راه میانه را انتخاب کرد که مورد تأیید دیدگاه‌های نواندیشانه دینی و اسناد حقوق بشری‌اند. در عصر جدید دین‌داری و دین داشتن بیشتر حق افراد به‌شمار می‌آید نه تکلیف آنان، و دین‌داری یا بی‌دینی بر هیچ فردی از افراد جامعه تحمیل نمی‌شود و شهروندان می‌توانند با رعایت ارزش‌های دینی و اخلاقی پذیرفته‌شده خود در فعالیت‌ها و

تصمیم‌گیری‌های سیاسی مشارکت داشته‌باشند. باری، هیچ نهاد و یا فردی نباید حق و امتیاز بیشتر از دیگران در عرصه عمومی طلب کند؛ یعنی حوزه عمومی مربوط به تمام افراد است و همه صرف‌نظر از تفاوت‌های جنسیتی و نژادی و عقیدتی به‌صورت برابر از حقوق و آزادی برخوردارند. این نوع اندیشه زمینه‌ساز زندگی مسالمت‌آمیز میان گروهای دینی و سیاسی مختلف و رعایت اصول و هنجارهای دموکراتیک است که در آن زن و مرد فارغ از جنیست و گرایش‌های دینی می‌توانند از تمام حقوق سیاسی خود برخوردار شوند.

از مباحث گذشته چنان برداشت می‌شود که آموزه‌های ناب و زلال دینی که چهارده قرن پیش از سرچشمه جوشیده است، در جویبار تاریخ و بستر عرف‌ها و فرهنگ‌های جوامع بشری گل‌آلود شده و نیازمند تصفیه و تفسیر جدید است. احکام شرعی موجود در کتاب و سنت در زمان نزول و وضع عادلانه، اخلاقی، عقلایی و قابل دفاع بوده و توانسته‌است نیاز جوامع آن روز را برآورده سازد؛ اما در عصر جدید باید مطابق سیره عقلا و عدالت امروز تفسیر و بازخوانی شود. نگارنده برای رفع چالش‌های دینی فرا راه برخورداری زنان از حقوق و آزادی‌های سیاسی فارغ از تبعیض جنسیتی، چند موضوع را پیشنهاد می‌کند:

۱. چنان‌که تبعیض حقوقی در عقلانیت معاصر توجیهی ندارد و عدالت و سیره عقلا بر تساوی حقوق و آزادی‌های سیاسی میان زن و مرد حکم می‌کند، اصلاح اندیشه‌های دینی و ارائه تفسیر جدید از کتاب و سنت در باب حقوق سیاسی زنان صرفاً براساس قرائت‌های جدید فقهی و نواندیشانه دینی امکان‌پذیر است و مسلمانان باید

این دو قرائت را باهم تلفیق و انتخاب کنند؛ زیرا تجدید نظر در سنت فقهی و بازخوانی انتقادی متون دینی نه ایمان و اعتقادات دینی را خدشه‌دار می‌سازد و نه با اصول بین‌الملل حقوق بشری و سیاسی زنان ناسازگار است. آن دسته از آیات و روایاتی که تخته‌بند زمان و مکان بوده‌اند و در سیاق نزول و ورود به‌صورت خاصی فهم می‌شدند را می‌توان در ظرف زمانی و بستر فرهنگی جدید و ترازوی اخلاق و عدالتِ جهان معاصر به‌نحو دیگری فهمید و ترجمه فرهنگی کرد؛ این در صورتی ممکن است که فقیهان و عالمان معاصر دینی پیش‌فرض‌ها و جهان‌شناسی خود را تنقیح کنند. باری، مواجهه روشمند با متن و به‌دست آوردن قرائت انسانی و خردنواز در باب حقوق و آزادی‌های سیاسی زنان رهگشا خواهد بود.

۲. تکیه‌بر شهود اخلاقی و توجیه حقوق سیاسی زنان براساس خرد و وجدان انسانی و اصول مشترک جهانی، که مورد توافق تمام ادیان و فرهنگ‌های جهان قرار دارند؛ مانند: اصل برابری و عدم تبعیض، اصل آزادی، اصل کرامت ذاتی، اصل غایت بودن انسان، قاعده زرین اخلاقی (با دیگران فقط چنان رفتار کن که می‌خواهی که در همان وضع و حال با تو رفتار شود) و امثال این‌ها و توجه به متون و گفتارهای برابری‌طلبانه دینی که احترام به حقوق و آزادی‌های افراد را اقتضای روح برادری و هم‌نوع بودن تلق می‌کنند، به تساهل و مدارا منتهی شده و فضا را برای برخورداری زنان از حقوق و آزادی‌ها سیاسی برابر با مردان و فارغ از تبعیض جنسیتی فراهم خواهد ساخت. در مقابل، مقاومت در برابر دستاوردهای ارزشمند فکری جدید، تأکید بر برتری‌طلبی جنسیتی و عقیدتی، پرهیز از رویکرد انتقادی به مسائل

دینی و تلاش برای حفظ ایمان با پاسخ‌های قطعی و از پیش‌آماده، فضا را هم برای تحمل و مدارا و زندگی مسالمت‌آمیز و هم برای برابری حقوقی تنگ می‌کند. چنان‌که تبعیض حقوقی، که به‌معنای نقض غایت‌انگاری انسان و کرامت ذاتی او بوده و وجدان اخلاقی جامعه را جریحه‌دار می‌کند، می‌توان گفت که اصول مشترک جهانی و ارزش‌های سکولار اخلاقاً شایسته حمایت‌اند.

۳. در کشورهای اسلامی قانون نباید نسخه دیگری از فقه و شریعت باشد؛ زیرا آن دو ماهیت متفاوت دارند و فقه را به‌معنای جدید واژه نمی‌توان معادل قانون دانست. رضایت و توافق عمومی مبنای مشروعیتِ قانون است؛ اما احکام فقهی محصول استنباط فقیهان از کتاب و سنت هستند و رضایت عامه در مشروعیت آن‌ها هیچ نقشی ندارد. چالش دیگری که وجود دارد این است که از یک‌سو در جهان معاصر ممکن است پیروان ادیان و مذاهب مختلف در یک کشور زندگی کنند و از طرف دیگر نسخه‌های متعدد فقهی در درون یک مذهب وجود دارد که توافق روی آن را غیرممکن و یا حداقل دشوار ساخته‌است. این بدین معنا نیست که فقه باید در حوزه قانون‌گذاری هیچ‌گونه دخالتی داده نشود، بلکه منظور این است که رضایت و توافق عمومی باید در قانون‌گذاری تقدّم داشته‌باشد.

۴. از آن‌جا که سنت فقهی اسلامی در فضاهای مردسالارانه شکل گرفته است و اکثر منابع دینی در مورد حقوق مدنی و سیاسی زنان توسط فقیهان و عالمان دینی مرد نوشته‌شده‌اند، ممکن است پیش‌فرض‌ها و علایق مردانه در مورد خصلت‌های ذاتی و حقوق سیاسی زنان بسیار پررنگ و ناعادلانه باشد و برخی قالب‌واره‌سازی‌های جنسی صرفاً

ریشه در برداشت‌های مردانه آنان داشته‌باشند، نه در منابع اصیل اسلامی. بنابراین، زنان باید خود وارد عرصه‌های فقه، کلام و تفسیر شوند و با عینک زنانه و آگاهی بیشتر از قابلیت و شایستگی خود در مورد حقوق سیاسی زنان بپردازند تا شاید تحقیق و بازخوانی متون دینی و فقهی با نگاه زنانه منتهی به نتیجه واقعی‌تر و متفاوت شود. پس تفسیرها نباید منحصر به تفسیرهای مردانه باشد و زنان نیز باید از دین در مورد حقوق سیاسی خود تلق داشته‌باشند.

۵. کشورهای مسلمان که اسناد بین‌الملل حقوق بشری را تصویب کرده‌اند باید به تعهدات خود پایبند باشند و اصول جهانی حقوق انسان را در قوانین ملی خود بگنجانند تا ضمانت‌های قانونی مؤثری برای حقوق سیاسی زنان فراهم شود.

منابع

منابع فارسی و عربی:

- امینی، ابراهیم (۱۳۸۶)، آشنایی با وظایف و حقوق زن، قم: بوستان کتاب، چاپ دوم.

- اسلامی، رضا (۱۳۹۷)، آیا حقوق بشر؟ راهنمای هنجاری حقوق مدنی و سیاسی برای توان‌مندی و مطالبات جامعه مدنی، تهران: انتشارات مجد، چاپ دوم.

- اسلامی، رضا (۱۳۹۴)، آزادی اجتماعات در نظام بین‌المللی حقوق بشر و سیستم حقوقی ایران، تهران: انتشارات مجد.

- اسماگادی، افرودیته (۱۳۹۴)، مرجع اسناد بین‌المللی حقوق بشر، ترجمه رضا اسلامی، تهران: انتشارات خرسندی، چاپ سوم.

- ارکون، محمد (۱۳۷۶)، متن نخستین و متن دوم، ترجمه محمدمهدی خلجی، تهران، دانشگاه انقلاب، شماره ۱۱۰.

- احمدی، محمدامین (۱۳۹۶)، مبانی حقوق بشر از نگاه اسلام، کابل: فصلنامه اندیشه معاصر، سال سوم، شماره ۱۰.

- ابن حنبل، ابوعبدالله احمد بن محمد (۱۴۱۶ ق)، المسند، المحقق احمد محمد

شاکر، قاهره: دارالحدیث.
- بشیریه، حسین (۱۳۸۶)، آموزش دانش سیاسی: مبانی علم سیاست نظری و تأسیسی (ج ۱و۲)، تهران: مؤسسه نگاه معاصر، چاپ هشتم.
- برهانی، محمد جواد (۱۳۹۸)، زن در اندیشه آیت الله اسحاق فیاض، مجموعه مقالات زنان در افغانستان، فرصت ها، چالش ها و راهکارها، قم: المصطفی.
- بخاری، ابوعبدالله محمد بن اسماعیل (۱۴۱۰ ق)، صحیح البخاری، بیروت-دمشق، دار ابن کثیر.
- جوادی‌آملی، عبدالله (۱۳۸۳)، زن در آیینه جلال و جمال، قم: اسراء.
- جوادی، غزنوی (۱۳۸۷)، اندیشه‌های کلامی، فقهی و سیاسی آیت الله محسنی، قم: وحدت بخش.
- جانسون، گلن (۱۳۷۸)، اعلامیه جهانی حقوق بشر و تاریخچه‌ی آن، ترجمه محمد جعفر پوینده، تهران: نشر نی، چاپ چهارم.
- جونز و. ت. (۱۳۶۸)، خداوندان اندیشه سیاسی (ج ۲)، ترجمه علی رامین، تهران: امیرکبیر.
- جاوید، رحمان علی (۱۳۹۶)، حقوق بشر پیش شرط تحول منازعه و صلح سازی در افغانستان، کابل: فصلنامه اندیشه معاصر، سال سوم، شماره ۱۰.
- حیدری، مختار حسین (۱۳۹۷)، حق بر آزادی تشکیلات و نقش آن در تقویت دموکراسی، کابل: فصلنامه اندیشه معاصر، سال چهارم، شماره ۱۴.
- حیدری، مختار حسین (۱۳۹۹)، حقوق بشر، کابل: نشر واژه، چاپ دوم.
- حقیقت، صادق (۱۳۸۹)، مبانی اندیشه سیاسی در اسلام، تهران: مرکز تحقیق و توسعه علوم انسانی، چاپ دوم.
- حامد ابوزید، نصر (۲۰۱۴)، نوآوری، تحریم و تأویل، رهیافت نو به قرآن؛ از متن به گفتار، ترجمه مهدی خلجی، ناشر: توانا؛ آموزشکده‌ی الکترونیکی برای جامعه مدنی ایران،

سایت: www. tavaana.org
- حنانی، خلیل‌الرحمان (۱۳۸۶)، زن افغان از موقعیت شرعی تا واقعیت اجتماعی، کابل: مطبعه طباعتی و صنعتی احمد.
- خوشنویس، جعفر (۱۳۷۰)، مبانی حکومت اسلامی (بحث‌های آیت‌الله جعفر سبحانی)، ترجمه داوود الهامی، قم: سیدالشهداء.
- دانش، سرور (۱۳۹۹)، حقوق اساسی افغانستان، کابل: انتشارات مؤسسه تحصیلات عالی ابن‌سینا، چاپ دوم.
- دهخدا، علی‌اکبر (۱۳۷۳)، لغت‌نامه (ج ۱۱)، تهران: انتشارات دانشگاه تهران.
- ذوالعین، پرویز (۱۳۹۰)، مبانی حقوق بین‌الملل عمومی، تهران: وزارت امور خارجه، چاپ هفتم.
- رواسیان کاشی، سمیه (۱۳۸۸)، فصل مشترک تبعیض‌ها؛ بررسی کنوانسیون رفع تبعیض علیه زنان، تهران: نشر شیرازه.
- رهایی، سعید(۱۳۹۳)، آزادی دینی از منظر حقوق بین‌الملل با نگاهی به رهیافت اسلامی، قم: دانشگاه مفید، چاپ دوم.
- روسو، ژان ژاک (۱۳۸۵)، قرارداد اجتماعی (متن و در زمینه متن)، ترجمه مرتضی کلانتریان، تهران: آگاه، چاپ چهارم.
- زیدان، عبدالکریم (۱۳۹۵)، حقوق و تکالیف زن در اسلام، ترجمه سهیلا رستمی، تهران: احسان.
- سروش، عبدالکریم (۱۳۷۹)، آیین شهریاری و دین‌داری (سیاست - نامه ۲)، تهران: مؤسسه فرهنگی صراط.
- سروش، عبدالکریم (۱۳۸۱)، فربه‌تر از ایدئولوژی، تهران: مؤسسه فرهنگی صراط، چاپ هفتم.
- سروش، عبدالکریم (۱۳۹۲)، قبض و بسط تئوریک شریعت نظریه تکامل معرفت دینی،

تهران: مؤسسه فرهنگی صراط، چاپ دوازدهم.
- سجادی، عبد القیوم (۱۳۹۲)، پارلمان؛ قانون‌گذاری، نظارت و نمایندگی، کابل: دانشگاه خاتم‌النبیین.
- سجادی، عبد القیوم (۱۳۸۶)، مبانی تئوریک احزاب سیاسی در اسلام، بی‌جا: مطبعه بلخ.
- سعیدزاده، سیدمحسن (۱۳۸۵)، حقوق بشر از منظر اندیشمندان: نظریه قرآن در باره مساوات زنان و مردان، محمد بسته نگار، تهران: انتشار، چاپ دوم.
- سرآمد، محمدحسین و اسدالله پژمان (۱۳۹۴)، آموزش حقوق بشر، کابل: کمیسیون مستقل حقوق بشر افغانستان.
سید رضی، محمد بن حسین (۱۳۷۹)، نهج‌البلاغه، ترجمه محمد دشتی، قم: مشهور.
- شمس‌الدین، محمدمهدی (۱۳۸۸)، حدود مشارکت سیاسی زنان از دیدگاه اسلام، ترجمه محسن عابدی، تهران: مؤسسه انتشارات بعثت، چاپ دوم.
- صادقی تهرانی، محمد (۱۳۸۴)، نگرشی جدید بر حقوق بانوان در اسلام، تهران: امید فردا.
- صادق، سلما، حیدری، مختار حسین(۱۳۹۶)، کارنامه افغانستان در مورد حق برگزاری تجمعات، کابل: فصلنامه اندیشه معاصر، سال سوم، شماره ۱۰.
- ضیائی بیگدلی، محمدرضا (۱۳۹۸)، حقوق بین‌الملل عمومی، تهران: نشر گنج دانش، چاپ شصت و یکم.
- فیاض، محمد اسحاق (۱۳۹۳)، جایگاه زن در نظام سیاسی اسلام، ترجمه سرور دانش، کابل: دفتر آیت‌الله فیاض، چاپ سوم.
- فضل‌الله، محمدحسین (۱۳۸۴)، اسلام، زن و جستاری تازه، ترجمه مجید مرادی، قم: بوستان کتاب.
- فضل‌الله، محمدحسین (۱۳۸۹)، زن از نگاهی دیگر / گفت‌وگوهایی با محمدحسین

فضل‌الله، ترجمه مجید مرادی، تهران: شرکت چاپ و نشر بین‌الملل، چاپ سوم.
- فصیحی دولتشاهی، محمد عارف (۱۴۰۱)، اندیشه سیاسی امام ابوحنیفه، کابل: جامعه المصطفی (ص) العالمیه - افغانستان.
- فورسیث، دی وی. پی (۱۳۹۸)، حقوق بشر در روابط بین‌الملل، ترجمه محمدامین احمدی، کابل: معاونت تحقیقات علمی دانشگاه ابن‌سینا.
- فریمن، مایکل (۱۳۸۷)، حقوق بشر؛ رویکرد میان‌رشته‌ای، ترجمه محمدکیوانفر، تهران: نشر هرمس، چاپ دوم.
- قربان‌نیا، ناصر (۱۳۹۰)، حقوق بشر و حقوق بشر دوستانه، تهران: انتشارات فرهنگ و اندیشه اسلامی.
- قربانی، زین العابدین و دیگران (۱۳۳۹) زن و انتخابات، قم: طباطبایی.
- قرضاوی، یوسف (۱۳۹۰)، فقه سیاسی، ترجمه عبدالعزیز سلیمی، تهران: نشر احسان، چاپ سوم.
- کدیور، محسن (۱۳۹۳)، حق‌الناس (اسلام و حقوق بشر)، تهران: کویر، چاپ پنجم.
- کدیور، محسن (۲۰۰۴)، بازخوانی حقوق زنان در اسلام، عدالت مساواتی به جالی عدالت استحقاقی، عنوان سخنرانی در چهارمین سمپوزیوم حقوق زنان در دانشگاه بروکسل، ۷ اکتبر ۲۰۰۴.
- کدیور، محسن (۱۳۷۷)، حقوق سیاسی مردم در اسلام (حق تعیین سرنوشت)، تهران: فصلنامه گفتمان، شماره ۲، و نشر شده به آدرس: http://kadivar.com/۸۵۰
- کاتوزیان، ناصر (۱۳۹۱)، مقدمه علم حقوق و مطالعه در نظام حقوقی ایران، تهران: انتشار، چاپ هشتاد و یکم.
- کاتوزیان، ناصر (۱۳۹۰)، فلسفه حقوق (ج۱و۲)، تهران: شرکت سهامی انتشار، چاپ چهارم.
- کلیف، تونی (۱۴۰۱)، تاریخ سیاسی زنان، ترجمه نیکزاد زنگنه، تهران: افکار جدید،

چاپ دوم.
- کاپلستون، فردریک (۱۳۷۵)، تاریخ فلسفه (ج ۱)، ترجمه امیر جلال‌الدین اعلم، تهران: انتشارات سروش.
- کلینی، محمد ابن یعقوب (۱۳۶۵)، الکافی، تهران: دارالکتب‌الاسلامیه، چاپ چهارم.
- محمد، قاری سیدفاطمی (۱۳۹۸)، حقوق بشر در جهان معاصر: دفتر اول: درآمدی بر مباحث نظری؛ مفاهیم، مبانی، قلمرو و منابع، تهران: نگاه معاصر، چاپ ششم.
- محمد، قاری سیدفاطمی (۱۳۹۶)، حقوق بشر در جهان معاصر: دفتر دوم: جستارهایی تحلیلی در حق‌ها و آزادی‌ها، تهران: نگاه معاصر، چاپ پنجم.
- میرموسوی، سیدعلی و صادق حقیقت (۱۳۹۱)، مبانی حقوق بشر از دیدگاه اسلام و دیگر مکاتب، تهران: انتشارات فرهنگ و اندیشه، چاپ دوازدهم.
- ملک‌زاده، فهیمه (۱۳۹۴)، حقوق سیاسی و اجتماعی زنان، تهران: دادگستر.
- مجتهد شبستری، محمد (۱۳۸۴)، نقدی بر قرائت رسمی از دین، تهران: طرح نو، چاپ دوم.
- مجتهد شبستری، محمد (۱۳۹۳)، هرمنوتیک، کتاب و سنت، تهران: طرح نو، چاپ هشتم.
- مطهری، مرتضی (۱۳۸۲)، نظام حقوق زن در اسلام، تهران: انتشارات صدرا، چاپ سوم.
- محسنی، محمد آصف (۱۳۷۰)، زن در شریعت اسلامی، اسلام‌آباد: حرکت اسلامی افغانستان.
- منتظری، حسینعلی (۱۳۸۷)، حکومت دینی و حقوق انسان، قم: ارغوان دانش، چاپ دوم.
- متین دفتری، احمد (۱۳۴۱)، سیر روابط و حقوق بین‌الملل، تهران: جیبی.
- منتسکیو (۱۳۶۲)، روح‌القوانین، ترجمه علی‌اکبر مهتدی، تهران: مؤسسه انتشارات امیرکبیر، چاپ هشتم.

- مایر، آن الیزابت (۲۰۱۴)، اسلام و حقوق بشر: سنت و سیاست، ترجمه داریوش محمدپور، ناشر: توانا؛ آموزشکده‌ی الکترونیکی برای جامعه مدنی ایران، سایت: www.tavaana.org

- منوچهر، صانعی دره‌بیدی (۱۳۸۲)، برابری در حقوق بشر و پیشینه تاریخی آن، فصلنامه ادبیات و علوم انسانی، شماره ۴۰-۳۹، تهران: پاییز و زمستان.

- نوری، عبدالعزیز (۱۳۹۴)، حقوق بشر، کابل: انتشارات دانشگاه کاتب.

- ویسی، مختار (۱۳۹۹)، بررسی فقهی حکم قضاوت زن در اسلام، تهران: نشر احسان.

- هاشمی، سیدمحمد (۱۳۹۷)، حقوق بشر و آزادی‌های اساسی، تهران: نشر میزان، چاپ چهارم.

- هابز، توماس، (۱۳۸۷)، لویاتان، ترجمه حسین بشیریه، تهران: نشر نی، چاپ پنجم.

- یوسف، السید (۱۹۹۸)، المرأه و حقوق فی منظور الاخوان المسلمین، قاهره: العربی.

منابع انگلیسی

Dixon, Martin, (1998), International Law, London: Blackstone Press.

Gray, Time, (1991), Freedom, Humanities Press International Inc. Atlantic Highlands. N. J.

Tanaka, K, (1966), South Africa Cases (Second Phase), Dissenting Opinion of Judge K Tanaka, I.C.J. Reports.

Tierney, Brian, (1989), Origins of natural rights language: Texts and contexts, 1150-1250, History of Political Thought, 10.

Maddex, Robert L., (2000), International Encyclopedia of Human rights; Freedom; Abuses and Remedies, Washington D.C., CQ Press, a Division of Congressional Quarterly Inc, 2000.

Miller, Fred Dycus, (1995), Nature, Justice, and Rights in Aristotle's Politics, Oxford: Clarendon Press.

UNICEF, "Promoting Gender Equality: An Equity-based Approach to Programming", Retrieved 2011-01-28.

اسناد بین‌المللی

Charter of the United Nations, 1 UNTS (XVI), 24 Oct. 1945.

Universal Declaration of Human Rights, UNGA res. 217A (III), 10 Dec. 1948.

International Covenant on Civil and Political Rights, UNGA res. 2200A (XXI), 23 Mar. 1976.

International Covenant on Economic, Social and Cultural Rights, G.A. res. 2200A (XXI), 21 U.N. GOAR Supp. (No. 16) at 49, U.N. Doc. A/6316 (1966).

Convention on the Political Rights of Women, G.A. res. 640 (VII), 20 Dec. 1952.

Declaration on the Elimination of Discrimination Against Women, G.A. res. 2263 (XXII), Nov. 1967.

Convention of the Elimination of All Forms of Discrimination Against Women, G.A. res. 34/180, 34 U.N. GAOR Supp. (No. 46) at 193, U.N Doc. A/34/46, entered into force Sep. 3.1981.

Convention Against Torture and Other Cruel, Inhuman or Degrading Treatment or Punishment, UNGA, res. 39/46, 10 Dec. 1984.

Committee on the Right of the Child, General Comment, UN Doc. HRI/GEN/ Rev.5, Jan. 2001.

General Comment No. 24 (52). UN Doc. CCPR/C/21/Rev. 01 Aug.1996.

پیوست‌ها

پیوست ۱: کنوانسیون حقوق سیاسی زنان

با آرزومندی تطبیق اصول برابری حقوق زنان و مردان، که در منشور ملل متحد ذکرشده است، با فهم این‌که هرکس حق دارد در حکومت کشورش، مستقیم و یا غیرمستقیم از طریق انتخاب نمایندگان سهم گیرد و حق دارد که به‌طور مساویانه در کشور شان به خدمات عامه دسترسی داشته‌باشند و با آرزوی تساوی مقام مردان و زنان جهت کسب امتیاز حقوق سیاسی بر مبنای منشور ملل متحد و اعلامیه جهانی حقوق بشر. بنابراین موافقت می‌شود که این به‌بعد موارد زیر قابل‌اجرا خواهد بود:

ماده اول:

زنان باید بدون تبعیض و مساویانه با مردان در تمام انتخابات سهم بگیرند و حق انتخاب داشته‌باشند.

ماده دوم:

زنان واجد شرایط باید در تمام انتخابات برای اخذ کرسی که از طریق انتخابات تعیین شده و توسط قانون داخلی تنظیم می‌شود، به‌طور مساوی با مردان بدون تبعیض حق داشته‌باشند.

ماده سوم:

زنان باید حق داشته‌باشند که در دفاتر خدمات عامه اجرای وظیفه نماید و در تمام وظایف عامه که در روشنایی قانون وضع‌شده است، بدون تبعیض به‌طور مساوی با مردان همگام باشند.

ماده چهارم:

این عهدنامه جهت امضا از طرف هریکی از اعضای ملل متحد و هم‌چنان از طرف هریکی از دولت‌های دیگری که از طرف مجلس عمومی از او دعوت شده باشد باز است. ۲- این عهدنامه باید تأیید وتصدیق شود و وسایل تأییدیه توسط سرمنشی ملل متحد در دفتر او نگهداری شود.

ماده پنجم:

۱. این عهدنامه برای تمام دولت‌هایی که به آن مراجعه می‌کنند و از آن درپاراگرف «۱» ماده چهارم اشاره شده باز خواهد بود.

۲. دسترسی به عهدنامه از طریق اعطای یک سند به سرمنشی ملل متحد مورد اجرا قرار خواهد گرفت.

ماده ششم:

۱. این عهدنامه بعد از نودمین روز متعاقب تاریخ سند ششم تأییدیه که امانت گذاشته شده‌است مورد اجرا قرار خواهد گرفت.

۲. هر دولت که عهدنامه را بعد از امانت گذاشتن سند ششم تأیید می‌کند، عهدنامه به‌روز نودمین بعد از تقدیم سند کتبی از طرف همچو یک دولت مورد اجرا قرار گرفته می‌تواند.

ماده هفتم:

در صورتی که هریکی از دولت‌ها شرایط و ملاحظاتی را در ارتباط به هریکی از مواد این عهدنامه در هنگام امضا پیشکش می‌دارد، سرمنشی همان ملاحظات را به اتمام دولت‌های که جوانب قرار داد را تشکیل می‌دهند ارسال کرده و بعد هریکی از دولت‌هایی که مخالف آن شرایط و ملاحظات پیشنهاد شده باشد، در مدت ۹۰ روز موضوع را به سرمنشی ملل متحد ارسال کرده و این شرطیه مرسله (یا به تاریخی که او جانب میثاق یا عهدنامه می‌شود) و به سرمنشی خاطر

نشان می‌دارد که آن را قبول ندارد. در همچو یک مورد عهدنامه بین دو دولت که چنین شرایط و ملاحظات را به میان می‌آورند قابل‌اجرا نمی‌گردد.

ماده هشتم:

۱. هر دولتی که به‌صورت کتبی این عهدنامه را قبول نمی‌کند و از آن سرمنشی ملل متحد را در جریان می‌گذارد، پیشنهاد عدم قبولی یک دولت بعد از یک سال یعنی بعد از تاریخ رسید آن توسط سرمنشی ملل متحد مورد اجرا قرار می‌گیرد.

۲. هرگاه تعداد دولت‌هایی که عهدنامه را رد می‌کنند، به کمتر از شش دولت رسد، بعداً عهدنامه مورد اجرا قرار می‌گیرد.

ماده نهم:

هرگونه مشاجره‌ای که میان دو یا چند دولت در مورد تعبیر و تفسیر یا تطبیق این عهدنامه به وجود آید که از طریق گفت‌وگو و مذاکره حل نشود، بنابر درخواست هریکی از جوانبِ درگیر مشاجره به منظورحل قضیه به محکمه قضائی بین‌المللی راجع می‌شود، یا این‌که طرفین به‌شکل دیگری را ه حل را دریابند.

ماده دهم:

سرمنشی ملل متحد تمام دولت‌های عضو ملل متحد و دولت‌های

غیرعضو را که در پاراگراف (۱) ماده نهم این عهدنامه بدان اشاره شده‌است از موارد زیر با خبر می‌دارد:

الف) امضاها و اسناد تأیید شده چهارم دریافت شده‌است.

ب) اسناد تأییدیه مطابق و براساس ماده پنجم دریافت شده‌است.

ج) تاریخ این عهدنامه مطابق ماده ششم قابل‌اجرا می‌شود.

د) مراسلات و یادداشت های‌که مطابق ماده هفتم دریافت شده است

هـ) یادداشت‌های غیر قبول شده مطابق پاراگرف ۱ ماده هشتم دریافت شده‌است.

و) نسخه‌های لغو شده مطابق پاراگرف ۲، ماده هشتم دریافت شده‌است.

ماده یازدهم:

۱. این میثاق که متن‌های آن به زبان‌های چینی، انگلیسی، فرانسوی، روسی و اسپانیولی تصویب گردیده است همه درست‌اند و در آرشیو ملل متحد قید شده‌است.

۲. سر منشی ملل متحد یک کپی سند تأیید شده را به تمام اعضای ملل متحد و دولت‌های غیرعضو ارسال داشته طوری‌که درپاراگرف ۱ ماده چهارم ذکر شده‌است.

پیوست ۲: کنوانسیون رفع هرگونه تبعیض علیه زنان

دولت‌های عضو کنوانسیون حاضر، با توجه به این‌که منشور ملل متحد بر پای‌بندی حقوق اساسی بشر، مقام و منزلت هر فرد انسانی و برابری حقوق زن و مرد تأکید دارد،

با توجه به این‌که اعلامیه جهانی حقوق بشر بر اصل جایز نبودن تبعیض تأیید داشته، اعلام می‌دارد که کلیه افراد بشر آزاد به دنیا آمده و از نظر منزلت و حقوق، یکسان بوده و بدون هیچ‌گونه تمایزی، از جمله تمایزات مبتنی بر جنسیت، حق دارند از کلیه حقوق و آزادی‌های مندرج در این اعلامیه بهره‌مند شوند،

با توجه به این‌که دولت‌های عضو میثاق‌های بین المللی حقوق بشر متعهد به تضمین حقوق برابر زنان و مردان در بهره‌مندی از کلیه حقوق اساسی، اجتماعی، فرهنگی، مدنی و سیاسی می‌باشند،

با در نظر گرفتن کنوانسیون‌های بین‌المللی که تحت نظر سازمان ملل متحد و کارگزاری‌های تخصصی به‌منظور پیشبرد تساوی حقوق زنان و مردان منعقد گردیده‌اند،

با توجه به قطع‌نامه‌ها، اعلامیه‌ها و توصیه‌هایی که توسط ملل متحد و کارگزاری‌های تخصصی برای پیشبرد تساوی حقوق زنان و مردان تصویب شده‌است،

با نگرانی از این‌که علی رغم این اسناد متعدد، تبعیض‌ها علیه زنان هم‌چنان به‌صورت گسترده ادامه دارد،

با یادآوری این‌که تبعیض‌ها علیه زنان، ناقض اصول برابری حقوق و احترام به شخصیت بشر می‌باشد و مانع شرکت زنان در

شرایط مساوی با مردان در زندگی سیاسی، اجتماعی، اقتصادی و فرهنگی کشور و نیز گسترش سعادت جامعه و خانواده شده و شکوفایی کامل قابلیت‌ها و استعدادهای زنان در خدمت به کشور و بشریت را دشوارتر می‌نماید،

با نگرانی از این‌که زنان در شرایط فقر و تنگدستی حداقل امکان دسترسی را به مواد غذایی، بهداشت، تحصیلات، آموزش و امکانات اشتغال و سایر نیازها دارند،

با اعتقاد براین‌که تشکیل نظام نوین اقتصاد بین‌الملل بر اساس مساوات و عدالت در تحقق پیشبرد برابری بین مردان و زنان نقش مهمی را ایفا می‌نماید،

با تأکید براین‌که ریشه‌کن کردن آپارتاید، اشکال مختلف نژادپرستی، تبعیض‌نژادی، استعمار، استعمار نو، تجاوز، اشغال و سلطه و دخالت خارجی در امور دولت‌ها لازمه تحقق کامل حقوق مردان و زنان می‌باشد،

با تأیید براین‌که تحکیم صلح و امنیت بین‌المللی، تشنج‌زدایی بین‌المللی، همکاری‌های متقابل دولت‌ها، صرف‌نظر از نظام‌های اجتماعی و اقتصادی آن‌ها، خلع سلاحِ کامل و به‌ویژه خلع سلاح اتمی تحت نظارت و کنترل دقیق و مؤثر بین‌المللی، تأکید بر اصول عدالت، مساوات و منافعِ متقابل در روابط بین کشورها و احقاق حق مردم تحت سلطه استعمار و بیگانه و اشغال خارجی به دستیابی به‌حق تعیینِ سرنوشت و استقلال و هم‌چنین احترام به حاکمیت ملی و تمامیت ارضی باعث توسعه و پیشرفت اجتماعی خواهد شد و در نتیجه به دستیابی به مساوات کامل بین مردان و زنان کمک خواهد

کرد،

با اعتقاد براین‌که توسعه تمام و کمال یک کشور، رفاه جهانی و برقراری صلح مستلزم شرکت یکپارچه زنان در تمام زمینه‌ها در شرایط مساوی با مردان است،

با در نظر گرفتن سهم عمده زنان در تحقق رفاه خانواده و پیشرفت جامعه، که تاکنون کاملاً شناسایی نشده است، اهمیت اجتماعی مادری و نقش والدین در خانواده و در تربیت کودکان و با آگاهی از این‌که نقش زنان در تولیدِ مثل نباید اساس تبعیض باشد، بلکه تربیت کودکان نیازمند مستقیم مسؤولیت بین زن و مرد و جامعه به‌صورت کلی می‌باشد،

با اطلاع از این‌که تغییر در نقش سنتی مردان و زنان در جامعه و خانواده برای دستیابی به مساوات کامل میان زنان و مردان ضروری است،

با عزم بر اجرای اصول مندرج در اعلامیه محو تبعیض علیه زنان و در این راستا اتخاذ اقدامات ضروری برای از میان برداشتن این‌گونه تبعیض‌ها در کلیه اشکال و صورت‌های آن، به شرح زیر توافق کرده‌اند:

بخش اول

ماده ۱

عبارت «تبعیض علیه زنان» در این کنوانسیون به هرگونه تمایز، استثنا (محرومیت) یا محدودیت براساس جنسیت که نتیجه یا هدف آن خدشه‌دار کردن یا لغو شناسایی، بهره‌مندی، یا اعمال حقوق بشر و آزادی‌های اساسی در زمینه‌های سیاسی، اقتصادی، اجتماعی، فرهنگی، مدنی و یا هر زمینه دیگر توسط زنان صرف‌نظر از وضعیت زناشویی ایشان و بر اساس تساوی میان زنان و مردان، اطلاق می‌گردد.

ماده ۲

دولت‌های عضو، هرگونه تبعیض علیه زنان را محکوم کرده، موافقت می‌نمایند که بدون درنگ سیاستِ رفع تبعیض از زنان را با کلیه ابزارهای مناسب دنبال نموده و با این هدف موارد زیر را متعهد می‌شود:

الف. گنجاندن اصل مساوات میان زنان و مردان در قانون اساسی یا سایر قوانین مربوطه هر کشور، چنان‌چه تاکنون منظور نشده باشد، و تضمین تحقق عملی این اصل به‌وسیله وضع قانون یا سایر طرق مناسب دیگر؛

ب. تصویب قوانین مناسب و یا اقدامات دیگر، از جمله مجازات در

صورت اقتضا، به‌منظور رفع تبعیض از زنان؛

ج. برقراری حمایت قانون از حقوق زنان بر مبنای برابری با مردان و حصول اطمینان از حمایت مؤثر از زنان در مقابل هرگونه اقدام تبعیض‌آمیز از طریق مراجع قضائی ذی‌صلاح ملی و سایر مؤسسات دولتی؛

د. خودداری از انجام هرگونه عمل و حرکت تبعیض‌آمیز علیه زنان و تضمین رعایت این تعهدات توسط مراجع و مؤسسات دولتی؛

هـ. اتخاذ کلیه اقدامات مناسب جهت رفعِ تبعیض از زنان توسط هر شخص، سازمان و یا شرکت‌های خصوصی؛

و. اتخاذ تدابیر لازم از جمله وضع قوانین به‌منظور اصلاح یا فسخ قوانین، مقررات، عرف یا روش‌های موجود که نسبت به زنان تبعیض‌آمیزند؛

ز فسخ کلیه مقررات کیفری ملی که موجب تبعض نسبت به زنان می‌شود.

ماده ۳

دولت‌های عضو باید در تمام زمینه‌ها به‌ویژه زمینه‌های سیاسی، اجتماعی، اقتصادی و فرهنگی کلیه اقدامات مناسب از جمله وضع قوانین را برای تضمین توسعه و پیشرفت کامل زنان و نیز بهره‌مندی آنان از حقوق بشر و آزادی‌های اساسی بر مبنای مساوات با مردان به عمل آورند.

ماده ۴

۱. اتخاذ تدابیر ویژه و موقتی توسط دولت‌های عضو که هدف آن تسریع در برقراری مساوات بین مردان و زنان است نباید به‌عنوان «تبعیض» به‌صورتی که در این کنوانسیون تعریف شده‌است، تلقی گردد. و بدون این‌که این اقدامات منجر به حفظ معیارهای نابرابر و مجزا گردد، پس از تحقق رفتار و فرصت‌های برابر متوقف خواهد شد.

۲. اتخاذ تدابیر ویژه توسط دولت‌های عضو از جمله اقداماتی که در این کنوانسیون برای حمایت از مادری منظور شده‌است تبعیض‌آمیز تلقی نخواهد شد.

ماده ۵

دولت‌های عضو کلیه اقدامات مناسب در زمینه‌های زیر را به عمل می‌آورند:

الف. تعدیل الگوهای اجتماعی و فرهنگی رفتاری مردان و زنان به‌منظور از میان برداشتن تعصبات و کلیه روش‌های سنتی و غیره که بر تفکر پست‌نگری یا برترنگری هریک از دو جنس و یا تداوم نقش‌های کلیشه‌ای برای مردان و زنان استوار باشد؛

ب. حصول اطمینان از این‌که آموزش خانواده شامل درک صحیح از وضعیت مادری به‌عنوان یک وظیفه اجتماعی و شناسایی مسؤولیت مشترک زنان و مردان در پرورش و تربیت کودکان خود باشد، با این استنباط که منافع کودکان در تمام موارد در اولویت قرار دارد.

ماده ۶

دولت‌های عضو کلیه اقدامات مقتضی از جمله وضع قوانین را به‌منظور جلوگیری از حمل و نقل غیر قانونی و بهره‌بری از روسپی‌گری زنان به عمل خواهند آورد.

بخش دوم

ماده ۷

دولت‌های عضو برای رفع تبعیض از زنان در حیات سیاسی و اجتماعی کشور کلیه اقدامات مقتضی را به عمل خواهند آورد، به‌ویژه حقوق زیر را در شرایط مساوی با مردان برای زنان تضمین خواهند کرد:

الف. رأی دادن در کلیه انتخابات و همه‌پرسی‌های عمومی و داشتن شرایط نامزدی در همه اجتماعات منتخب عمومی؛

ب. مشارکت در تعیین سیاست دولت و اجرای آن و انتصاب به سمت‌های دولتی و انجام کلیه مسؤولیت های دولتی در تمام سطوح دولت؛

ج. شرکت در سازمان‌ها و انجمن‌های غیر دولتی مرتبط با حیات سیاسی و اجتماعی کشور.

ماده ۸

دولت‌های عضو اقدامات مقتضی را به عمل خواهند آورد تا بدون هیچ‌گونه تبعیض و در شرایط مساوی با مردان، این فرصت به زنان داده شود که به‌عنوان نماینده دولت خود در سطح بین‌المللی عمل نموده و در فعالیت سازمان‌های بین‌المللی نقش داشته‌باشند.

ماده ۹

۱. دولت‌های عضو در مورد کسب، تغییر یا حفظِ تابعیت، حقوق مساوی با مردان به زنان اعطا خواهند کرد. دولت‌ها به‌ویژه تضمین می‌کنند که ازدواج با فرد خارجی یا تغییر تابعیت شوهر در طی دوران ازدواج، خودبه‌خود باعث تغییر تابعیت زن، بی وطن شدن یا تحمیل تابعیت شوهر به وی نگردد.

۲. دولت‌های عضو به زنان و مردان در مورد تابعیت فرزندان شان حقوق مساوی اعطا خواهند کرد.

بخش سوم

ماده ۱۰

دولت‌های عضو به‌منظور تضمین حقوق مساوی زنان با مردان در زمینه آموزش و پرورش هرگونه اقدامی برای رفع تبعیض از زنان به

عمل خواهند آورد. به‌ویژه بر اساس مساوات بین زنان و مردان موارد زیر را تضمین خواهند کرد:

الف. شرایط یکسان در زمینه آموزش‌های فنی و حرفه‌ای، و برای دسترسی به آموزش و دریافت دانش‌نامه در انواع مختلف مؤسسات آموزشی در مناطق شهری و روستایی، این تساوی باید در آموزش پیش مدرسه‌ای، آموزش عمومی، فنی و حرفه‌ای و آموزش عالی فنی و نیز دوره‌های حرفه‌ای مختلف تضمین شود؛

ب. دسترسی به برنامه درسی یکسان، امتحانات یکسان، معلمین دارای مهارت‌ها و صلاحیت‌های هم‌طراز و محل‌ها و امکانات آموزشی با کیفیت برابر؛

ج. از بین بردن هرگونه مفهوم کلیشه‌یی از نقش زنان و مردان در کلیه سطوح و در اشکال مختلف آموزشی از طریق تشویق به آموزش مختلط و سایر انواع روش‌های آموزشی که نیل به این هدف را ممکن می‌سازد و به‌ویژه از طریق تجدید نظر در کتاب‌های درسی و برنامه‌های آموزشی مدارس و تطبق دادن روش‌های آموزشی؛

د. ایجاد فرصت‌های یکسان جهت بهره‌مندی از بورس‌ها و سایر مزایای تحصیلی؛

هـ. امکانات مشابه جهت دستیابی به برنامه‌های مربوط به ادامه تحصیلات، از جمله برنامه‌های عملی سوادآموزی بزرگسالان به‌ویژه برنامه‌هایی که با هدف کاهش هرچه سریع‌تر شکاف آموزشی موجود بین زنان و مردان تدوین‌یافته‌اند؛

و. کاهش درصدِ دانش‌آموزان دختر که ترک تحصیل می‌کنند و تنظیم برنامه‌هایی برای دختران و زنانی که ترک تحصیل زودرس

داشته‌اند؛

ز. امکانات یکسان برای شرکت فعال زنان در ورزش و تربیت‌بدنی؛

ح. دسترسی به اطلاعات آموزشی مشخص که سلامتی و تندرستی خانواده را تضمین می‌نمایند، از جمله اطلاعات و رهنمایی در مورد تنظیم خانواده.

ماده ۱۱

۱. دولت‌های عضو، کلیه اقدامات مقتضی را به عمل خواهند آورد تا هرگونه تبعیض علیه زنان در اشتغال از بین برود و بر اساس اصل تساوی زنان و مردان، حقوق مشابه برای آن‌ها تضمین شود، به‌ویژه در موارد زیر:

الف. حق اشتغال به کار به‌عنوان حق لاینفکِ تمام افراد بشر؛

ب. حق استفاده از فرصت‌های استخدامی یکسان، از جمله اعمال ضوابط یکسان برای استخدام؛

ج. حق انتخاب آزادانه حرفه و پیشه، حق برخورداری از ارتقای مقام، حق برخورداری از امنیت شغلی و تمام امتیازات و شرایط شغلی و حق استفاده از دوره‌های آموزش حرفه‌ای و بازآموزی از جمله کارآموزی و شرکت در دوره‌های آموزش حرفه‌ای پیشرفته و آموزش مرحله‌ای؛

د. حق دریافت دست‌مزد برابر و نیز استفاده از مزایا و حق برخورداری از رفتار یکسان در مشاغلی که دارای ارزش برابر است و

هم‌چنین قضاوت یکسان در ارزیابی کیفیت کار مشابه؛

هـ. حق استفاده از بیمه‌های اجتماعی به‌ویژه در دوران بازنشستگی، دوران بیکاری، هنگام بیماری و ناتوانی و دوران پیری و در سایر موارد از کارافتادگی و نیز حق استفاده از مرخصی استحقاقی؛

و. حق حفظ سلامتی و رعایت ایمنی در محیط کار، از جمله حمایت از وظیفه تولید مثل؛

۲. به‌منظور جلوگیری از اعمال تبعیض‌ها علیه زنان بر پایه‌ی ازدواج یا مادری (بارداری) و تضمین حق مؤثر آنان جهت کار، دولت‌های عضو، اقدامات زیرا به عمل خواهند آورد:

الف. ممنوعیت اخراج به‌دلیل بارداری یا مرخصی زایمان و تبعیض در اخراج براساس وضعیت زناشویی و اِعمال مجازات‌های قانونی بدین‌منظور؛

ب. صدور اجازه مرخصی زایمان با حقوق یا مزایای اجتماعی مشابه بدون از دست دادن شغل قبلی، ارشدیت یا مزایای اجتماعی؛

ج. تشویق به ارائه خدمات حمایتی اجتماعی لازم به‌نحوی که والدین را قادر نماید تعهدات خانوادگی را با مسؤولیت‌های شغلی و مشارکت در زندگی اجتماعی هماهنگ سازند، به‌خصوص از طریق ایجاد و توسعه شبکه تسهیلاتی برای مراقبت از کودکان؛

د. برقراری حمایتِ خاص از زنان هنگام بارداری در انواع مشاغلی که برای آنان زیان‌آور محسوب می‌گردد؛

۳. قوانین حمایت‌کننده ذکر شده در این ماده به‌طور متناوب همگام با پیشرفت اطلاعات و دانش‌های علمی و تکنولوژیکی باید مورد بررسی قرار گیرد و در صورت لزوم بازنگری، لغو یا تمدید شوند.

ماده ۱۲

۱. دولت‌های عضو برای رفع تبعیض از زنان در زمینه مراقبت بهداشتی آنان کلیه اقدامات لازم را به عمل خواهند آورد تا دسترسی به خدمات بهداشتی از جمله خدماتی که به تنظیم خانواده مربوط می‌شود براساس رعایت مساوات بین مردان و زنان تضمین شود.

۲. دولت‌های عضو، صرف‌نظر از مفاد بند ۱ این ماده، ارائه خدمات مناسب در ارتباط با بارداری، بستری برای زایمان و دوران پس از زایمان را تضمین خواهند کرد و در موارد لازم خدمات رایگان و نیز تغذیه کافی در دوران بارداری و دوران شیردهی در اختیار آنان قرار خواهند داد.

ماده ۱۳

دولت‌های عضو کلیه اقدامات مقتضی را به‌منظور رفع تبعیض از زنان در سایر زمینه‌های حیات اقتصادی و اجتماعی به عمل خواهند آورد تا حقوق یکسان به‌ویژه در زمینه‌های زیر براساس برابری مردان و زنان تضمین شود:

الف. حق استفاده از مزایای خانوادگی؛

ب. حق استفاده از وام‌های بانکی، رهن و سایر اشکال اعتبارات مالی؛

ج. حق شرکت در فعالیت‌های تفریحی، ورزشی و تمام زمینه‌های حیات فرهنگی.

ماده ۱۴

۱. دولت‌های عضو مشکلات خاص زنان روستایی را مد نظر قرار داده و به نقش مهمی که این زنان در جهت حیات اقتصادی خانواده‌های خود از جمله کار در بخش‌های غیرمالی اقتصاد به عهده دارند، توجه خاص مبذول خواهند داشت و کلیه اقدامات مقتضی را به عمل خواهند آورد تا مفاد این کنوانسیون نسبت به زنان در مناطق روستایی اجرا شود.

۲. دولت‌های عضو، کلیه اقدامات مقتضی را جهت رفع تبعیض از زنان در مناطق روستایی به عمل خواهند آورد تا این زنان بر اساس تساوی مردان و زنان در برنامه‌های عمرانی و روستایی شرکت نموده و از آن بهره‌مند گردند و به‌خصوص از حقوق زیر برخوردار شوند:

الف. شرکت در تدوین و اجرای برنامه‌های عمرانی در کلیه سطوح؛

ب. دسترسی به تسهیلات بهداشتی کافی از جمله اطلاعات، مشاوره و خدمات تنظیم خانواده؛

ج. استفاده مستقیم از برنامه‌های تأمین اجتماعی؛

د. استفاده از انواع دوره‌ها و برنامه‌های آموزشی رسمی و غیررسمی از جمله سوادآموزی عملی و نیز بهره‌مندی از خدمات محلی و فوق‌العاده به‌منظور بالا بردن کارایی فنی آنان؛

هـ. تشکیل گروه‌ها و تعاونی‌های خودیاری به‌منظور به‌دست آوردن امکان دستیابی مساوی به فرصت‌های اقتصادی از طریق اشتغال یا خوداشتغالی؛

و. شرکت در تمام فعالیت‌های محلی؛

ز. دسترسی به وام‌ها و اعتبارات کشاورزی، تسهیلات بازاریابی، تکنولوژی مناسب و استفاده‌ی یکسان از زمین و برخورداری از رفتار مساوی در چارچوب اصلاحات ارضی و روستایی و نیز در برنامه‌های جایگزینی زمین؛

ح. بهره‌مندی از شرایط زندگی مناسب، به‌ویژه مسکن، بهداشت، آب و برق، ارتباطات و حمل و نقل.

بخش چهارم

ماده ۱۵

۱. دولت‌های عضو به زنان، حقوق مساوی با مردان در برابر قانون اعطا می‌کنند.

۲. دولت‌های عضو در امور مدنی به زنان اختیارات و امکانات قانونی دقیقاً یکسان با مردان و نیز شرایط مساوی برای بهره‌برداری از این اختیارات و امکانات اعطا خواهند کرد. دولت‌های عضو برای انعقاد قرارداد و اداره املاک برای زنان حقوقی برابر با مردان قایل شده و با ایشان در تمام مراحل دادرسی در دادگاه‌ها و مراجع قضائی به‌صورت یکسان رفتار خواهند کرد.

۳. دولت‌های عضو موافقت می‌نمایند که کلیه قراردادها و سایر اسناد خصوصی از هر نوع که دارای اثر قانونی بوده و در جهت محدود کردن امکانات قانونی زنان باشد، ملغی تلق شود.

۴. دولت‌های عضو به زنان و مردان حقوق یکسان در برابر

قانون مربوط به تردد افراد و آزادی و انتخاب مسکن و اقامتگاه اعطا خواهند کرد.

ماده ۱۶

۱. دولت‌های عضو به‌منظور رفع تبعیض از زنان در تمام امور مربوط به ازدواج و روابط خانوادگی کلیه اقدامات مقتضی به عمل خواهند آورد و به‌ویژه بر اساس تساوی مردان و زنان موارد زیر را تضمین خواهند کرد:

الف. حق یکسان برای ورود به ازدواج؛

ب. حق یکسان در انتخاب آزادانه همسر و صورت گرفتن ازدواج صرفاً با رضایت کامل و آزادانه دو طرف ازدواج؛

ج. حقوق و مسؤولیت‌های یکسان در طی دوران زناشویی و به‌هنگام جدایی؛

د. حقوق و مسؤولیت‌های یکسان به‌عنوان والدین، صرف‌نظر از وضع روابط زناشویی، در مسائلی که به فرزندان آنان مربوط می‌شود؛ در تمام موارد منافع کودکان از اولویت برخوردار خواهد بود؛

هـ. حقوق یکسان در مورد تصمیم‌گیری آزادانه و مسؤولانه نسبت به تعداد فرزندان و فاصله زمانی بارداری و دسترسی به اطلاعات، آموزش و ابزار لازم که قدرت بهره‌مندی از این حقوق را به ایشان می‌دهد؛

و. حقوق و مسؤولیت‌های یکسان در مورد قیمومیت، حضانت،

سرپرستی و به فرزند گرفتن کودکان و یا موارد مشابه با این مفاهیم و حقوق ملی، در تمام موارد منافع کودکان از اولویت برخوردار خواهد بود؛

ز. حقوق فردی یکسان به‌عنوان شوهر و زن از جمله حق انتخاب نام‌خانوادگی، شغل و حرفه؛

ح. حقوق یکسان برای زوجین نسبت به مالکیت، حق اکتساب، مدیریت، سرپرستی، بهره‌مندی و انتقال ملک اعم از این‌که رایگان باشد و یا هزینه‌ای در بر داشته‌باشد.

۲. نامزدی و ازدواج کودک هیچ اثر قانونی ندارد و کلیه اقدامات ضروری از جمله وضع قانون برای تعیین حداقل سن ازدواج و اجباری کردن ثبت ازدواج در دفاتر رسمی باید به عمل آید.

بخش پنجم

ماده ۱۷

۱. به‌منظور بررسی پیشرفت حاصله در اجرای مفاد این کنوانسیون، کمیته محو تبعیض علیه زنان (که من‌بعد از آن به‌عنوان کمیته یاد خواهد شد) شامل هجده نفر در زمان لازم‌الاجرا شدن و پس از تصویب یا پیوستن سی و پنجمین کشور عضو، بیست و سه نفر از خبرگان دارای شهرت اخلاقی والا و صلاحیت در زمینه‌های مربوط به کنوانسیون تشکیل می‌شود. این خبرگان توسط دولت‌های عضو از

میان اتباع کشورهای‌شان انتخاب می‌شوند و در صلاحیت شخصی خود خدمت می‌کنند. در انتخاب این اشخاص به توزیع عادلانه جغرافیایی و به حضور اشکال مختلف تمدن و نظام‌های عمده حقوقی توجه می‌شود.

۲. اعضای کمیته با رأی مخفی و از فهرست افرادی که توسط دولت‌های عضو نامزد شده‌اند انتخاب می‌شوند؛ هر دولت عضو می‌تواند یک نفر از اتباع خود را نامزد نماید.

۳. نخستین انتخابات، شش ماه پس از لازم‌الاجرا شدن این کنوانسیون برگزار خواهد شد. حداقل سه ماه قبل از تاریخ هر انتخابات، دبیرکل ملل متحد طی نامه‌ای از دولت‌های عضو می‌خواهد تا ظرف دو ماه نامزدهای خود را معرفی کنند. دبیرکل، فهرست اسامی نامزدها را به‌ترتیب حروف الفبا و با ذکر کشور نامزدکننده هریک تهیه و برای دولت‌های عضو ارسال خواهد داشت.

۴. انتخاب اعضای کمیته در جلسه دولت‌های عضو که توسط دبیرکل در مقرّ ملل متحد برگزار خواهد شد، انتخاب می‌شود. در این جلسه، که حد نصاب تشکیل آن حضور دو سومِ دولت‌های عضو می‌باشد، اشخاص انتخاب‌شده برای عضویت در کمیته، آن دسته از نامزدهایی خواهند بود که بیشترین تعداد آرا و همزمان اکثریت مطلق آرا نمایندگان دولت‌های عضو حاضر و رأی‌دهنده در جلسه را به‌دست آورند.

۵. اعضای کمیته برای یک دوره چهارساله انتخاب می‌شوند. اما دوره‌ی عضویت ۹ نفر از اعضای منتخب در اولین انتخابات در پایان دو سال به اتمام می‌رسد. بلافاصله پس از اولین انتخابات، اسامی

این ۹ عضو به‌قید قرعه توسط رئیس کمیته انتخاب خواهد شد.

۶. انتخابِ ۵ عضو دیگر کمیته مطابق با بندهای ۲، ۳ و ۴ این ماده و به‌دنبال سی و پنجمین تصویب یا الحاق صورت خواهد گرفت. دوره عضویت دو نفر از اعضای فوق در پایان دو سال خاتمه خواهد یافت و اسامی این دو نفر به‌قید قرعه توسط رئیس کمیته انتخاب خواهد شد.

۷. به‌منظور اشغال پست‌های خالی احتمالی، دولتی که فعالیت خبره‌اش به‌عنوان عضو کمیته متوقف شده‌است، خبره دیگری را از بین اتباع خود برای عضویت در کمیته مشروط به تأیید کمیته انتخاب خواهد کرد.

۸. اعضای کمیته با تأیید مجمع‌عمومی و بر طبق ضوابط و شرایطی که آن مجمع مقرر می‌دارد و با در نظر گرفتن اهمیت مسؤولیت‌های کمیته از سازمان ملل متحد مقرری دریافت خواهند کرد.

۹. دبیرکل ملل متحد تسهیلات و کارمندان لازم را به‌منظور تحقق و انجام مؤثر وظایف کمیته در چارچوب این کنوانسیون تأمین خواهند نمود.

ماده ۱۸

۱. دولت‌های عضو متعهد می‌شوند گزارشی برای بررسی کمیته در مورد اقدامات تقنین، قضائی و اجرایی و سایر اقدامات گرفته‌شده در راستای اجرای مفاد این کنوانسیون و پیشرفت‌های حاصله در این رابطه به دبیرکل ملل متحد ارائه کنند:

الف. یک سال پس از لازم‌الاجرا شدن کنوانسیون برای آن دولت؛

ب. پس از آن حداقل هر چهار سال یک‌بار و علاوه بر آن، هر زمانی که کمیته درخواست کند؛

۲. این گزارش‌ها می‌تواند مبیّن عوامل و مشکلاتی که بر میزان اجرای تعهدات تحت این کنوانسیون اثر می‌گذارد باشد.

ماده ۱۹

۱. کمیته، آیین‌نامه اجرایی خود را تصویب خواهد نمود.

۲. کمیته، مسؤولان خود را برای یک دوره دو ساله انتخاب خواهد کرد.

ماده ۲۰

۱. کمیته به‌منظور بررسی گزارش‌هایی که مطابق با ماده ۱۸ این کنوانسیون ارائه شده هر ساله به مدتی که از دو هفته تجاوز نکند تشکیل جلسه می‌دهد.

۲. جلسه‌های کمیته معمولاً در مقر سازمان ملل متحد یا در هر محل مناسب دیگری که به تصمیم کمیته تعیین می‌شود برگزار خواهد شد.

ماده ۲۱

۱. کمیته همه ساله از طریق شورای اقتصادی و اجتماعی گزارشی در

مورد فعالیت‌های خود به مجمع‌عمومی تسلیم می‌نماید و می‌تواند بر اساس گزارش‌ها و اطلاعات واصله از دولت‌های عضو پیشنهادها و توصیه‌های کلی ارائه دهد. این پیشنهادها و توصیه‌های کلی همراه با نظرات احتمالی دولت‌های عضو در گزارش کمیته درج می‌شود.

۲. دبیرکل ملل متحد گزارش‌های کمیته را جهت اطلاع به کمیسیون مقام زن ارسال می‌کند.

ماده ۲۲

مؤسسات تخصصی مجاز خواهند بود که از طریق نمایندگان شان اجرای موادی از پیمان‌نامه حاضر را که در حوزه فعالیت‌های آن‌ها جای می‌گیرند مورد بررسی قرار دهند. کمیته ممکن است از مؤسسات تخصصی دعوت کند تا گزارش‌هایی در مورد نحوه اجرای پیمان‌نامه در زمینه‌هایی که به حوزه فعالیت آن‌ها مربوط می‌شود ارائه نمایند.

بخش ششم

ماده ۲۳

هیچ چیز در این کنوانسیون بر مقرراتی که برای دستیابی زنان و مردان به برابری مفیدتر و مؤثرتر وجود دارد تأثیر نخواهد گذاشت؛ این مقررات می‌توانند شامل موارد زیر باشد:

الف. قوانین یک دولت عضو؛

ب. هـر کنوانسـیون، پیمـان یـا موافقت‌نامـه بین‌المللی دیگـری کـه بـرای آن دولـت لازم‌الاجـرا اسـت.

ماده ۲۴

دولت‌هـای عضـو متعهـد می‌شـوند تمـام اقدامـات لازم در سـطح ملـی را کـه هـدف از آن تحقـق کامـل حقـوق بـه رسمیـت شناخته‌شـده در ایـن کنوانسـیون می‌باشـد، بـه عمـل آورنـد.

ماده ۲۵

۱. این کنوانسیون برای امضای کلیه دولت‌ها مفتوح می‌باشد.
۲. دبیرکل ملل متحد به‌عنوان امین این کنوانسیون تعیین می‌شود.
۳. تصویـب ایـن کنوانسـیون منـوط بـه طـی مراحـل تصویـب قانونـی اسـت. اسـناد تصویـب نـزد دبیـرکل ملـل متحـد بـه امانـت گذارده خواهنـد شـد.
۴. ایـن کنوانسـیون جهـت الحـاق کلیـه دولت‌هـا مفتـوح می‌باشـد. الحـاق بـا سـپردن سـند الحـاق بـه دبیـرکل ملـل متحـد محقـق می‌شـود.

ماده ۲۶

۱. دولت‌هـای عضـو می‌تواننـد در هـر زمـان طـی نامـه‌ای خطـاب بـه دبیـرکل ملـل متحـد درخواسـت تجدیـد نظـر در ایـن کنوانسـیون را نماینـد.
۲ مجمع‌عمومـی ملـل متحـد در مـورد اقدامـات احتمالـی بعـدی در

مورد چنین درخواستی تصمیم خواهد گرفت.

ماده ۲۷

۱. این کنوانسیون سی روز پس از تاریخی که بیستمین سند تصویب یا الحاق آن نزد دبیرکل ملل متحد به امانت گذارده شد، لازم‌الاجرا می‌شود.

۲. پس از به ودیعه سپردن بیستمین سند تصویب یا الحاق، برای هر دولتی که این کنوانسیون را تصویب می‌کند یا به آن ملحق می‌شود، کنوانسیون مذکور از سی امین روز تاریخی که سند تصویب یا الحاق آن دولت به امانت گذارده شده لازم‌الاجرا می‌شود.

ماده ۲۸

۱. دبیرکل متحد متن تحفظ کشورها، در هنگام تصویب یا الحاق را دریافت نموده و آن را میان تمام دولت‌ها توزیع می‌نماید.

۲. تحفظاتی که با هدف و منظور این کنوانسیون سازگار نباشد پذیرفته نخواهد شد.

۳. تحفظات از طریق تسلیم یادداشتی به دبیرکل ملل متحد در هر زمان قابل پس‌گرفتن است. نامبرده تمام دولت‌ها را از این موضوع مطلع خواهد کرد. لغو تحفظ از روزی که یادداشت دریافت شود معتبر است.

ماده ۲۹

۱. هرگونه اختلاف در تفسیر یا اجرای این کنوانسیون بین دو یا چند دولت عضو که از طریق مذاکره حل نگردد بنا به تقاضای یکی از طرفین به داوری ارجاع می‌شود. چنان‌که ظرف شش ماه از تاریخ درخواست داوری، طرفین در مورد نحوه و تشکیلات داوری به توافق نرسند، یکی از طرفین می‌تواند خواستار ارجاع موضوع به دیوان بین‌المللی دادگستری مطابق با اساس‌نامه دیوان شود.

۲. هر دولت عضو می‌تواند به‌هنگام امضا یا تصویب این کنوانسیون یا الحاق به آن اعلام کند که خود را موظف به اجرای بند یک این ماده نمی‌داند. دولت‌های عضو دیگر در قبال دولتی که به بند یک این ماده اعلام تحفظ نموده‌است ملزم به اجرای بند یک نمی‌باشند.

۳. هر دولت عضوی که بر طبق بند ۲ این ماده اعلام تحفظ نموده باشد می‌تواند در هر زمان از تحفظ خود از طریق اعلام رسمی به دبیر کل متحد صرف‌نظر نماید.

ماده ۳۰

این کنوانسیون که متون عربی، چینی، انگلیسی، فرانسه، روسی و اسپانیولی آن دارای اعتبار یکسان می‌باشند، نزد دبیرکل ملل متحد به امانت گذارده می‌شود.

Women's Political Rights

A Comparative Study
International Instruments and Islam

Syed Hujjatullah Zia
Journalist & Columnist

Form Publications

www.ingramcontent.com/pod-product-compliance
Lightning Source LLC
LaVergne TN
LVHW090303051026
849518LV00005B/1636
* 9 7 8 8 2 9 4 1 0 6 0 7 3 *